山西中部城市群一体化模式与机制探析

张峻　孙秀玲　著

山西出版传媒集团
山西经济出版社

图书在版编目（CIP）数据

山西中部城市群一体化模式与机制探析 / 张峻，孙秀玲著. —太原：山西经济出版社，2024.1

ISBN 978-7-5577-1259-4

Ⅰ. ①山… Ⅱ. ①张… ②孙… Ⅲ. ①城市群—区域经济一体化—研究—山西 Ⅳ. ①F299.272.5

中国国家版本馆 CIP 数据核字（2024）第 027851 号

山西中部城市群一体化模式与机制探析

著　　者：张　峻　孙秀玲
出 版 人：张宝东
策 划 人：申卓敏
责任编辑：宁姝峰
助理编辑：姚　岚　赵　娜
装帧设计：赵　娜

出 版 者：山西出版传媒集团·山西经济出版社
社　　址：太原市建设南路 21 号
邮　　编：030012
电　　话：0351-4922133（市场部）
　　　　　0351-4922085（总编室）
E-mail：scb@sxjjcb.com（市场部）
　　　　zbs@sxjjcb.com（总编室）

经 销 者：山西出版传媒集团·山西经济出版社
承 印 者：山西康全印刷有限公司

开　　本：787mm × 1092mm　1 / 16
印　　张：16
字　　数：250 千字
版　　次：2024 年 1 月　第 1 版
印　　次：2024 年 1 月　第 1 次印刷
书　　号：ISBN 978-7-5577-1259-4
定　　价：64.00 元

序

随着科技革命与产业变革持续深入推进，经济全球化和区域一体化加速发展是任何力量都无法阻挡与改变的历史性大趋势。经济活动趋向集聚，经济联系日益频繁且更加紧密，进而空间组织形态呈现出区域一体化发展格局。城市群、都市圈和中心城市作为城市化的高级空间形态，是区域经济高质量发展和区域经济一体化发展的主要载体。在全球经济一体化发展的背景下，我国区域经济发展也逐步改变，各种跨地区合作组织快速发展，区域经济发展格局深刻调整。进入新时代，城市群已经成为我国新型城镇化发展的主体形态。随着长三角、京津冀、粤港澳等10余个城市群的发展走向深入，我国区域经济布局逐步从“东中西”条状向以城市群为地域单元的块状加速转变，从行政区经济向城市群经济转变。城市群日益成为承载发展要素的主要空间形式，以及支撑经济增长、促进区域协调发展、参与市场竞争合作的重要平台。党的二十大报告明确提出，要加快构建双循环新发展格局，畅通国民经济循环，实现供需有效衔接，在客观上要求消除地方阻隔，加强区域资源整合和一体化发展，增强区际经济联系。可见，推进城市群一体化发展已经成为我国推动构建双循环新发展格局和优势互补高质量发展区域经济布局的新引擎。

山西中部城市群地处山西腹地，北临雄安新区和京津冀城市群，南靠中原城市群和关中平原城市群，范围包括太原、晋中、忻州、吕梁、阳泉五市，国土面积、常住人口、地区生产总值分别占全省的47.3%、46.3%、50%，常住人口城镇化率达68.9%，集中了全省73.2%的高校和科研院所，是全国重要的能源基地、新材料产业基地和先进制造业基地。五市地域相连、文化同源、民俗相同、交流合作密切、认同感强，是全省发展态势较好的地区，也是极具发展潜力的区域。

2021年4月，中共中央、国务院《关于新时代推动中部地区高质量发展的意见》明确支持山西中部城市群建设，标志着山西中部城市群建设上升到国家战略规划层面，成为国家政策的组成部分。山西省第十二次党代会、山西省委十二届三次全会进一步对山西中部城市群做出战略部署，提出要以产业发展为重中之重，以基础设施为先行领域，以产城融合为关键突破，以要素集聚为核心支撑，以绿色低碳为发展路径，以共同富裕为根本目标，全面提高山西中部城市群一体化高质量发展水平，加快实现山西中部城市群领先发展、争先崛起、率先布局、创先转型。

但是，山西中部城市群高质量发展面临一系列新的挑战：受多种因素影响，百年未有之大变局加速演进，全球经济发展不确定性增加，国内经济下行压力持续加大，外部环境日益复杂。山西中部城市群内部发展不平衡不充分问题突出，中心城市规模不大，辐射带动乏力；五市跨市域基础设施、公共服务一体化发展水平低；区域产业创新协同性有待提升；资源环境约束加重，生态环境承载力有限；阻碍要素流动的行政壁垒仍未打破，统一开放的市场体系尚未建立。

针对山西中部群一体化建设的重要性、迫切性和面临的严峻困难，亟须理论界学术界以城市群和经济一体化发展相关理论为指导，剖析制约山西中部城市群一体化发展的关键问题，从不同维度、不同层面探索一体化发展实现路径，建立稳定有序竞合长效机制，为城市群一体化发展提供理论支持和决策参考。

然而，目前山西中部城市群一体化建设尚处于初始阶段，国内理论界学界对于山西中部城市群的研究同样处于起始阶段，大多集中在某一领域，亟须系统性研究。

本书就是以山西中部城市群一体化发展为研究对象，既是对区域经济学，特别是城市群相关理论在山西应用与发展的总结和丰富，又是对落实国家重大区域发展战略部署、推进城市群一体化高质量发展的积极探索，具有重要的理论价值和现实意义。

本书以区域经济学、城市经济学等相关学科理论为指导，沿着“一般到具体、理论到实践”这一思路，以城市群经济一体化发展理论框架为逻辑起点，以“经济一体化发展”为主线，按照“城市群一体化发展是什么—山西中部城市群目前怎么样—从哪些方面推进山西中部城市群一体化—如何保障山西中部城市群一体化发展”的逻辑顺序逐步系统展开。首先是立足山西中部城市群发展的现实条件，包括山西中部城市群发展的现实基础、存在的问题、面临的机遇挑战，从山西中部城市群空间一体化、产业一体化、市场一体化、生态一体化等方面进行系统研究，接着提出推动山西中部城市群空间、产业、市场、生态一体化的模式与机制，并且针对山西中部城市群在生产要素自由流动、基础设施互联互通、公共服务设施共建共享、生态环境联防联控等环节建立起体制机制“四梁八柱”，即山西中部五市之间的利益机制、动力机制、产业链接机制、空间链接机制、市场链接机制、生态链接机制和政策保障机制。总之，本书着眼山西、对标一流，旨在统筹五市比较优势，优化山西中部城市群内部空间结构，强化跨区域协作，推动要素自由流动，引领带动全省高质量发展，合力打造高水平区域协作样板。

关于山西中部城市群一体化发展，还有许多值得深入研究的问题，囿于团队能力和数据可得性，对山西中部城市群实际情况的全面、准确、动态分析还不够，在城市群经济绿色发展、高质量发展和共同富裕、发展模式创新，以及与山西晋北城镇圈内外联动、晋南城镇圈黄河生态联防联治、晋东南城镇圈产业转型升级的协同发展等诸多方面还有待深入和细化，也为未来进一步深化研究指明了方向。

著者

2024 年 4 月

目录

第一章 绪论

党的二十大报告指出："深入实施区域协调发展战略、区域重大战略、主体功能区战略、新型城镇化战略，优化重大生产力布局，构建优势互补、高质量发展的区域经济布局和国土空间体系。"山西中部城市群包括太原市、吕梁市、晋中市、忻州市和阳泉市五市，是山西省发展态势较好、极具发展潜力的区域。同时，推动山西中部城市群战略的实施，承载着以习近平同志为核心的党中央对山西发展的关心关怀和殷切期望，是国家"十四五"规划纲要赋予山西省的重大任务，是省第十二次党代会做出的关于打造全方位推动高质量发展增长极、构建区域协调发展新格局的重大决策，是全省"一群两区三圈"城乡区域发展新布局的核心组成部分。

第一节 选题背景与意义

城市群作为新的地域空间组织形式，是区域内部资源要素集聚地和创新活动主要承载区，也是区域经济发展的重要增长极，并已成为国家参与全球竞争与国际分工的新的基本单元，对国家经济持续稳定发展具有重大意义。从全世界范围来看，城市群作为城镇化发展的高级阶段和区域协调发展的重要平台，已成为世界经济发展最具活力的地区。而在国内层面，以京津冀、长三角、珠三角等为代表的城市群已经成为我国经济发展格局中的核心区域，是我国加快产业转型升级、整合国内大市场、促进区域协调发展的新制高点。

近年来，构建新发展格局、加快推动高质量发展已成为我国经济发展的主题。如何依托城市群的发展，加快形成科学合理的要素配置结构与产业分工格局，增强区域经济社会发展内生活力与长期潜力，提升国家参与国际竞争和合作的能力，成为促进区域经济发展的首要任务。党的二十大报告提出，要以城市群、都市圈为依托构建大中小城市协调发展格局。国家“十四五”规划纲要也提出，要推动城市群一体化发展，以促进城市群发展为抓手，全面形成“两横三纵”城镇化战略格局，并赋予山西建设“山西中部城市群”的重大任务。从发展实际来看，山西中部城市群作为经济、社会乃至文化等层面分别具有自身典型特征的多个行政区域共同构成的综合功能空间，已经超越了自然地理层面上的“空间”概念，同其他城市群一样，本质上是一种以生产要素科学再配置和产业链条合理化分工为主要特征的经济组织形态。其发展既符合区域工业化和城镇化发展的一般规律，符合要素配置和产业分工的一般规律，符合区域协调发展的一般规律，同时也具有中部地区后发城市群建设的特殊性，具有资源型地区产业转型与区域高质量发展的特殊性。对山西中部城市群一体化发展的研究，既有理论意义也具有重要现实意义。

一、研究背景

随着城市经济总量的不断增长和区域规模的持续扩大，“城市群”的概念逐渐进入人们视野。城市群是城市经济快速增长、城市协作不断密切、区域协同水平不断提高的产物，它以综合发展、相互带动的统一体形态参与更大范围的区域竞争，在所属国家和所在区域的经济社会发展中具有举足轻重的地位。当前，国家和区域之间的竞争不再仅仅表现为单一城市之间的竞争，更表现为以中心城市为核心的城市群之间的竞争。城市群作为产业先进、科研教育水平高、创新能力强的超大集聚体，已成为世界主要国家竞争力的新载体。目前，世界上已经形成了许多大型城市群，如东京为中心的日本太平洋沿岸城市群、纽约为中心的美国东北部大西洋沿岸城市群、芝加哥为中心的北美五大湖城市群、上海为核心的中国长三角城市群等。这些城市群在经济、文化和社会等方面都具有重要的地位和影响力，不仅是全球经济合作和竞争的重要力量，更是所在国家和区域重要的核心增长极，对产业升级、区域协同具有重要作用。

（一）从世界范围内重要城市群发展态势来看，城市群已成为国际合作与竞争的基本单元

随着世界经济全球化和城市化进程的加速，城市群的发展越来越受到世界各国的重视。世界级城市群已经成为世界经济最具活力的地区和当前决定国家在全球经济格局中地位的关键要素。21 世纪以来，世界范围内的城市经济发展呈现出了诸多特征，以城市群主导产业分工格局调整为代表，发达国家大城市群通过主导产业全面转型进入了以服务经济为主导的“后工业化社会”。加之以信息技术为核心的第三次科技革命爆发，世界主要国家的城市经济发展进入了信息化、网络化和全球化的新经济时代，这进一步加剧了世界主要城市群产业分工格局的深层变革。具体而言，新一轮科技革命与经济发展的结果表明，世界主要国家城市群的产业结构已基本实现了从传统制造业向金融、管理、信息等现代知识产业的结构性调整，上述结构性调整已成为发达国家城市群经济增长的主要方式与长期动力。美国、英国、日本等国的各大城市群围绕高端服务业、信息产业和文化休闲产业等发展重点实现了产业空间转型和更新，进而迅速占据了全球生产网络价值链的高端环节。

特别是近年来，随着工业化、城镇化、信息化的日益全面融合，以及逆全球化的发展，世界主要发达国家日益开始依托突破行政区划界限、内部连接合作紧密、发展引领带动能力强的城市群和都市带区域，以聚焦增强区域综合承载能力、突出区域主体功能为重点，培育新的经济增长点，带动和促进整个区域一体化水平提高。世界主要城市群的发展开始出现新的特征：

一是地理区位这一在伦敦、纽约、东京等城市群形成发展中起到决定性作

用的传统区位因子地位和作用不断下降，科技创新与知识创造节点、信息与数据节点、空港网络节点等新区位因子日益成为城市群进一步提升经济发展潜力、强化产业分工网络地位、提高产业边际效益和附加值的重要因素。由此产生的规模经济效应、技术创新效应、综合服务效应等不断催生新的市场需求和供给、新的要素资源分配流向、新的产业分工结构、新的技术创新、新的基础设施和新的市场竞争格局，上述变化的综合叠加持续推动城市群不断形成可能的经济增长点。

二是国家作为世界经济运行基本参与单位这一现状正在不断弱化，部分发达国家表现更为明显。就世界主要国家层面来看，大城市群甚至城市群构成的“超大都市带”已逐渐成为推动经济发展的驱动力和世界范围内的技术联系、产业联系乃至整体经济联系的主要构成单元和新的全球经济竞争地理单元。城市群发展较为成熟的美国，已通过提出全国范围的综合性国土空间战略规划（《美国 2050 空间战略规划》），尝试围绕经济增长、基础设施、巨型区域等层面构建国家公共政策、制度、投资的新决策框架，旨在依托 10 个左右的大都市群，通过交通网络重建提升巨型区域之间的凝聚力，通过产业分工格局重构提升巨型区域的竞争力，在不改变行政决策层级与范围的前提下推进新的跨区域决策框架，有效提升应对低效土地利用模式、人口数量与结构变化、基础设施容量饱和与新的全球贸易格局等问题的能力。

世界城市群的发展演进历程特别是世界主要城市群发展的最新态势表明，一方面，相对于单个城市，城市群能够在更加广阔的范围内推动资源优化配置，从而获得更大的竞争优势，因此它不仅是城市发展的高级阶段，更成为区域快速发展的重要平台。城市群的发展可以在国家内部形成不同性质、不同特征、不同等级、不同层次、不同规模的城市组织体系，这种趋势已经成为当今世界主要国家提高区域经济发展水平与潜力的重要战略措施。而随着交通流、资金流、信息流、技术流等各种要素流成为区域空间重要的组成部分，城市群之间的等级体系不断走向网络化，世界城市群结构体系正在形成，城市群间的等级职能也正在新的国际劳动地域分工中进行重组。另一方面，城市群作为特定区域内部的增长极，其内部城市构成了区域协同发展体系，这表明，城市群既是区域一体化进程中的重要动力载体，也是区域一体化发展和区域间竞争的重要空间组织形态。这也将深刻影响包括我国城市群在内的世界城市群和区域经济社会的未来发展。

（二）从我国新时代高质量发展的现实要求看，城市群已成为我国构建新增长极、拉动区域协调发展的重要平台

城市群作为我国人口密度最高、创新要素集最为聚、产业竞争力最强以及经济效率最优的地区，在全国区域经济发展中具有重要作用。当前，我国经济发展的空间结构正在发生深刻变化。如果将各类经济要素在城市间流动所形成的经济要素流动网络视为城市群发展程度的表征，则城市群已经成为我国经济活力最强、开放程度最高、吸纳外来人口最多的地区。可以说，城市群的发展水平在较大程度上决定了我国经济社会的长期发展潜力。

改革开放以来，伴随着经济的持续高速增长和要素市场开放程度的持续提升，中国的城镇化发展步伐也在不断加快。可以说，中国改革开放以来的城市化进程是人类历史上最为重要的社会变迁之一。2018 年，中共中央、国务院发布的《关于建立更加有效的区域协调发展新机制的意见》指出：未来将以京津冀城市群、长三角城市群、粤港澳大湾区、成渝城市群、长江中游城市群、中原城市群、关中平原城市群等城市群推动国家重大区域战略融合发展，建立以中心城市引领城市群发展、城市群带动区域发展新模式，推动区域板块之间融合互动发展。此后，国内城市群发展不断加快，特别是京津冀、长三角、珠三角等城市群的发展已经超越“经济发展优势区域”的初级阶段，进入“城市群引领和支撑区域协同发展”这一高级阶段，京津冀、长三角、珠三角三大城市群以不足 7%的国土面积，承载了全国 28.7%的人口并贡献了近

41.9%的地区生产总值，已经成为“高质量发展的区域集群”，成为中国城市群发展的基本盘。可见城市群必将成为中国区域经济加快发展的最具潜力与活力的核心地区。

当前，我国经济社会发展已经进入以社会主要矛盾变化为突出特征的新时期和以构建“双循环”格局为突出特征的发展新阶段。党的二十大报告中更是从多个维度指出城市和城市群空间结构对新型城镇化乃至经济社会整体发展的引领作用。各主要城市群已经成为促进区域协调发展、加速区域经济一体化进程、引领全国经济增长、参与国际竞争合作的重要平台与新制高点。但从我国城市群发展的整体历程来看，特别是从“双循环”高质量发展格局构建来看，从新时期我国经济社会主要矛盾变化来看，城市群在我国经济发展中的地位和作用仍有待优化。

一是从“双循环”高质量发展格局构建来看，我国亟待通过城市群发展来构建新的区域增长极，打通国内大循环中的堵点和卡点，进一步促进要素流动与市场整合在更大范围内实现，切实增强持续稳定发展的内生活力。当前，经济全球化遭遇逆流，地缘政治风险上升，我国发展面临的国际环境变得更加复杂严峻，长期稳定发展的不确定因素增多。“双循环”高质量发展格局的构建，正是为了重塑经济发展空间结构，通过以城市群作为配置与承载发展要素的主要空间形式，促进生产要素在更大范围内合理流动与均衡配置，推动地区间产业分工与协作体系构建，进一步为国内大循环构筑坚实的产业基础、整合的市场空间、畅通的要素渠道和完善的制度体系。近年来，我国中西部地区和东北地区的城市群虽然在西部大开发、东北振兴、中部崛起等区域发展战略的推动下取得了一定的发展成就，涌现出了中原城市群、关中平原城市群、成渝城市群、呼包鄂榆城市群等一批发展较快的城市群，但整体来看这些新兴城市群发展基础仍旧较弱、发展起步仍旧较晚、综合实力仍旧不足，同东部地区的城市群在所处发展阶段、核心功能任务、辐射带动能力等方面的差距较为明显，仍然基本上处于城市群的初期培育阶段。因此，我国城市群的发展，需要在现有的京津冀、长三角、珠三角城市群等“高质量发展区域集群”的基础上，围绕中西部地区城市群在资源集聚、城市实力等方面的充分竞合，打造更多的区域重大战略实施主体、重大生产力布局“承载区”和主体功能区战略“实施区”，进一步完善国内大循环战略布局。

二是从新时期经济社会发展主要矛盾变化来看，发展不充分不均衡问题的解决需要以城市群作为增长极，进一步辐射带动内部节点城市和周边中小城市，促进产业分工格局的优化与基本公共服务的均等化。从目前我国城市群特别是中西部地区新近发展城市群的情况来看，其经济发展格局在由传统的省域、市域经济等行政区经济向城市群经济转变的同时，与之相适应的行政管理体制和运行机制却并未随之发生相应的变革——城市群内部各地区之间经济社会发展不充分、不均衡问题显著，城市群内部中心城市与区域行政中心高度重叠造成省会城市一城独大问题明显，城市群内部经济联系松散，城市群内部产业分工格局、要素流动格局与基本公共服务供给格局不平衡等问题较为突出。一方面，财政分权改革以及“锦标赛”治理格局导致各地容易形成产业同构和无序竞争，不利于地区间产业分工与协作体系的构建；另一方面，纵向政府间财权事权配置的不合理和城市群内部公共服务资源空间配置的不均衡，引发城市群内部生产要素空间配置格局出现一定程度的失衡，进而制约了城市群协调发展格局的形成。不断提高城市群协调发展水平，重塑符合新时代高质量发展要求的经济地理新格局，已经成为当前我国城市群发展与治理所面临的重要任务。

（三）山西中部城市群建设是加快构建“一群两区三圈”区域发展布局、融入高质量发展新格局的重大战略举措

国家“十四五”规划和 2035 年远景目标纲要提出，要培育发展山西中部城市群。中共中央、国务院《关于新时代推动中部地区高质量发展的意见》提出

支持山西中部城市群建设。山西中部城市群具有承东启西、连接南北的区位优势，是省内经济、人口、产业主要集聚地。从整体发展情况来看，山西中部城市群工业体系完备，产业集聚度高，形成了以能源、化工、冶金、新材料、装备制造等为主的工业体系和以旅游、物流、商贸、金融等为主的现代服务业体系。同时，山西中部城市群城镇分布密集，形成了大城市、中等城市、小城市和小城镇相互分工协作、一体化发展的城镇体系。此外，山西中部城市群人文底蕴深厚，历史文化悠久，是三晋文化核心区、晋商文化的发源地，也是融入"一带一路"文化交流的重要通道。山西省第十二次党代会、山西省委十二届三次全会做出的推动山西中部城市群高质量发展的战略部署，是加快构建"一群两区三圈"区域发展布局、打造高质量发展新格局的重大战略举措，也是以"内协调"推动"当前稳"与"长远进"有机结合、实现"高质量发展"的切入点和主抓手，为山西省加快推动全方位高质量发展蓄积了动能余量、拓展了政策空间。

一是从山西中部城市群发展的实际来看，其长久以来形成的"中心—外围"结构已经在一定程度上阻碍了区域经济的整体持续增长和发展质量提升。一方面，在这种"中心—外围"式空间经济结构中，没有形成有序的城市梯度发展格局，城市等级结构不合理，除太原外缺少发挥"二传"作用的中间层次的城市，导致产业聚集和产业链向太原周边落后地区推广和扩散相对缓慢，进而造成太原周边地区经济层级结构高低错落，超负荷发展与发展不足长期并存；另一方面，山西中部五市区域经济社会发展既存在不断加速提升的动力，同样也面临相互竞争的压力。对先进生产要素再分配的现实需要，造成了相关县、市等行政区域跨区域吸引甚至争取高水平要素资源的局面。可见，目前山西中部城市群协同发展仍存在继续拓展提升的空间，亟待构建中部五市协同的"跨区域合作治理"模式。

二是山西中部城市群建设有助于推动全省产业分工格局从省域内部的区域

尺度跃升至华北地区尺度，构筑华北地区经济发展新的增长极。从山西发展战略全局的高度来看，山西中部五市地域面积广阔，但发展不平衡不充分的难题亟待解决。因此，山西中部五市走向城市联动、协同发展，不仅是为山西中部区域改变“区域竞争锦标赛”格局服务，为改变“省会—周边”、“京津冀—晋”的“中心—外围”结构服务，更是为推动建设融入京津冀和连接雄安新区重要走廊，进而形成中国北方与京津冀并立协作的经济圈与城市群，辐射带动晋陕蒙区域和华北地区整体发展服务。这是山西中部五市汇聚各方面力量、主动融入和服务国家发展战略，在全国版图彰显自身地位，推动形成以城市群为形态的华北地区新的增长极的必然选择。

三是有助于推动山西中部城市群作为重要节点在国内大循环建设中发挥更大作用。在构建“双循环”发展格局的背景下，国内各主要城市群都需要主动在更大范围内参与合作与竞争，这也是“发挥超大规模市场优势”和“发挥巨量生产要素优势”新发展格局在供需两方面的内在要求所决定的。因此，山西中部城市群的发展，不仅需要强化同京津冀城市群区域协同发展，建设华北地区新的经济增长极，同时也需要建设成为国内大循环的华北区域“节点”之一，在协调自身发展同关中城市群、中原城市群等其他节点关系的同时，进一步强化同呼包鄂榆城市群、山东半岛城市群、长江中游城市群、成渝城市群、哈长城市群的联系，在国内大循环建设中补上市场范围的“拼图”，点亮要素流动的“盲区”，进一步提高国内大循环“多中心、强互补、广辐射”的水平。

二、研究意义

《山西中部城市群高质量发展规划（2022—2035 年）》提出：推动山西中部城市群高质量发展意义重大，对引领全省全方位推动高质量发展至关重要，对牵引“一群两区三圈”城乡区域新布局至关重要，对融入雄安新区和京津冀协同发展至关重要，对彰显山西在全国版图中的战略地位至关重要。

本书基于山西中部城市群一体化发展现实条件分析，对空间、产业、市场、生态等方面的一体化发展进行研究测度，并提出构建一体化机制的具体思路与策略。研究成果对落实省级发展战略、促进山西经济高质量发展有着深层次的理论意义和现实意义。

（一）理论意义

首先，从研究的理论基础上看，本书丰富和完善了城市群一体化发展的理论，为该领域的未来研究提供了必要的理论框架，为推进城市群建设提供了理论依据、经验借鉴和理论参考。其次，从研究内容上看，本书丰富了城市群一体化的研究，根据现在山西中部城市群的发展现状，设计了较为科学的一体化指标评价体系。统计现有城市群研究文献，可以发现绝大多数都关注较为成熟的城市群，很少对类似山西中部城市群这种新兴城市群进行一体化研究。再次，从研究方法上看，现有研究多为单一方面研究，本书则从多维度方面进行探究，构建了一套比较完备的空间—产业—市场—绿色生态系统综合发展评价指标体系及操作性强的评价分析模型，建立了较为完善的城市群一体化发展研究体系，既丰富了相关实证研究，又对城市群内政府具有重要的政策指导意义。

（二）现实意义

第一，区域协调发展层面。山西中部城市群发展还处于起步阶段，一体化发展水平与国内大型城市群、中部地区其他城市群相比均较为落后，找出发展的关键点和切入点有利于推动区域一体化迈向更高的发展阶段，缩小与其他城市群的差距。山西中部城市群内部发展不平衡不充分问题突出，中心城市规模不大，辐射带动乏力，一体化发展有利于解决区域内发展不平衡、不协调等问题。具体而言，有利于打破五个区域城市间阻碍要素流动的壁垒，实现资源的合理配置，深化分工合作，提高经济效率。本书对山西中部城市群的综合经济实力、区位交通、资源要素、城镇体系建设、政策机制建设情况等做了现状利弊分析研究，有利于理清山西中部城市群一体化发展的现实条件，为政府部门跟踪、实施、及时修正相关政策举措提供依据。本书通过空间、市场、产业、绿色生态一体化的测度分析，提出相应的对策建议，有助于解决五市跨市域基础设施、公共服务一体化发展水平低，区域产业创新协同性有待提升，资源环境约束加重，生态环境承载力有限等问题，稳步推进山西中部城市群发展，并可为国内其他新兴城市群发展提供经验，促进国家经济发展。

第二，政府层面。城市群发展是市场和政府双重作用的结果。政府作用机制的好坏直接决定城市群建设和发展的好坏，这也是检验经济体制改革成效的试金石。本书最终落脚山西中部城市群一体化机制构建思路与策略，厘清城市群发展中政府的体制机制作用，以便更好地建设城市群，提高城市群的竞争力。本书提供了测度评价山西中部城市群一体化发展的方法，可以协助各级政府机构定位促进一体化发展的切入点，便于制定和实施适当的政策，并对政策实施成效进行跟踪检验。

第二节　研究方法与创新点

一、研究方法

国内关于城市群的研究始终伴随着城市群的实践，开始于 20 世纪 90 年代，兴起于 21 世纪初，成果大多为研究边界的拓展和研究内容的丰富，研究方法和研究手段也日益丰富。本书是以山西中部城市群一体化的模式与机制研究为核心，围绕山西中部城市群的空间一体化、产业一体化、市场一体化、生态一体化、政策体系一体化等问题展开，综合采用文献阅读法、实证分析法、动态分析法等就山西中部城市群一体化模式与机制进行系统研究。

（一）文献阅读法

从相关文献的广泛研读中获取启迪是从事任何科研项目研究都必须采用的

方法。本书在大量系统阅读与梳理基础上，参考了国内外200多项研究成果，进而审视性地从已有相关成果中获得启迪与借鉴，在此基础上展开探索性研究。

（二）实证分析法与动态分析法

本书运用山西中部城市群2012—2021年的相关数据，对其空间一体化水平、产业一体化水平、市场一体化水平和生态一体化水平进行测度、动态评估与比较分析，多维度分析其动态特征和凸显的问题。

二、研究内容

具体的研究内容路线图如图1-1所示。

三、主要创新点

（一）研究视角的独特性

一是借鉴已有研究成果，构建了“市场—产业—空间”三重维度下城市群一体化模式的融合研究。受长江中游城市群一体化研究的启发，创新性地在三重维度下增加了生态绿色维度，形成“空间—产业—市场—生态”四重维度，以“宏观的空间载体—中观的产业支撑—微观的市场主体—整体生态环境”构成完整研究框架，使得山西中部城市群研究更加丰富，也深刻践行了习近平总书记关于“建设人与自然和谐共生的现代化”的生态文明建设要求。二是时空分析相结合的研究视角。本书对山西中部城市群10年来空间一体化、产业一体化、市场经济联系、生态绿色水平进行测度，分析了这一时期空间、产业、市场、生态联系的动态演化特征和空间分异特征，以科学揭示山西中部城市群空间一体化、产业一体化、市场一体化和生态一体化的动态演化特征及凸显的问题。

（二）对于城市群一体化模式研究的创新

对于城市群空间（产业、市场、生态）一体化模式的选择，本书均按照以

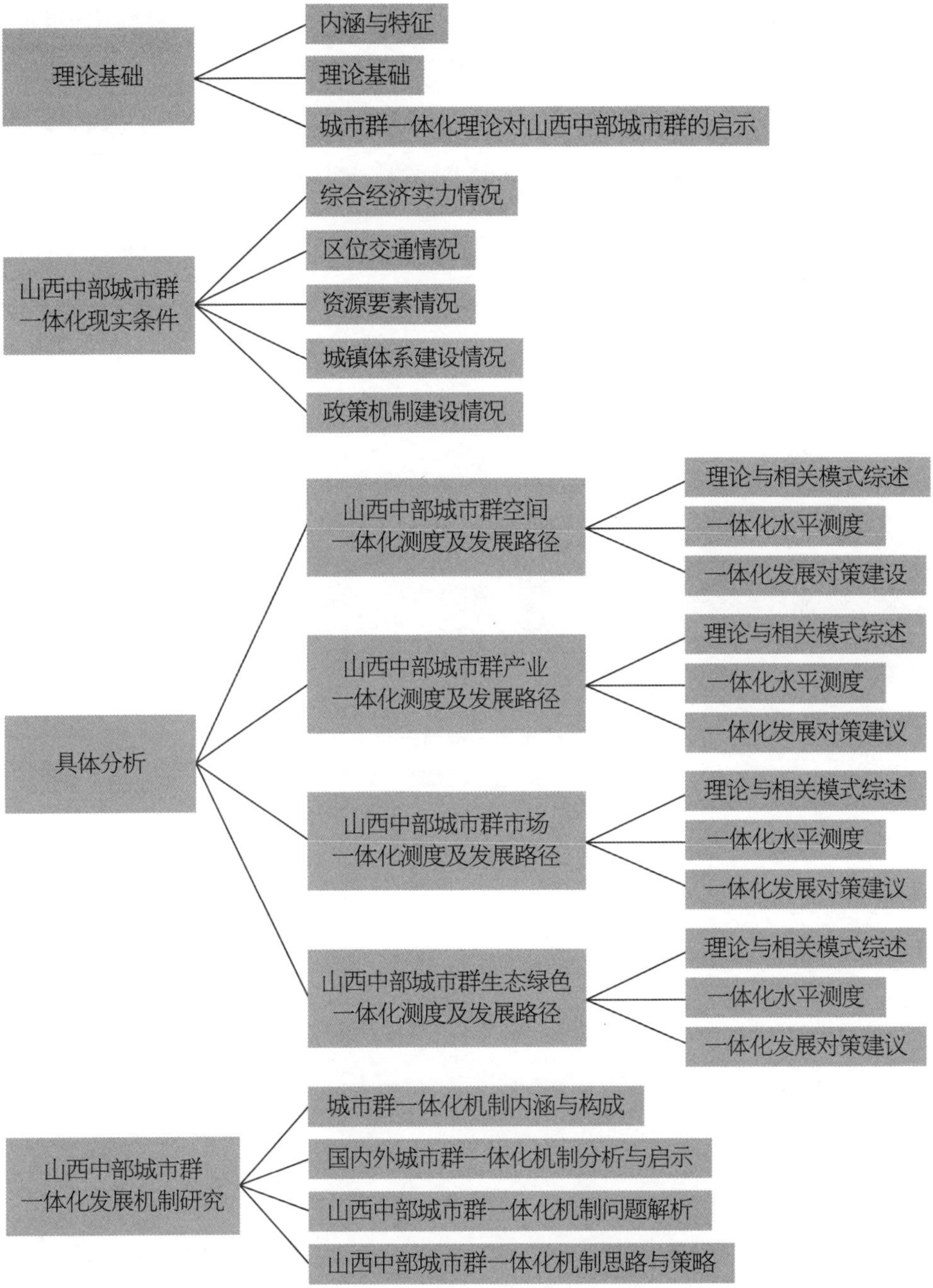
理论基础
内涵与特征
理论基础
城市群一体化理论对山西中部城市群的启示
山西中部城市群一体化现实条件
综合经济实力情况
区位交通情况
资源要素情况
城镇体系建设情况
政策机制建设情况
具体分析
山西中部城市群空间一体化测度及发展路径
理论与相关模式综述
一体化水平测度
一体化发展对策建设
山西中部城市群产业一体化测度及发展路径
理论与相关模式综述
一体化水平测度
一体化发展对策建议
山西中部城市群市场一体化测度及发展路径
理论与相关模式综述
一体化水平测度
一体化发展对策建议
山西中部城市群生态绿色一体化测度及发展路径
理论与相关模式综述
一体化水平测度
一体化发展对策建议
山西中部城市群一体化发展机制研究
城市群一体化机制内涵与构成
国内外城市群一体化机制分析与启示
山西中部城市群一体化机制问题解析
山西中部城市群一体化机制思路与策略

图 1-1　本书研究路线图

下逻辑思路进行深入探讨：城市群空间（产业、市场、生态）一体化水平的研究综述与现有的经过实践的一般模式分析—基于实证结论的山西中部城市群空间（产业、市场、生态）一体化测度及动态演变特征与凸显问题—实现一体化发展。这种层层递进的分析逻辑，使本书能对山西中部城市群一体化论题进行深度探究。

第二章　城市群一体化的理论基础研究

结合第一章的选题背景与意义，可知城市群的崛起是中国当前和未来数十年最重要的经济地理现象。城市群发展的关键在于一体化，故本章主要从城市群一体化定义、相关理论及对我们的启示 3 个方面来构建城市群一体化的理论基础研究框架。此为对已有研究的理论扩展，也有利于后续实证检验工作的开展，起到承上启下的作用。

第一节　城市群一体化的内涵与特征

对于城市群一体化的解读，伴随着区域经济一体化的发展，区域间合作、组织形式与空间范围的不断丰富和扩大，城市群发展空间的逐步扩大，它的定义也渐渐由以经济发展为核心转化为以促进大中小城市和小城镇协调发展，形成以构建疏密有致、分工协作、功能完善的城镇化空间格局为目标的新阐释。

一、城市群一体化的内涵

"区域一体化"理论的发展为实现城市群一体化打下了坚实基础。早期的区域一体化被视作一种经济概念，即区域经济一体化。荷兰经济学家丁伯根（1951）最早提出了区域经济一体化的定义，即国家或区域之间通过相互协作与统一，将阻碍经济活动运作的因素加以弱化、消除，最终创造最优的经济结构。美国经济学家巴拉萨发展了丁伯根的定义，认为区域一体化是一种"过程"与

“状态”并存的概念，既是消除区域内各国间存在差别化待遇的过程，又是差别化待遇在区域合作过程中消失的一种状态。20 世纪 80 年代后，随着区域间合作形式、组织形式与空间范围的不断丰富和扩大，区域一体化的研究也从理论范畴逐渐扩展到制度（1996）、环境（2003）、空间（2004）等范畴。与此同时，中国的区域一体化研究也蓬勃发展起来。庞效民（1997）对国际性区域合作的概念和演变过程进行了总结，并阐述了区域一体化理论的内涵：在国家、地区间建立区域化、集团化的合作关系。孙大斌（2003）将区域一体化定义为具有地缘关系的区域、城市在社会再生产的过程中实行经济联合调节，从而形成不受限制的统一区域市场的过程。刘澄等人（2007）、王珏等人（2013）突破国际贸易和政治关系的范畴，从制度经济学、新区域主义等更广泛的领域，对区域一体化的内涵做出了更丰富和更多样的阐述。大量学者也对区域一体化的发展特征、发展机制演进、发展进程等内容进行研究，并对区域一体化发展建设给出了相关建议及策略。城市群作为区域一体化的一种形式，不仅包括要素流动、企业集聚扩散等市场行为，也包括基础设施建设、城市规划以及城市利益协调等非市场行为。城市群的形成和发展是人类活动不断扩大的自然结果，遵循着城市客观发展规律。

从单个城市看，活动范围的扩大使人们在面对土地租金和运输成本决策时拥有了更多的选择，也会吸收更多的劳动力和产业进入，使原本分布较为零散的小型市镇空间逐步发展为较大规模的城市发展空间。城市发展空间的扩大一般会产生显著的规模经济效应，给居民提供相对更多的就业机会、更高的工资收入、更优质的公共服务，等等。然而，当城市集聚到一定规模，拥堵、高房价、污染等城市病问题便开始凸显，由此大城市部分资源便开始向外分散。同时，运输技术的进步会导致城市间时空距离的压缩。在大城市资源向外分散、大中小城市间时空距离不断压缩的背景下，城市间的经济关联更加密切，最终形成城市群。

城市群作为一个特殊的区域，在特定的范围内有着不同性质、类型和等级规模的城市，是一个庞大的城市化区域，其本质是区域一体化过程在城市空间形态下的一种表现。随着城市群的崛起以及各种区域发展战略的实施，对城市群一体化的研究也在不断深入。开流刚（2005）认为，城市群一体化是打破行政区划的联合体，但不是区域内城市的简单组合。赵勇等人（2008）对城市群一体化的解释为：在经济主体区位选择的基础上，各经济主体通过产业部门结构与空间结构的重组，使区域市场和城市功能达到一体化的效果。林森（2010）将城市群一体化划分为宏观层面上的跨城市群经济体之间的融合过程与微观层面上的城市群内部的经济一体化过程，一体化过程是利益目标的探索过程和利益机制的形成过程。李琳（2019）认为，城市群一体化是群内各城市借助发达的交通、通信等基础设施网络和群内政府的协作，促使商品、劳动力、资金、技术、信息等要素在各城市间自由流动，通过产业部门结构和空间结构的演化，形成高度融合集中的市场的一种状态。

通过对上述概念及对城市群一体化内涵的阐述，本书认为城市群一体化是城市群发展到成熟阶段的重要特征，是以群内互联互通的基础设施及密切的经济联系为基础，强调内部的大中小城市通过加强区域内协作与分工，打破地理、行政、产业、文化等边界，促使要素能够自由流动，降低地方政策和规章制度差异对市场一体化的不利影响，并对各经济单元的资源优势、空间结构等进行整合，对城市群内生产要素流动、产业结构布局、协作联动机制等进行整体规划，以实现城市群内资源共享、优势互补、结构互助的发展整体效应，形成经济联系紧密、城际分工协作、空间组织紧凑的区域经济发展格局，进而缩小城市间的发展差距，实现区域协调发展。

二、城市群一体化的特征

城市群作为经济交流互动最活跃的地区之一，以其独有的资源优势得到了迅速发展，有利于形成合理的区域发展格局和健全的区域协调互动机制，促进城市间利益的协同化，最终实现区域联动和一体化发展。一般而言，交通上的无缝衔接、空间上的联动发展、产业上的错位发展、基本公共服务的均等化等是城市群一体化发展的主要内容，也是城市之间实现“1+1＞2”、创造城市群经济的主要途径。

城市群一体化是由多主体、多层次城市构成的城市共同体，具有以下突出特征：

一是地域性。城市群一体化的地域性主要从以下两个方面来说明，其一是空间范围地域性，其二是服务范围地域性。城市群是一般以 1 个以上特大城市为核心，由 3 个以上大城市为构成单元，依托发达的交通通信等基础设施网络所形成的空间组织紧凑、经济联系紧密、最终实现高度同城化和高度一体化的城市群体。因为各个城市存在行政边界，所以在空间范围上具有地域性。城市群在一体化发展过程中，为避免域内经济发展不平衡与不充分，减弱各个城市间要素流动的行政壁垒阻碍，需要制定有自身特色的一体化发展规划政策制度——这并不适用于别的区域，因此在服务范围上具有地域性。

二是共生性。城市群一体化发展的最直接特征是城市发展空间具有较高的关联性。随着一体化发展程度的不断加深，城市边界逐渐模糊，会逐渐形成由大中小城市构成的以“中心城市—都市圈—城市群”为主要模式的空间结构。一体化共生是城市群一体化的最终目标，这主要基于两个方面：一方面，城市群内各个城市之间相互依存、相互合作，谁也离不开谁；另一方面，各个城市之间合作的结果是一体化的整体利益大于各个局部利益的总和，体现了一体化共生的价值和意义。具体来说，一体化共生主要表现为要素市场和产品市场一体化、产业结构和产业布局一体化、基础设施和城乡建设一体化、生态建设和环境治理一体化、基本公共服务和社会管理一体化、制度架构和政策措施一体化等。

三是网络性。网络的优势在于具有开放性、适应性和延展性，通过不断整合新的城市节点进而联结成一个不断扩展的复杂有机整体。一体化城市群可以通过交通网络、信息网络、市场网络、产业网络、人才网络、政策网络等，实现资源、信息、技术、人才等各类资源要素在区域内的综合集成与高效配置，不仅能够最大限度地避免由于中心城市规模过大而出现种种“城市病”，而且能够最大限度地共享发展机会和发展成果，有力推动区域一体化进程，提升区域整体竞争力。

四是嵌套性。从经济地理学角度来看，城市群体现为一种地理空间概念，是由若干规模各异、等级不同的城市所形成的一定的区域空间结构和城市群体。但从经济学角度来看，城市群所表现出来的上述特征只是经济活动在特定地域空间上的投影，这些不同层次的成员个体，既相对独立又紧密联系，受区域经济发展水平、主导产业趋同影响，往往会因为竞争关系引发重复建设、地区产业布局同构化现象严重、各城市间缺乏上下游联系等问题，进而影响城市群内部的经济关联，导致城市群发展缺乏内在动力。因此，要推动城市群一体化发展，实现城市错位竞争、推动产业互补性逐步提高是一个重要途径。也就是说，城市群内各种层次不同、大小不一的行政区域、经济区域、文化区域和功能区域，彼此联动、相互嵌套，通过一体化的共识和行动，它们将形成一个具有更高能级与影响力的城市共同体。

第二节　城市群一体化的理论基础

工业革命以后的城市，特别是大城市，给人类带来了空前丰富的物质财富和精神财富，在社会经济发展中地位日益突出。初期的城市发展思想，往往受环境决定论的支配，将地理位置和自然环境看作决定因素。随着经济和科学技术的发展，特别是第二次世界大战以后，许多国家的城市需要重建，世界范围内的城市化进程加速，这些现实条件都推动了城市群一体化理论的更新迭代。

一、城市群一体化理论基础

城市群形成和发展的相关理论最早可以追溯到20世纪初期的古典区位论。其后，传统的区位选择理论逐渐向现代空间发展理论发展，为城市群形成和发展提供了新的解释。之后，新经济地理学又为城市群一体化理论注入了新的血液，出现了较大的突破。

（一）古典区位论

杜能的农业区位论和韦伯的工业区位论分别揭示了农业和工业在空间上的分布规律，而克里斯塔勒提出的中心地理论则较早地从区位选择的角度对城市体系的形成做了描述，其假设每个生产者的市场区位取决于运输成本和最低需求，通过分析指出高规模等级的城市能够同时提供高等级和低等级的商品和服务，而低规模等级的城市则只能提供低等级的商品和服务，从而各个城市会形成一种有规则的等级均匀分布的六边形关系。此外，廖什将市场需求作为空间变量来研究，进而探讨了市场区位体系和工业企业最大利润区位，形成了市场区位理论。市场区位理论将空间均衡思想引入区位分析，研究了市场规模和市场需求结构对区位选择和产业配置的影响，认为利润最大化应该是企业区位选择的主要目标，从而将生产区位和需求市场区域结合起来，最终也得到了正六边形的最优空间模式。

（二）现代空间发展理论

艾萨德将由区域经济结构所形成的空间系统作为空间经济学的研究对象，运用数理统计方法从区域科学的视角分析区位问题和空间相互作用关系。乌尔曼提出的空间相互作用理论强调了资源配置的区域性，认为城市不是孤立存在的，而是与周边地区存在着物质、人员、资金、信息的各种交流和联系，这种相互作用使得地域上相近的不同规模城市共同形成一个具有一定结构和功能的整体。

（三）极化发展理论

以佩鲁的增长极理论、缪尔达尔的循环累积增长理论等为代表的区域经济非均衡增长理论，也论证了在经济增长过程中不同城市间的相互关系，特别是中心城市对外围边缘城市的极化效应和扩散效应，这也在一定程度上解释了城市群形成的内在规律。

增长极可以简单地解释为：现代经济发展应将某些发展条件好的产业或发展能力较强的区域培育成为经济增长极，从而利用增长极的相关效应促进区域整体发展。在增长极学说的支撑下，经济增长极可以看作一个由部分到整体、层层关联、有序递进的有机系统。佩鲁的增长极理论强调地域经济一般以极核为中心进行增长，经济空间的发展并不会同时展现于各个地区，它的表现形式为在不同增长极或增长点上发生强弱不均的经济增长，之后通过不同的方法或渠道由极核扩散开来，最后对整个经济体系造成不同影响。增长极对于周边地带而言，是空间组织核心、经济活动重心、经济发展起点，对产业发展影响显著。美国经济学家威廉逊将增长极理论与区域发展研究相联系，得出了新的结论。他认为在指定经济区域范围内，若将目标确定为经济发展的速度，就不能使用均衡发展策略——均衡发展策略一定会对整体经济发展速度造成不利影响，故必须选择非均衡发展经济策略。非均衡策略是指在前期将资金聚集投入于少数空间并产生一定的经济区际差别，但这并不影响整体区域获得较高的经济发展速度；当经济水平发展到一定高度时，过度聚集的经济环境就会产生种种新问题，而解决这些问题的方法之一就是将聚集经济扩散化，从中心到外围递进，由此维持较高的区域经济发展速率。

（四）“核心—边缘”理论

弗里德曼对区域空间的演化过程进行了详细分析，指出在工业化的不同发展阶段，区域空间会表现为从简单无序发展到单一的中心—外围结构，再到多重复杂的中心—外围结构，最终实现紧密联系的空间一体化演进趋势，由此较为系统、完整地提出了“核心—边缘”理论。该理论试图解释一个区域如何由互不关联、孤立发展，变成彼此联系、发展不平衡，又由极不平衡发展为相互关联的平衡发展的区域系统。“核心—边缘”理论认为：任何空间经济系统都是由不同属性的核心区和外围区组成的。由于多种原因，区域内部势必会出现经济率先发展起来的“中心区”，中心区各类先进生产要素高度集中，往往形成产业发达、人口集中的城市或城市集群区，其他地区则逐步成为“外围区”。按照“核心—边缘”理论的表述，中心区与外围区相互依存，共同构成一个完整的空间系统，二者之间也存在着不平等的发展关系。同时，在区域经济增长的同时，必然伴随着经济空间结构的改变，可划分为 4 个阶段——前工业化阶段、工业化初期阶段、工业化成熟阶段、空间相对均衡阶段，每一个阶段都反映了核心区与边缘区之间关系的改变。在空间相对均衡阶段，边缘地区产生的次中心逐步发展，终于发展到与原来的中心相似的规模，进而达到相互平衡，整个区域变成一个功能上相互依赖的城市体系，开始有关联地平衡发展。

（五）城市体系模型

在单中心城市模型的基础上，亨德森对城市体系的形成进行了论述，认为城市发展同时存在集聚经济和集聚不经济。集聚经济来源于本地化的马歇尔外部规模经济，如对基础设施和劳动力的共享，以及企业间的技术溢出等；而集聚不经济则来源于规模过大所产生的拥挤效应，如地租上升、交通拥堵等。随着城市的扩张，集聚的效用会呈现先增加后下降的倒 U 形发展趋势，因此存在一个最优的城市发展规模。同时他假设城市都只进行专业化生产，而不同的产业部门往往具有差异化的规模经济程度，从而从事不同部门生产的城市会具有不同的最优规模，由此形成了一种规模等级结构。他认为产业规模扩大会推动更大城市规模的形成，并认为交通服务所需要的土地将会限制城市规模。

（六）新经济地理学理论

20 世纪 90 年代以来，以克鲁格曼为代表的新经济地理学将空间因素纳入研究模型之中。新经济地理学模型的一个重要假设是“冰山”运输成本的存在，考虑了农产品和工业制成品在不同地区之间流动所可能产生的运输成本并论证了其在集聚形成过程中的重要作用。在垄断竞争、报酬递增和存在运输成本的假设下，相关学者对“中心—外围”空间及城市体系的形成进行了较为系统的论述。作为新古典区位理论和极化理论的综合，新经济地理学理论认为靠近中间品提供商和消费者的区域有更大的市场潜力，可以提高生产厂商的需求，降低交易成本，具有更大的吸引力，而厂商的增加反过来也会以更低的价格提供更加多样化的产品，吸引更多的消费者和劳动力在此进一步集聚，最终导致制造业中心和农业外围出现；但是过度的集聚也会产生更加激烈的竞争及更高的拥挤成本，同时由于存在土地等一些不可流动的生产要素，经济活动也会呈现离散态势，随着到集聚中心距离的逐渐增加，那些远离中心的厂商可能由于竞争程度的下降及周边地区的市场潜力增加而拥有更大的发展空间，进而会重新选址并在空间上形成新的中心，最终演化出现多中心城市体系。运输成本在城市形成和不断扩大的过程中起着十分重要的作用，是塑造区域集聚和分散格局的关键性变量。

（七）点—轴理论

“点—轴开发理论”最早由波兰经济学家萨伦巴和马利兹提出，是增长极理论的延伸。该理论在重视“点”（中心城镇或经济发展条件较好的区域）这一增长极的作用的同时，还强调“点”与“点”之间的“轴”即交通干线的作用，认为随着重要交通干线如铁路、公路、河流航线的建立，连接地区的人流和物流会迅速增加，生产和运输成本会逐渐降低，最终形成有利的区位条件和投资环境。产业和人口向交通干线聚集，会使所连接的地区成为经济增长点，干线则成为经济增长轴。从区域经济发展的过程看，经济中心总是首先集中出现于少数条件较好的区位，呈斑点状分布。这种经济中心既是区域增长极，也是点轴开发模式的“点”。随着经济的发展，经济中心逐渐增加，点与点之间，由于生产要素交换需要交通线路以及动力供应线、水源供应线等，相互连接起来就是轴线。这种轴线首先是为区域增长极服务的，但一经形成就具有很大吸引力，吸引人口、产业在两侧集聚，并催生新的增长点。点轴贯通，就形成点轴系统。因此，点轴开发可以理解为从发达区域大大小小的经济中心（点）沿交通线路向不发达区域纵深地发展推移。

点—轴系统理论和发展轴的概念由我国经济地理学家陆大道提出，它是在增长极理论、中心地理论和生长轴理论等的基础上发展起来的。该理论将中心城市、交通干线、市场作用范围等统一在一个增长模式之中，在三者相互关系中，点居于主导地位，轴是多层次中心点间沟通连接的通道，而通过市场配置资源要素，是点与点之间、点与轴之间发生联系的根本动因。“点轴”开发模式中的“点”是各级中心城市，是各级区域的集聚点；“轴”是在一定的方向上连接若干不同级别中心城市而形成的相对密集的社会经济带。重点开发轴线一般是指重要线状基础设施束，如交通干线、能源输送线、水源及通信干线等经过、附近有较强社会经济实力和开发潜力的地带，这个地带的宽度因轴线的等级、长度和对区域的作用不同而存在差别。随着增长极与轴线上点的规模不断壮大，轴线的发展规模也会随之扩大。发展轴线的直接吸引范围在按“点—轴”系统进行开发时，一般为1—2个小时的车程。随着交通条件的改善，它的直接吸引范围会逐步扩大，两个同级别的发展轴线之间，除了有各自的直接吸引范围外，还有大面积的混合吸引范围，进而会在新的地区出现新的“点”，“点—轴”规模将不断扩大。

二、城市群一体化理论研究

国外城市群发展理念比较早，发展也更加成熟，可以为我国城市群建设提供较多的理论和实践指导。梳理国外城市群发展文献，可发现其多集中于城市群空间形成机制和城市群空间演化机制两个方面。

在城市群空间形成机制方面，从城市经济学角度来看，城市群的发展主要在于依靠多个经济主体的合作，同时强调政府部门的作用。亨德森（1974）通过改进 Alons-Muth（埃安—穆斯）城市内部结构模型，用一般均衡的方法进行扩展研究，建立了新的城市静态模型，但其模型缺少微观经济基础。后来，亨德森（1985）进一步研究专业化城市，提出产业规模扩大会推动更大城市规模的形成，并认为交通服务所需要的土地将会限制城市规模。新经济地理学采用微观经济学模型，以运输成本和规模、路径为核心概念，将系统分析贯穿城市群形成的各个阶段。克鲁格曼（1997）和藤田昌久（1999）发现单个城市体系在慢慢地向多城市体系发展，采用的方法是单中心空间模型研究，之后又扩展到多城市模型。从内生经济形成增长来看，知识与技术是城市群形成的重要因素。布雷齐斯和克鲁格曼（1997）认为“长江后浪推前浪”，新技术的出现，势必会使旧技术逐步成为历史。布兰克和亨德森（1999）构建了“城市化—经济增长”模型，说明了城市化过程中经济增长和城市化是怎样互相影响的。布莱恩特和利德（2006）认为城市的知识溢出是城市体系形成发展的重要动力。城市的知识溢出会促使人力资源累积，进而刺激经济增长和城市规模扩大。反之，城市规模扩大也将促进知识及人力资源的累积。维勒（2002）发现城市的形成与人力溢出有极大的关系，人力资本使经济活动变多，城市发展加快。

在城市群的空间演进机制方面，英国学者霍华德（2002）最早提出了城市群思想，认为可以通过在大城市周边建立小城市，来解决复杂的城郊问题和城市内部存在的问题。这一思想的提出奠定了城市群理论的基础。法国学者戈特曼（1957）最早提出了城市群概念，他认为，巨大的城市空间形态可以由大都市带（Megalopolis）代表，也就是“城市群”的意思。大都市带的提出使得对城市功能、城市地域的研究更为广泛，研究者逐渐发现将城市学与区域经济学联系起来，可以更加准确地把握区域经济一体化的规律。地理学者和城市规划者对此都给予了很大重视，从此，全新的区域和城市集群概念可以由大都市带理论概括。法国经济学家佩鲁（1995）提出了增长极理论，并将在地理位置上出现经济聚集的地方纳入研究，最终发现，区域内经济增长并不是均匀分布的。他认为区域内经济增长只会在部分地区出现，同时会出现分布不均的现象。经济较好的城市可以以自身的优势带动周围或者其他地方城市发展，由此强调城市群的中心城市即增长极的扩散效应对整个区域发展的重要性。弗里德曼（1941）提出了城市群核心—边缘扩散理论，认为城市群中心的城市会出现极化现象，从而导致城市群内发展失衡。这时便需要政府有关部门及时出台相应政策，来防止中心城市和边缘城市出现更大的发展差距，确保核心城市与边缘城市的发展差距会渐渐缩小，最终趋向于一体化。加拿大地理学者麦吉（1989）提出了“Desakota”的概念，即以区域综合发展为基础的城市化。在对东南亚一些发展中国家的城市群进行了长时间的调研之后，他发现以区域为单位，城市化过程中城乡差别将逐渐缩小——这是商品和人频繁交流的结果。随着时间的推移，城市群研究逐步转向网络空间研究。在信息社会，“世界城市”的概念被提出，萨森（1991）、昆兹曼和维格纳（1991）等学者在全球化发展大势下，对跨国网络化城市体系进行了研究，提出了世界城市体系假说，并认为大城市是产业空间整合的结果，它将处于世界经济的中心地位，新的跨国网络城市体系将逐渐形成，反映新的生产力布局。伴随着交通、通信的发展，城市群的空间形态将向更开放、更有联系的一体化空间结构发展。

我国的城市群发展研究始于20世纪80年代。第一代学者丁洪俊、宁越敏等人（1983）积极引进戈德曼的大都市带理论，此时我国城市群发展理论处于萌芽状态。周一星（1997）提出了都市连绵区的概念。都市连绵区由中心城市、中心线与若干邻接县组成，是在经济和社会联系上一体化的城市地域。姚士谋（1998）概括了我国城市群的主要特征，认为城市群是开放的且边界具有不确定性。之后相关研究逐渐增多，主要体现在内生动力和外部动力两个层面。

城市群发展内生动力层面。许学强（1994）认为工业化、产业政策、市场机制等体制政策是城市群形成发展的动力。张京祥（2000）依据城市群空间演进基本理论，构建了城镇组织系统、城乡关联体系、城市群网络空间架构三位一体模式。这种模式以城市群空间演进基本理论为基础，强调在城乡一体的发展中要注意各自的承受能力，城乡二者间共同协商、有序发展。叶玉瑶(2006)通过构建动力模型，在剖析城镇形态学和社会经济学后，认为城市群的发展不仅需要依靠城市自身的发展能力，还要靠市场环境和政策所给予的帮助。刘静玉（2004）在对城市群形成发展的动力机制研究中认为，产业集聚的驱动、产业扩散的驱动、区域网络化组织发展的驱动、企业区位选择行为的驱动、政府宏观调控行为的驱动、城市功能集聚与扩散的驱动等 6 个因素是城市群形成发展的主要动力机制。郁鸿胜（2004）提出我国大城市群在发展进程中，制度创新是必不可少的——不仅能够突破大城市群行政区域规划的空间束缚，更能为行政区域发展提供空间保障，为区域协调发展提供支撑。郑元凯（2008）认为体制和政策变迁在城市群聚集与形成中起重要作用，政府要发挥自身协调作用，推动城市群内产业的合理整顿，产业布局的完善，推进城市群一体化发展。苏雪串（2004）在解释要素集聚和产业集群与城市化的关系时，认为前者会使得城市化进程加快，而城市化又是城市群发展的重要体现，因此在城市群形成过程中，合理的城市等级结构会起到重要作用。范红忠（2005）利用核心—边缘理论，从资本和人口流动方面对多中心城市的形成因素进行了研究，发现人口的流动能加快多中心城市的形成发展。庞晶（2008）认为聚集扩散机制、分工专业化及城市化是城市群发展的动力和支撑，应让市场在其中发挥决定作用，并从多个层面揭示了城市群的形成发展因素。

城市群发展外部动力层面。熊世伟（1999）认为，大量的投资行为拉近了城市间的距离，也使得城市间的联系更加紧密。持续的经济交流，在导致金融市场逐步壮大的同时，也将共同促进城市群一体化的发展。徐永健（2000）以长江三角洲为例，探讨了都市连绵区在全球化浪潮和跨国公司资本背景下的形成机制。顾朝林（2000）认为国外投资也是城市群发展的力量。薛东前（2000）认为支持城市群形成发展的是其内聚力、辐射力和内部功能，其共同发挥着作用。闫小培（1997）等相关学者认为好的地理位置将极大地促进城市群形成。齐喆（2015）认为快速轨道交通网络是区域主要城市的主骨架，是区域经济一体化的重要基础，对实现城市群一体化有着显著影响。封志明（2023）认为交通网络既是人地关系地域系统演化的重要驱动因子，也是城市群空间形态的重要支撑。李宇（2023）认为在要素流动背景下，城际交互对城市群城市空间联动增长的影响，对有效调控城市空间增长、促进城镇化可持续发展具有重要意义。

第三节　城市群一体化理论对山西中部城市群的启示

山西中部城市群发展是山西省在中部地区争先崛起的重大机遇。要因地制宜发挥好区位优势、特色产业优势、能源资源优势、数字经济先发优势、文旅资源优势，加强产业分工协作，创新资源集聚共享、基础设施共建共营、生态环境共保联治、政策体系高效衔接，最终形成错位协同联动发展的格局。

一、要强化辐射带动，增强核心引擎功能

增强中心城市辐射带动作用。中心与外围城市经济发展差异存在收敛，二者经济发展差异在逐步缩小。要进一步增强中心城市的辐射带动作用，做大做强太原晋中中心区域，推动与邻近城市在产业布局、基础设施、生态治理等方面一体谋划，推进规划管理、公共服务等方面同城化进程，增强人口集聚、要素集中、创新策源、交通枢纽等核心功能，发挥中心城市规模效应、辐射效应。

强化产业增长极引领作用。整合区域创新资源和产业基础，打造区域产业发展增长极，突出产业定位，重点培育先进制造业、战略性新兴产业，深化先

进制造业与现代服务业融合发展，推动总部经济、平台经济发展，构建要素集聚中心和生产服务中心。率先推动太原、榆次、太谷在规划管理、公共服务等方面加速推进同城化，在产业布局、基础设施、生态治理等方面一体谋划、一体推进，增强人口集聚、要素集中、创新策源等核心功能，形成辐射牵引山西中部城市群一体化发展的核心区和增长极。

二、要充分发挥区域优势，增强经济发展动力

按照区域要素禀赋的存量条件进行分工和专业化生产，充分发挥区域能源资源、原材料产业、文化旅游资源等优势，以山川水系、交通干道为纽带，强化城市间产业分工协作。强化重要节点城市发挥自身优势、突出产业特色、提升综合实力，加快形成分工有序、功能互补、高效协同的区域城市体系。

多点协同区域错位发展。坚持产业错位发展，打造一批特色鲜明、优势互补、链条完整的产业聚集区。依托先进制造产业优势，强化太原市与其他城市开展重点领域产业链上下游合作，联合打造产业配套、优势互补的先进制造产业区。依托省内丰富的旅游资源，统筹规划建设黄河、太行、汾河沿线景观，打造一批红色、晋商、古城、佛教精品旅游线路，助力生态文旅康养产业发展。依托省内气候条件、资源条件，重点支持新材料、清洁能源、数字经济、大数据等产业，打造生态保护和高质量发展先行区。依托雄忻高铁、108 国道双轴，以太忻一体化经济区忻州片区为重点，深入对接京津冀产业转移需求，创建承接京津冀产业转移集聚区，引领带动忻州与太原、雄安新区相向发展，打造山西省融入京津冀和服务雄安新区的重要走廊。

三、要加快城镇建设，壮大发展轴线城镇规模

发展轴线对其附近城市和区域有着较强的经济吸引力和凝聚力，是区域“以点带线、以线带面”的重要媒介。区域发展轴线上的城市具有较强的空间组

合能力，通常以交通干线为依托，其空间布局与交通运输的结合更为合理，对其他腹地区域发展有更强的辐射作用。

深入推进产城融合。加快形成“中心城区＋郊区新城”空间格局，合理配置居住、商业服务、文化教育等公共设施用地，增强高端产业集聚承载能力。优化中心城区产业板块布局，打造功能完备、产业集聚、生态宜居、交通便利的产城融合发展示范区。

高水平推进产业集聚。按照集中布局、集约发展、梯次配套原则，重点引导城市群中心城区以城市经济、总部经济、服务经济为主，集中布局现代服务业，打造服务业集聚区，发展平台经济、共享经济、体验经济等。推动中心城区和城镇周边地区布局发展都市农业、消费品制造业等。

四、要加快基础设施互联互通，推动区域协调发展

完善区际联系，强化交通等基础设施的引领作用，改善中小城市和小城镇的对外关系，引领和带动城镇化，强化中心城市对区域内中小城市的带动作用，优化区域空间结构与功能布局，促进区域分工协作。

构建现代综合交通运输体系。加强区域内交通基础设施统一规划，统筹和完善铁路、公路网络体系，优化机场布局及功能，共建内部通达交通网络，提升枢纽协同服务能力。紧盯未来交通发展趋势，推动大数据、互联网、人工智能等新技术在区域交通体系中的深度融合应用，促进数据资源赋能交通功能升级。加快补齐交通基础设施建设薄弱短板。山西中部城市群内交通基础设施建设水平不一，特别是吕梁市、忻州市存在明显短板。应强化发展要素保障，加强土地供应保障，完善公路、铁路、电网等基础设施建设，努力缩小区域差距，做好城市群内基础设施融合衔接。

一体建设能源水利保障体系。加快区域电网建设，建设绿色智慧能源系统，完善天然气供应保障体系，共建安全高效水利设施，统筹水利基础设施建设。

坚持全面规划、统筹兼顾、标本兼治，协同建设管理能源水利基础设施。重点加强能源网基础设施建设。在不断优化能源领域结构、逐步提高能源效率的同时，加强能源输配网络建设，进一步增强能源供应保障能力。

加快推进新一代信息基础设施建设。着力补齐“外围区”数字经济发展相对滞后的短板，紧密结合产业需要、生活需求，协同构建新一代信息基础设施网络。合力建设工业互联网，协同打造新型智慧城市。适度超前建设数字信息基础设施。山西中部城市群要打造数字经济并保持领先优势，必须适度超前建设数字信息基础设施，强化互联网和骨干传输网互联互通，优化网络基础资源配置，加快 5G 平台部署。同时要扩大数据中心发展优势。继续强化数据中心服务器装机能力，加快打造形成以太原为核心、大同—吕梁—阳泉为支撑、多地市协同发展的“1+3+N”数据中心空间格局，吸引科技企业和重大项目落地。

五、要提高公共服务均等化水平，拓宽建设投融资渠道

山西中部城市群内部由于各地经济的非均衡发展，基本公共服务不均等矛盾随之凸显，阻碍着城市群一体化目标的实现。实现基本公共服务均等化需要“因地制宜”，不同经济发展水平的城市，推进基本公共服务均等化的侧重点是不一样的。对于经济发达地区，重点在于进一步改善基本公共服务质量，畅通低收入人群的向上通道；对于经济欠发达地区，仍应将发展视为第一要务，以经济发展带动基本公共服务水平提高，逐渐缩小同发达地区的差距。

无论是传统基础设施建设，还是新型基础设施建设，都需要庞大的资金投入，单纯依靠政府收入、银行贷款或者建设单位自筹资金很难满足基础设施建设的需求，要发挥市场机制作用，走多渠道多方式投融资之路。一方面要努力争取上级政策和资金支持，优化相关资金支出结构，提高资金使用效率。引导民间资本进入重大基础设施领域，促进民营企业参与基础设施建设，构建民营

企业合理盈利的参与机制，提升基础设施发展质量和效率。另一方面各级政府要为民间资本投入城市基础设施营造良好的市场、政策和环境，不断放宽民间资本进入基础设施领域的限制。

六、要推动产业协同发展，加快产业基础设施协同共建

推动产业协同发展是山西中部城市群高质量发展的重中之重。应依托五市区位条件、资源禀赋和产业基础，重点培育五大产业集群。加强产业配套、空间集聚，促进产业链上下游协同合作，推动产业发展集链成群，协同打造五大产业集群。坚持产业错位发展，打造一批特色鲜明、优势互补、链条完整的产业集聚区，多点协同区域错位发展。

坚持产业跨区域跨领域协同创新，加快科技创新成果产业化，推动创新驱动与产业升级互促发展，实现一二三产协同发展，全面提升城市群产业发展能级。推动创新链产业链融合发展，围绕产业链优化创新链，促进创新链与产业链精准对接，加快创新资源流动共享，协同推进城市群产业链向中高端跃升。推动山西大学、太原理工大学、中北大学等高校与企业、科研机构共建工程研究中心、产业技术创新联盟，加快产业关键技术协同研究攻关。

协同推进工业、服务业和农业等传统产业数字化升级，促进数字经济与实体经济深度融合，联合打造数字经济示范区。推进工业数字化、服务业数字化转型，全面加快商贸、物流、文旅康养、金融等服务业数字化转型。以产业链升级需求为导向，加快生产制造型产业向生产服务型产业转变，推动生产性服务业向集聚区集中，促进生活性服务业向商圈集中，有力支撑城市群实体经济发展。

第三章　山西中部城市群一体化发展的现实条件分析

山西中部城市群是构建“一群两区三圈”城乡区域新布局的重要抓手，是助力山西省融入新发展格局、促进山西省高质量发展的重要引擎。山西中部城市群一体化发展可以统筹五市资源，聚集创新要素，培育新的产业集群，促进城乡融合，打造引领带动山西高质量发展的增长极。本章将从经济、交通、资源要素、城镇体系建设和政策机制建设 5 个方面对山西中部城市群一体化发展的现实条件进行分析。

第一节　综合经济实力情况

山西中部城市群包括太原、晋中、忻州、吕梁、阳泉五市，国土面积 7.41 万平方公里，占全省的 47.3%；常住人口 1613 万人，占全省的 46.3%；地区生产总值 1.13 万亿元，占全省的 50%。近年来，山西中部城市群经济总量大幅增长，经济效益质量明显提升，综合实力显著增强。农业基础牢固，特色农业发展突出；工业体系完备，成为全国重要的能源基地、新材料产业基地和先进制造业基地；服务业新动能快速成长，形成了以旅游、物流、商贸、金融等为主的现代服务业体系。此外，山西中部城市群经济发展平台数量多、质量优，区域内有 36 个省级以上开发区，占全省的 39%。其中，国家级开发区 3 个，占全省的 50%。

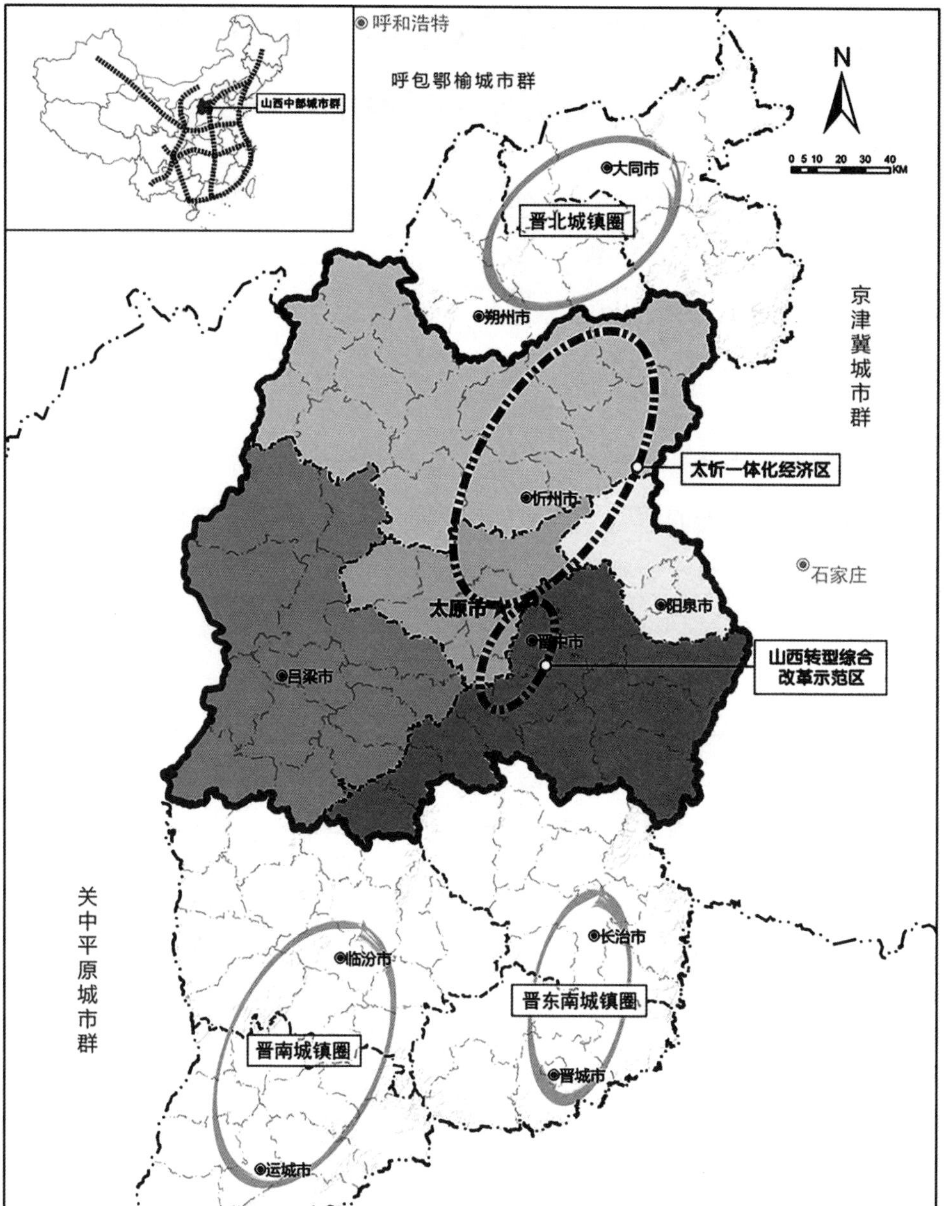

图 3-1　山西中部城市群区位示意图

图片来源：《山西中部城市群高质量发展规划（2022—2035 年）》

一、有利条件

（一）经济实力不断增加，多项经济指标位居前列

山西中部城市群近三年经济实力不断攀升，如图 3-2 所示，2021 年地区生产总值突破 1 万亿元，占全省的比重保持在 50%左右，是全省经济发展的排头兵。分产业来看，近三年，第一产业增加值占全省的 33%左右，第二产业增加值占全省的 50%左右，第三产业增加值占全省的 52%左右。分地区来看，2021 年，太原市和吕梁市地区生产总值分列山西 11 个地市的第一名和第三名，太原市和阳泉市的人均地区生产总值均高于全省水平。

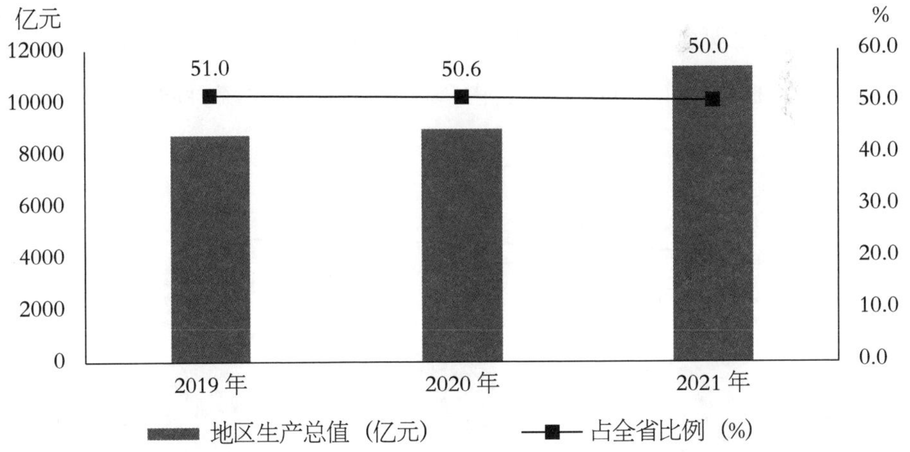

图 3-2　山西中部城市群地区生产总值及全省占比

财政收入稳定可靠。如图 3-3 所示，山西中部城市群一般公共预算收入稳定增加，在 2021 年突破 1000 亿元，占全省财政收入的一半以上。其中，国内增值税收入 308 亿元，占全省的 53%；企业所得税收入 104 亿元，占全省的 50%；个人所得税收入 20 亿元，占全省的 61%。分地区来看，太原市和吕梁市财政收入分列山西省第一名和第二名，财政实力雄厚。

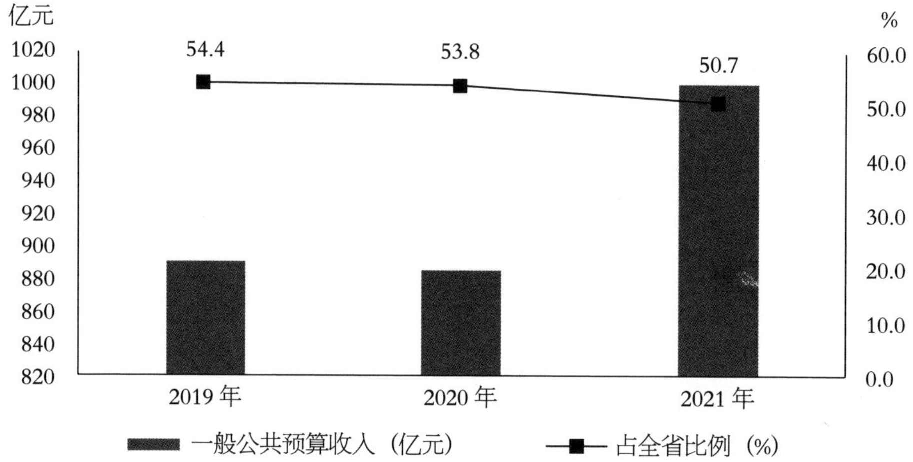

图 3-3　山西中部城市群财政收入及全省占比

对外贸易表现突出。如图 3-4 所示，山西中部城市群进出口贸易总额不断增长，在 2021 年达到近 2000 亿元，占全省进出口贸易总额的 88.4%。

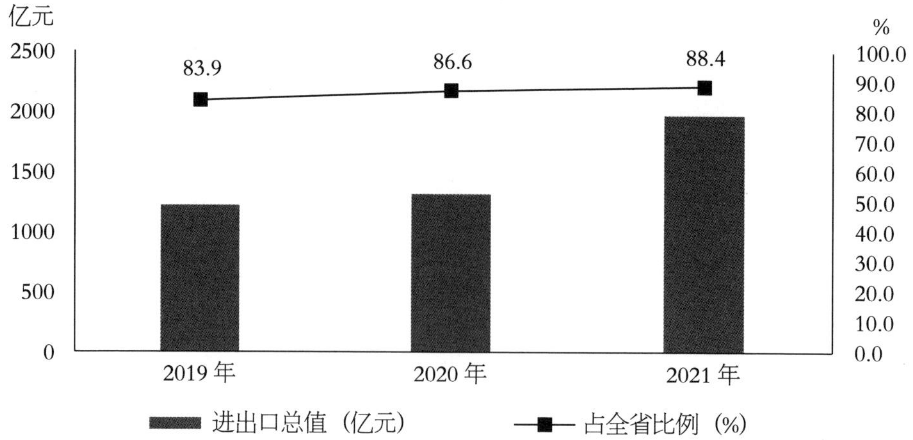

图 3-4　山西中部城市群进出口总额及全省占比

（二）经济发展平台众多，产业集群优势明显

以太忻一体化经济区和山西转型综合改革示范区为代表的经济发展平台，数量多，实力雄厚，资源集聚，产业集群发展优势明显，能为山西中部城市群

一体化发展提供有力支撑。开发区建设既着眼于产业发展规律又着眼于区域发展规律，对于不同产业优势互补，发挥集聚优势，带动所在区域经济发展有着重要作用。山西中部城市群范围内，有 36 个省级以上开发区，占全省的 39%。其中，国家级开发区 3 个，占全省的 50%。这些开发区内，人才汇集，企业集聚，资源丰富，产业集群，有着良好的经济发展基础。

表 3–1　山西中部城市群区域内省级以上经济开发区名录

序号	名称	级别	类型	主导产业
1	山西转型综合改革示范区（太原区）	国家级	工业类开发区	“2+9”现代产业体系
2	山西转型综合改革示范区晋中开发区	国家级	工业类开发区	新能源汽车、装备制造、医药健康
3	晋中农业高新技术产业示范区	国家级	工业类开发区	功能食品及农产品精深加工、中医药产业
4	清徐经济开发区	省级	工业类开发区	新型煤化工
5	太原中北高新技术产业开发区	省级	工业类开发区	新一代信息技术产业、新材料产业、智能制造
6	忻州经济开发区	省级	工业类开发区	半导体产业
7	原平经济技术开发区	省级	工业类开发区	装备制造业、现代化工业
8	繁峙经济技术开发区	省级	工业类开发区	装备制造、精密铸造产业、生物医药产业
9	定襄经济技术开发区	省级	工业类开发区	法兰装备锻造业、现代物流业
10	岢岚经济技术开发区	省级	工业类开发区	新能源、新材料产业、现代物流业
11	阳泉经济开发区	省级	工业类开发区	新一代信息技术、装备制造、新材料
12	平定经济技术开发区	省级	工业类开发区	新材料、现代煤化工

（续表）

序号	名称	级别	类型	主导产业
13	盂县经济技术开发区	省级	工业类开发区	新型耐火材料、节能环保
14	吕梁经济技术开发区	省级	工业类开发区	大数据、装备制造和现代服务业
15	孝义经济开发区	省级	工业类开发区	现代煤化工产业、铝工业、现代农业
16	文水经济开发区	省级	工业类开发区	新能源产业、先进装备制造产业
17	交城经济开发区	省级	工业类开发区	煤化工、冶金铸造、精细化工
18	汾阳杏花村经济技术开发区	省级	工业类开发区	清香白酒产业、包装材料产业、酒文旅融合产业
19	兴县经济技术开发区	省级	工业类开发区	煤电一体化、铝工业、煤层气
20	岚县经济技术开发区	省级	工业类开发区	高端精密铸造产业、矿用装备制造产业
21	交口经济技术开发区	省级	工业类开发区	煤电铝材深加工
22	祁县经济开发区	省级	工业类开发区	消费品工业、新能源新材料、文化旅游
23	介休经济技术开发区	省级	工业类开发区	焦化、钢铁、碳素、装备制造
24	太谷经济技术开发区	省级	工业类开发区	新材料、精密铸造、现代服务业
25	灵石经济技术开发区	省级	工业类开发区	现代煤化工、铝工业、文化旅游
26	榆社经济技术开发区	省级	工业类开发区	医药化工、生物医药、健康功能食品
27	平遥经济技术开发区	省级	工业类开发区	绿色食品加工、新材料、高端装备制造

（续表）

序号	名称	级别	类型	主导产业
28	寿阳经济技术开发区	省级	工业类开发区	新材料、节能环保
29	和顺经济技术开发区	省级	工业类开发区	新材料、功能食品
30	阳曲现代农业产业示范区	省级	现代农业产业示范区	种植业、畜牧业、食品加工、休闲旅游
31	静乐现代农业产业示范区	省级	现代农业产业示范区	有机旱作农业、农产品初精加工业
32	神池现代农业产业示范区	省级	现代农业产业示范区	有机旱作杂粮产业、农产品加工业
33	五台现代农业产业示范区	省级	现代农业产业示范区	中药材种植加工、农产品加工
34	太原西山生态文化旅游示范区	省级	生态文化旅游示范区	文化旅游产业、体育休闲产业、新能源利用产业
35	方山生态文化旅游示范区	省级	生态文化旅游示范区	生态康养业、文化旅游业
36	左权生态文化旅游示范区	省级	生态文化旅游示范区	生态文化旅游、农产品加工、新能源

（三）农业基础牢固，特色农业发展突出

2021 年，山西中部城市群农林牧副渔总产值达 705 亿元，全省占比 33%。其中林业产值占比 53%；粮食总产量 191 万吨，全省占比 35%。农业发展安全有保障。

山西中部城市群坚定实施农业“特”“优”战略，农业现代化发展成果显著。有机旱作农业发展基础牢固。以晋中国家农高区为代表，大力发展现代设施农业，积极建立“科研机构 + 高校 + 龙头企业 + 合作社 + 农户”有机旱作支撑体系，不断研发推广产品，同时，加大智慧农业投入，实现了农机和农艺

的结合。注重培育农业品牌。近年来，太原、晋中、忻州、吕梁等地大力发展品牌农业，打响了“清徐葡萄”“平遥牛肉”“忻州杂粮”“吕梁沙棘汁”等品牌，远销世界各地。

农业发展平台优。山西中部城市群范围内有1个国家级农业产业开发区和4个省级现代农业产业示范区，还聚集着山西省农产品国际交易中心、山西（忻州）杂粮出口平台、山西干果交易平台等农产品交易平台。农业产业化发展势头足。太原、晋中、忻州、吕梁、阳泉共有315家农业产业化省级重点龙头企业，以这些企业为代表，形成了以白酒为主的酿品产业集群、干果饮品（药茶）产业集群、肉制品产业集群等数个农业产业集群。

（四）现代服务业发展迅速

现代服务业发挥着贯通经济活动、促进要素流动、助力创业创新的重要作用，是推进产业结构升级和经济社会发展的重要引擎。近年来，太原、晋中、忻州、吕梁、阳泉五市以推动服务业高质量发展为目标，持续优化发展环境，不断拓展新领域，服务业新动能快速成长，形成了以旅游、物流、商贸、金融等为主的现代服务业体系。2021年五市服务业增加值为5305亿元，占全省的52.6%，引领带动作用突出。

产业集聚效应显著。五市大力推进生产性服务业专业化高端化发展、生活性服务业高品质多样化升级，积极推进现代服务业集聚区创建工作，清控科技服务集聚区、“晋阳金融城”金融服务集聚区、杏花岭数字经济创新产业园电子商务集聚区、太原国家物流枢纽（中鼎物流园）、天骄科技园文化创意集聚区、五台山旅游休闲集聚区等一大批省级现代服务业集聚区不断涌现。

产业融合态势不断强化。先进制造业和现代服务业融合发展是增强产业发展竞争力、培育现代化产业体系、实现转型发展的重要途径。山西综改示范区国家级先进制造业和现代服务业融合发展试点建设正如火如荼。近年来，随着以互联网为核心的信息服务业快速向各领域广泛渗透，五市催生出许多新业态，无人零售、在线诊疗、在线旅游、共享工厂等新模式逐渐兴起，成为推动现代服务业发展的活跃力量。

二、不利条件

经济发展不均衡，内部发展差距较大。山西中部城市群区域中，太原市地区生产总值远比其他四市高出很多，是第二名吕梁市的 2.5 倍，忻州市和阳泉市在经济总量上同其他三市差距较大。人均地区生产总值方面，太原市远高于其他四市。同时，开发区发展存在同质化和不规范问题。部分开发区和邻近县份开发区存在同质化竞争，没有做到差异化发展。部分开发区在招商引资上放低标准，导致有不符合产业规划的企业入区。

第二节　区位交通情况

山西中部城市群区位交通优势显著。地处山西腹地，位于东、中、西三大经济带的接合部，是联系西部地区与沿海地区的战略支撑点。北临雄安新区和京津冀城市群，南靠中原城市群和关中平原城市群，具有承东启西、连接南北的区位优势。京昆、二广、青银高速公路和京昆、呼南、青银高铁线纵横穿越，铁路与京包线、京广线、陇海线相衔接，航空线路四通八达，形成了以铁路、公路、航空等多种方式组成的综合交通运输网络。

一、有利条件

（一）公路方面

公路网覆盖面不断扩大，通车里程 6.4 万公里，占全省的 44.4%，其中高速公路 2650 公里、普通国省干线公路 5729 公里、农村公路 5.6 万公里，94%的县实现高速公路通达，78%的乡镇实现国省道连通，具备条件的建制村通硬化路率达 100%。

表 3-2 山西中部城市群区域内的高速公路及主要控制点

序号	线路编号	线路类别	线路级别	路线起讫点	主要控制点
1	G5	主线	国家级	北京—昆明	平定、盂县、阳曲、静乐、古交、清徐、交城、文水、祁县、平遥、介休、灵石
2	G55	主线	国家级	二连浩特—广州	偏关、神池、五寨、岢岚、兴县、临县、离石区、中阳、交口
3	G59	主线	国家级	呼和浩特—北海	神池、五寨、岢岚、兴县、临县、离石区、中阳、交口
4	G20	主线	国家级	青岛—银川	平定、寿阳、榆次区、太谷区、祁县、交城、文水、汾阳、离石区、柳林
5	G1812	联络线	国家级	沧州—榆林	五台、定襄、忻府区、静乐、宁武、岢岚、保德
6	G2516	联络线	国家级	东营—吕梁	和顺、左权、榆社、祁县、平遥、汾阳
7	G5911	联络线	国家级	太原—朔州	神池、宁武、静乐
8	G2003	绕城高速	国家级	太原	阳曲、寿阳、榆次区、太谷区、祁县、文水、交城、清徐、古交、静乐、阳曲
9	S45	主线	省级	天镇—陵川	应县、繁峙、五台、盂县、阳泉郊区、平定、昔阳、和顺、左权
10	S65	主线	省级	平遥—阳城	平遥
11	S67	主线	省级	水泉—偏关	偏关
12	S38	主线	省级	平鲁—禹庙	偏关、河曲
13	S40	主线	省级	灵丘—河曲	繁峙、代县、原平、神池、五寨、偏关、河曲
14	S42	主线	省级	盂县—阳曲	盂县、阳曲
15	S46	主线	省级	静乐—兴县	静乐、岚县、兴县
16	S50	主线	省级	太原—临县	尖草坪区、阳曲、静乐、娄烦、岚县、方山、临县

(续表)

序号	线路编号	线路类别	线路级别	路线起讫点	主要控制点
17	S56	主线	省级	太原—方山	万柏林区、古交、娄烦、方山
18	S60	主线	省级	昔阳—碛口	昔阳、和顺、榆次区、太谷区、祁县、文水、离石区、方山、临县
19	S66	主线	省级	汾阳—石楼	汾阳、孝义、交口、石楼
20	S2011	联络线	省级	寿阳—太原	寿阳、迎泽区
21	S2012	联络线	省级	龙白—武宿	榆次区、小店区
22	S2013	联络线	省级	罗城—夏家营	晋源区、清徐、交城
23	S5513	联络线	省级	凌井店—阳曲	阳曲
24	S2001	绕城高速	省级	阳泉	盂县、阳泉城区
25	S2002	绕城高速	省级	吕梁	方山、离石区
26	S5502	绕城高速	省级	忻州	忻府区、定襄

高速公路在串联相关区域、促进资源要素跨区域便捷流动、推动区域经济社会发展发挥着重要作用。山西中部城市群范围内，共有 4 条国家高速公路主线穿过，分别是呈放射状的 G5 京昆高速公路、纵向 G55 二广高速公路、纵向 G59 呼北高速公路、横向 G20 青银高速公路，1 条绕城高速公路 G2003 太原绕城高速公路，此外还有 3 条国家高速公路联络线分布在山西中部城市群内，连通着各条高速公路，分别是 G1812 沧州—榆林高速公路、G2516 东营—吕梁高速公路、G5911 太原—朔州高速公路。除了国家高速公路外，山西中部城市群范围内还有 18 条省级高速公路。其中，3 条纵向高速公路（S45 天镇—陵川高速公路、S65 平遥—阳城高速公路、S67 水泉—偏关高速公路），8 条横向高速公路（S38 平鲁—禹庙高速公路、S40 灵丘—河曲高速公路、S42 盂县—阳曲高速公路、S46 静乐—兴县高速公路、S50 太原—临县高速公路、S56 太原—方山

高速公路、S60 昔阳—碛口高速公路、S66 汾阳—石楼高速公路），4 条联络线（S2011 寿阳—太原高速公路、S2012 龙白—武宿高速公路、S2013 罗城—夏家营高速公路、S5513 凌井店—阳曲高速公路），3 条绕城高速公路（S2001 阳泉绕城高速公路、S2002 吕梁绕城高速公路、S5502 忻州绕城高速公路）。

表 3-3　山西中部城市群区域内的国道及省道

分类	线路
国道	G108、G109、G207、G208、G209、G239、G241、G307、G336、G337、G338、G339、G340、G519、G619
省道	S101、S102、S103、S104、S105、S106、S107、S110、S202、S204、S211、S212、S215、S219、S220、S225、S232、S235、S236、S237、S240、S242、S243、S245、S247、S249、S252、S254、S308、S310、S311、S312、S313、S314、S315、S316、S317、S318、S319、S320、S321、S322、S324、S325、S328、S329、S330、S331、S332、S334、S335、S344、S345、S346、S347、S348、S349、S503、S504、S505、S517、S526、S527、S532

除纵横交错的高速公路外，在普通国省道方面，山西中部城市群区域内道路网密集，通达性良好，共有包括联络线在内的 15 条国道和 64 条省道经过，彼此之间纵横交错，与高速公路一起构成了山西中部城市群各城市之间联系的交通血脉，也构成了山西中部城市群承东启西、连接南北的通道网，对于促进山西中部城市群一体化建设起着重要的支撑作用。

（二）铁路方面

高铁对促进人口流动、加速新型城镇化进程和引发区域"集聚效应"、加快城市群发展发挥着重要作用。高速铁路网的完善对山西中部城市群一体化发展起着重要的作用。目前，山西中部城市群内部以太原为中心，经大西高铁、郑太高铁、石太高铁可与晋中、忻州、阳泉连接，利用太中银铁路开行太原至吕梁动车组列车，可使区域内五地市区实现 1 小时内互联互通。此外，在建的集大原高铁和雄忻高铁也会大大提高山西中部城市群向外联通的能力。

（三）民航方面

民航事业发展迅速，以太原武宿国际机场为主，吕梁大武机场和忻州五台山机场为辅，山西中部城市群区域内“一干两支”的机场布局基本形成，3 家机场共开通客运航线近 200 条，通达城市近 100 个，年旅客吞吐量超千万人次。

二、不利条件

交通运输基础设施供给总量不足结构不优，重要节点衔接不畅，绿色低碳发展体系还不健全，各种运输方式仍未实现无缝衔接，道路维护水平有待提高，城际公共交通未成体系，“最后一公里”有待改善，安全应急水平有待提高，等等。山西中部城市群一体化存在不小挑战。

第三节　资源要素情况

山西中部城市群科技创新要素集聚。区域内高等教育体系完善，高校云集，拥有超过全省半数以上的高校和科研院所，是全省创新发展潜力最大的区域；科技创新投入力度大，创新体系较为完善；科技创新平台集聚，太原国家可持续发展议程创新示范区、晋中国家农业高新技术产业示范区先后获批建设，山西综合改革示范区、太忻一体化经济区建设加速，资本、技术、人才等创新要素集聚。

一、有利条件

（一）科研投入力度大，科技创新潜力足

如表 3-4 所示，2021 年山西全省研究与试验发展（R&D）经费共 251.9 亿元，其中山西中部城市群区域内五地市 R&D 经费共计 159.9 亿元，占全省的 63.5%。从 R&D 经费投入强度来看，太原市和晋中市均超过 1%，太原市更是以 2.24%的投入强度在全省位居第一。

表 3-4 2021 年全省及山西中部城市群区域内各市 R&D 经费情况

地区	经费 / 亿元	投入强度 /%
全省	251.9	1.12
太原市	114.7	2.24
阳泉市	7	0.76
晋中市	20.1	1.09
忻州市	2.8	0.21
吕梁市	15.3	0.74
占全省比重	63.50%	—

如表 3-5 所示，2021 年全省规模以上工业企业 R&D 经费共计 186.2 亿元，比去年增加 19.3%。其中，太原、阳泉、晋中、忻州、吕梁等五地市规模以上工业企业 R&D 经费共 97.2 亿元，占全省的一半以上。

表 3-5 2021 年全省及山西中部城市群区域内各市规模以上工业企业 R&D 经费情况

地区	经费 / 亿元	增幅 /%
全省	186.2	19.3
太原市	58	27.1
阳泉市	6.8	−9.9
晋中市	14.8	19.4
忻州市	2.5	1.5
吕梁市	15.1	30.8
占全省比重	52.20%	—

如表 3-6 所示，2021 年全省一般公共预算科学技术支出共计 83.38 亿元，占一般公共预算的 1.7%。其中，山西中部城市群区域内（包括省本级层面）一般公共预算科学技术支出达 73.5 亿元，占全省的 80%以上。

表 3-6　2021 年全省及山西中部城市群区域内各市一般公共预算科学技术支出情况

地区	一般公共预算科学技术支出 / 亿元	占一般公共预算支出比重 /%
全省	83.38	1.7
省本级	30.58	2.9
太原市	34.41	5.5
阳泉市	1.14	0.9
晋中市	2.42	0.7
忻州市	3.42	0.9
吕梁市	1.53	0.4
占全省比重	88.20%	—

（二）教育资源丰富，高等教育体系完善

如表 3-7 所示，山西中部城市群区域内高校云集，人才储备充足，有包括山西大学（“双一流”）、太原理工大学（“双一流”、211）、山西财经大学、山西师范大学、山西农业大学、山西医科大学、中北大学、太原科技大学在内的 26 所本科院校，占全省本科院校数量的 76%。

表 3-7　山西中部城市群区域内本科院校名单

序号	学校名称	主管部门	所在地	办学层次	备注
1	山西大学	山西省	太原市	本科	公办
2	太原理工大学	山西省	太原市	本科	公办
3	山西财经大学	山西省	太原市	本科	公办
4	山西师范大学	山西省	太原市	本科	公办
5	山西农业大学	山西省	晋中市	本科	公办
6	山西医科大学	山西省	太原市	本科	公办

（续表）

序号	学校名称	主管部门	所在地	办学层次	备注
7	中北大学	山西省	太原市	本科	公办
8	太原科技大学	山西省	太原市	本科	公办
9	太原师范学院	山西省	太原市	本科	公办
10	晋中学院	山西省	晋中市	本科	公办
11	忻州师范学院	山西省	忻州市	本科	公办
12	山西中医药大学	山西省	太原市	本科	公办
13	吕梁学院	山西省	吕梁市	本科	公办
14	太原学院	山西省	太原市	本科	公办
15	山西警察学院	山西省	太原市	本科	公办
16	山西应用科技学院	山西省教育厅	太原市	本科	民办
17	山西工程科技职业大学	山西省	太原市	本科	公办
18	晋中信息学院	山西省教育厅	晋中市	本科	民办
19	山西晋中理工学院	山西省教育厅	太原市	本科	民办
20	山西医科大学晋祠学院	山西省教育厅	太原市	本科	民办
21	山西财经大学华商学院	山西省教育厅	太原市	本科	民办
22	山西工商学院	山西省教育厅	太原市	本科	民办
23	太原工业学院	山西省	太原市	本科	公办
24	山西传媒学院	山西省	太原市	本科	公办
25	山西工程技术学院	山西省	阳泉市	本科	公办
26	山西能源学院	山西省	晋中市	本科	公办

如表 3-8、表 3-9 所示，区域内职业技术教育优势明显，共有 29 所高职高专院校，占全省高职高专院校的 60%。此外，区域内还有 8 所成人高等学校。各方面、各层次、各领域人才储备扎实，创新潜力巨大，能为推进城市群一体

化建设提供坚实的人才支撑。

表 3-8 山西中部城市群区域内高职高专院校名单

序号	学校名称	主管部门	所在地	办学层次	备注
1	山西省财政税务专科学校	山西省	太原市	专科	公办
2	山西艺术职业学院	山西省	太原市	专科	公办
3	山西药科职业学院	山西省	太原市	专科	公办
4	山西财贸职业技术学院	山西省	太原市	专科	公办
5	山西林业职业技术学院	山西省	太原市	专科	公办
6	阳泉职业技术学院	山西省	阳泉市	专科	公办
7	山西职业技术学院	山西省	太原市	专科	公办
8	山西金融职业学院	山西省	太原市	专科	公办
9	太原城市职业技术学院	山西省	太原市	专科	公办
10	山西体育职业学院	山西省	太原市	专科	公办
11	山西警官职业学院	山西省	太原市	专科	公办
12	山西国际商务职业学院	山西省	太原市	专科	公办
13	太原旅游职业学院	山西省	太原市	专科	公办
14	山西旅游职业学院	山西省	太原市	专科	公办
15	山西电力职业技术学院	山西省	太原市	专科	公办
16	忻州职业技术学院	山西省	忻州市	专科	公办
17	山西同文职业技术学院	山西省教育厅	晋中市	专科	民办
18	晋中职业技术学院	山西省	晋中市	专科	公办
19	山西华澳商贸职业学院	山西省教育厅	晋中市	专科	民办
20	山西老区职业技术学院	山西省教育厅	太原市	专科	民办
21	山西经贸职业学院	山西省	太原市	专科	公办
22	山西铁道职业技术学院	山西省	太原市	专科	公办

（续表）

序号	学校名称	主管部门	所在地	办学层次	备注
23	晋中师范高等专科学校	山西省	晋中市	专科	公办
24	阳泉师范高等专科学校	山西省	阳泉市	专科	公办
25	山西青年职业学院	山西省	太原市	专科	公办
26	吕梁职业技术学院	山西省	吕梁市	专科	公办
27	太原幼儿师范高等专科学校	山西省	太原市	专科	公办
28	山西工程职业学院	山西省	太原市	专科	公办
29	山西卫生健康职业学院	山西省	太原市	专科	公办

表 3-9　山西中部城市群区域内成人高等学校名单

序号	学校名称	主管部门	所在地
1	太原化学工业集团有限公司职工大学	山西省	太原市
2	山西机电职工学院	山西省	太原市
3	太原钢铁（集团）有限公司职工钢铁学院	山西省	太原市
4	山西煤炭职工联合大学	山西省	太原市
5	山西兵器工业职工大学	山西省	太原市
6	山西省职工工艺美术学院	山西省	太原市
7	山西开放大学	山西省	太原市
8	山西省政法管理干部学院	山西省	太原市

（三）科技创新要素集聚，创新体系较为完善

科技创新是提高社会生产力和综合国力的战略支撑。山西中部城市群区域内科技创新能力不断提高，逐步形成了以重点实验室、中试基地、技术创新中心为主的科技创新体系。

重点实验室是组织开展基础研究和应用基础研究、聚集和培养优秀科技人

才、开展高水平学术交流、具备先进科研装备的重要科技创新基地，是某一地区创新体系的重要组成部分，经过不断发展已经成为孕育重大原始创新、推动学科发展和解决重大科学技术问题的重要力量。2022 年政府工作报告提出，应推进科技创新，促进产业升级，发挥好国家实验室和全国重点实验室的作用。如表 3-10 所示，山西中部城市群区域内共有 4 家国家级重点实验室、136 家省级重点实验室（含省部共建），数量占全省的 90%以上。

表 3-10　山西中部城市群区域内重点实验室名单

序号	名称	依托单位	级别
1	煤转化国家重点实验室	中国科学院山西煤炭化学研究所	国家级
2	量子光学与光量子器件国家重点实验室	山西大学	国家级
3	先进不锈钢材料国家重点实验室	中国宝武太原钢铁集团	国家级
4	矿山采掘装备及智能制造国家重点实验室	太原重型机械集团	国家级
5	煤基能源清洁高效利用国家重点实验室	太原理工大学	省部共建
6	动态测试技术国家重点实验室	中北大学	省部共建
7	冶金设备设计理论与技术国家重点实验室培育基地	太原科技大学	省部共建
8	生物工程山西省重点实验室	山西大学	省级
9	材料强度与结构冲击山西省重点实验室	太原理工大学	省级
10	表面活性剂山西省重点实验室	中国日用化学研究院有限公司	省级
11	先进制造技术山西省重点实验室	中北大学	省级
12	炭材料山西省重点实验室	中国科学院山西煤炭化学研究所	省级
13	土壤环境与养分资源山西省重点实验室	山西农业大学	省级
14	功能分子山西省重点实验室	山西大学	省级

（续表）

序号	名称	依托单位	级别
15	细胞生理学山西省重点实验室	山西医科大学	省级
16	材料界面山西省重点实验室	太原理工大学	省级
17	分子磁体与磁信息材料山西省重点实验室	山西师范大学	省级
18	矿产资源安全高效开采山西省重点实验室	太原理工大学	省级
19	智能信息技术处理山西省重点实验室	山西大学	省级
20	新型传感器与智能控制山西省重点实验室	太原理工大学	省级
21	骨与软组织损伤修复山西省重点实验室	山西医科大学	省级
22	法医学山西省重点实验室	山西医科大学	省级
23	旱作农业机械关键技术与装备山西省重点实验室	山西农业大学	省级
24	电磁防护材料及技术山西省重点实验室	中国电子科技集团公司第三十三研究所	省级
25	煤矿电气装备与智能控制山西省重点实验室	太原理工大学	省级
26	血液病分子诊疗山西省重点实验室	山西医科大学第二医院	省级
27	耳鼻咽喉头颈肿瘤山西省重点实验室	山西医科大学第一医院	省级
28	药物毒理与放射损伤药物山西省重点实验室	中国辐射防护研究院	省级
29	透皮给药系统山西省重点实验室	亚宝药业集团股份有限公司	省级
30	金属材料成形理论与技术山西省重点实验室	太原科技大学	省级
31	煤矿综采装备山西省重点实验室	太原理工大学	省级

(续表)

序号	名称	依托单位	级别
32	煤化工压力容器山西省重点实验室	山西阳煤化工机械（集团）有限公司	省级
33	煤矿综掘与短壁开采装备山西省重点实验室	中国煤炭科工集团太原研究院有限公司	省级
34	信息探测与处理山西省重点实验室	中北大学	省级
35	超重力化工过程山西省重点实验室	中北大学	省级
36	涂装高分子功能材料山西省重点实验室	山西省应用化学研究所（有限公司）	省级
37	微结构电磁功能材料厅市共建山西省重点实验室	山西大同大学	省级
38	农业有害生物综合治理山西省重点实验室	山西农业大学	省级
39	煤与煤系气地质山西省重点实验室	山西省地质矿产研究院	省级
40	电力系统运行与控制山西省重点实验室	太原理工大学	省级
41	纳米功能复合材料山西省重点实验室	中北大学	省级
42	先进镁基材料山西省重点实验室	太原理工大学	省级
43	宽禁带半导体材料山西省重点实验室	中国电子科技集团公司第二研究所	省级
44	能量转换与存储材料山西省重点实验室	山西大学	省级
45	精密加工山西省重点实验室	太原理工大学	省级
46	智能仓储与搬运装备山西省重点实验室	太原科技大学	省级
47	实验动物与人类疾病动物模型山西省重点实验室	山西医科大学	省级
48	中医脑病学山西省重点实验室	山西中医药大学	省级

(续表)

序号	名称	依托单位	级别
49	心血管疾病诊治及临床药理山西省重点实验室	山西医科大学第二医院	省级
50	免疫性皮肤病干细胞山西省重点实验室	太原市中心医院	省级
51	出生缺陷与细胞再生山西省重点实验室	山西医科大学	省级
52	果树种质创制与利用山西省重点实验室	山西农业大学	省级
53	作物遗传与分子改良山西省重点实验室	山西农业大学	省级
54	杂粮种质资源发掘与遗传改良山西省重点实验室	山西农业大学	省级
55	高粱遗传与种质创新山西省重点实验室	山西农业大学	省级
56	煤基装备计量检测山西省重点实验室	山西省计量科学研究院	省级
57	循环流化床高效清洁燃烧与利用山西省重点实验室	太原理工大学	省级
58	特色农产品加工山西省重点实验室	山西农业大学	省级
59	地产中药功效物质研究与利用山西省重点实验室	山西大学	省级
60	环境健康损害山西省重点实验室	山西医科大学	省级
61	轨道交通轮轴系统山西省重点实验室	太原重工轨道交通设备有限公司	省级
62	气体能源高效清洁利用山西省重点实验室	太原理工大学	省级
63	基于炎性反应的重大疾病创新药物山西省重点实验室	山西中医药大学	省级
64	疾病防控的数学技术与大数据分析山西省重点实验室	山西大学	省级

（续表）

序号	名称	依托单位	级别
65	作物生态与旱作栽培生理山西省重点实验室	山西农业大学	省级
66	先进控制与智能信息系统山西省重点实验室	太原科技大学	省级
67	金属凝固控制与精确成形山西省重点实验室	中北大学	省级
68	磁电功能材料及应用山西省重点实验室	太原科技大学	省级
69	黄土高原生态恢复山西省重点实验室	山西大学	省级
70	资源环境与灾害监测山西省重点实验室	山西省煤炭地质物探测绘院	省级
71	重大疾病风险评估山西省重点实验室	山西医科大学	省级
72	分子影像山西省重点实验室	山西医科大学	省级
73	特色植物资源研究与利用山西省重点实验室	山西大学	省级
74	肾脏病山西省重点实验室	山西省人民医院	省级
75	医药生物技术山西省重点实验室	山西省生物研究院有限公司	省级
76	北方功能油料树种培育与研发山西省重点实验室	山西农业大学	省级
77	特色植物资源化学厅市共建山西省重点实验室培育基地	吕梁学院	省级
78	深部岩土力学与地下工程国家重点实验室山西银锋分中心	山西银锋科技有限公司	省级
79	量子传感与精密测量仪器山西省重点实验室	中北大学	省级
80	精神障碍人工智能辅助诊疗山西省重点实验室	山西医科大学第一医院	省级

(续表)

序号	名称	依托单位	级别
81	口腔疾病防治与新材料山西省重点实验室	山西医科大学	省级
82	6G毫米波集成电路研发及其工业化山西省重点实验室	北纬三十八度集成电路制造有限公司	省级
83	重大传染性疾病防控与诊治山西省重点实验室	山西省疾病预防控制中心	省级
84	恶劣环境下智能装备技术山西省重点实验室	中北大学	省级
85	纳米成像与载药制剂山西省重点实验室	山西白求恩医院	省级
86	医学分子细胞生物学山西省重点实验室	山西大学	省级
87	中兽医药现代化山西省重点实验室	山西农业大学	省级
88	临床决策研究大数据山西省重点实验室	山西医科大学	省级
89	辐射安全与防护山西省重点实验室	中国辐射防护研究院	省级
90	眼科学山西省重点实验室	山西省眼科医院	省级
91	呼吸疾病防治与基础研究山西省重点实验室	山西医科大学第一医院	省级
92	经方扶阳山西省重点实验室	山西中医学院中西医结合医院	省级
93	免疫耐受组学大数据精准医学研究山西省重点实验室	山西医科大学第二医院	省级
94	智能影像与纳米医学山西省重点实验室	山西医科大学第一医院	省级
95	畜禽遗传资源发掘与精准育种山西省重点实验室	山西农业大学	省级
96	草地生态保护与乡土草种质山西省重点实验室	山西农业大学	省级

（续表）

序号	名称	依托单位	级别
97	黄土高原食用菌山西省重点实验室	神农科技集团有限公司	省级
98	中药经典名方新药研发与二次开发山西省重点实验室	山西广誉远国药有限公司	省级
99	医用金属材料山西省重点实验室	太原理工大学	省级
100	生物大分子山西省重点实验室	山西高等创新研究院	省级
101	脑疾病防治山西省重点实验室	山西省人民医院	省级
102	中药炮制山西省级重点实验室	山西中医药大学	省级
103	内分泌代谢疾病研究山西省重点实验室	山西白求恩医院	省级
104	高能电池材料与器件山西省重点实验室	中北大学	省级
105	先进炭基电极材料山西省重点实验室	中北大学	省级
106	地热资源勘查与开发利用山西省重点实验室	山西省第一水文地质工程地质队	省级
107	煤矿粉尘智能监测与防控山西省重点实验室	太原科技大学	省级
108	矿山岩层控制及灾害防控山西省重点实验室	太原理工大学	省级
109	矿区生态修复与固废资源化厅市共建山西省重点实验室培育基地	山西工程技术学院	省级
110	土木工程防灾与控制山西省重点实验室	太原理工大学	省级
111	微纳传感与人工智能感知山西省重点实验室	太原理工大学	省级
112	智能信息控制技术山西省重点实验室	北方自动控制技术研究所	省级
113	大数据融合分析与应用山西省重点实验室	太原理工大学	省级

（续表）

序号	名称	依托单位	级别
114	重载装备作业智能化技术与系统山西省重点实验室	太原科技大学	省级
115	滤毒与净化材料山西省重点实验室	山西新华防化装备研究院有限公司	省级
116	特殊环境先进金属材料山西省重点实验室	中北大学	省级
117	药物合成与制剂新技术山西省重点实验室	山西医科大学	省级
118	核酸生物农药山西省重点实验室	山西大学	省级
119	中国露酒植物提取与健康山西省重点实验室	山西杏花村汾酒厂股份有限公司	省级
120	核药研发转化与精准防护山西省重点实验室	中国辐射防护研究院	省级
121	淋巴瘤精准诊疗研究山西省重点实验室	山西省肿瘤医院	省级
122	消化系疾病及器官移植山西省重点实验室	山西医科大学第一医院	省级
123	食品药品安全防控山西省重点实验室	山西省检验检测中心（山西省标准计量技术研究院）	省级
124	化学产品工程山西省重点实验室	太原理工大学	省级
125	大气复合污染识别与控制山西省重点实验室	太原理工大学	省级
126	流域地方性建成环境山西省重点实验室	山西大学	省级
127	煤基高端化学品绿色催化合成山西省重点实验室	山西大学	省级
128	低碳建筑体系与绿色建材技术研究山西省重点实验室	山西建设投资集团有限公司	省级

(续表)

序号	名称	依托单位	级别
129	机载大气环境探测山西省重点实验室	太原航空仪表有限公司	省级
130	高效储热与低碳供热山西省重点实验室	太原锅炉集团有限公司	省级
131	植物大分子逆境响应山西省重点实验室	山西师范大学	省级
132	食醋发酵科学与工程山西省重点实验室	山西紫林醋业股份有限公司	省级
133	蔬菜花卉种质资源创新与利用山西省重点实验室	山西农业大学	省级
134	能源互联网山西省重点实验室	太原理工大学	省级
135	大数据分析与并行计算山西省重点实验室	太原科技大学	省级
136	北斗信息服务技术山西省重点实验室	北方自动控制技术研究所	省级
137	高端装备可靠性技术山西省重点实验室	中北大学	省级
138	机器视觉与虚拟现实山西省重点实验室	中北大学	省级
139	铁路货车转向架系统山西省重点实验室	晋西车轴股份有限公司	省级
140	数字化设计与制造山西省重点实验室	山西汾西重工有限责任公司	省级

中试基地是进行中间性试验放大的一个场所，旨在把实验室的研究成果放大，将技术研究转化为应用研究，是实验室研究成果和产业之间的桥梁和纽带。可以说把握住了中试基地的建设，也就把握住了科技成果转化的关键。中试基地作为创新主体，可以带动产业链上中下游、大中小企业融通创新，也是推动企业跨越技术转化鸿沟、将产品试制发展到规模生产的重要平台。山西省共有 20 家省级中试基地，其中有 16 家聚集在山西中部城市群区域内，如

表 3-11 所示。

表 3-11 山西中部城市群区域内中试基地名单

序号	名称	依托单位	级别
1	山西省石墨烯聚合物复合材料中试基地	中北大学	省级
2	山西省硅基光伏新能源中试基地	山西中电科新能源技术有限公司	省级
3	山西省智能化铸造机械中试基地	山西方盛液压机电设备有限公司	省级
4	山西省冶金装备中试基地	太原科技大学	省级
5	山西省碳化硅材料中试基地	中国电子科技集团公司第二研究所	省级
6	山西省碳基负极新材料中试基地	山西北方兴安化学工业有限公司	省级
7	山西省智能建造与绿色低碳建材中试基地	山西省建筑科学研究院有限公司	省级
8	山西省工业固废资源化综合利用中试基地	山西路桥建设集团有限公司	省级
9	山西省稀土永磁材料中试基地	山西汇镪磁性材料制作有限公司	省级
10	山西省特种钢焊接中试基地	山西太钢不锈钢股份有限公司	省级
11	山西省细胞临床应用产品中试基地	安可瑞（山西）生物细胞有限公司	省级
12	山西省大型风电机组及关键零部件中试基地	太原重工股份有限公司	省级
13	山西省工业危险废弃物处量与分级利用中试基地	山西省太原固体废物处置中心(有限公司)	省级
14	山西省高寒地区有机旱作农业中试基地	山西中农富神高原作物农业研究 有限公司	省级
15	山西省信创信息设备中试基地	山西大众电子信息产业集团有限 公司	省级
16	山西省煤矿智能采掘运输装备中试基地	山西天地煤机装备有限公司	省级

技术创新中心定位于实现从科学到技术的转化，促进重大基础研究成果产业化。中心以关键技术研发为核心使命，产学研协同推动科技成果转移转化与产业化，为区域和产业发展提供源头技术供给，为科技型中小企业孵化、培育和发展提供创新服务，为支撑产业向中高端迈进、实现高质量发展发挥战略引领作用，是完善创新体系的重要一环。山西省从 2021 年认定第一批省级技术创新中心，到目前为止，山西中部城市群区域内共有 55 家技术创新中心，占全省的 78%，如表 3-12 所示。

表 3-12 山西中部城市群区域内技术创新中心名单

序号	名称	依托单位	级别
1	先端碳纤维及其复合材料省技术创新中心	山西钢科碳材料有限公司	省级
2	炭基聚合物材料改性省技术创新中心	山西省化工研究所（有限公司）	省级
3	公路工程领域固体废弃物资源循环利用省技术创新中心	山西熙在高新材料有限公司	省级
4	人防防化省技术创新中心	山西新华防化装备研究院有限公司	省级
5	生物降解材料省技术创新中心	山西华阳生物降解新材料有限责任公司	省级
6	多孔陶瓷材料省技术创新中心	山西省玻璃陶瓷科学研究所（有限公司）	省级
7	绿色建材与建筑节能省技术创新中心	山西省建筑科学研究院有限公司	省级
8	紫砂产品数字化设计与制造省技术创新中心	山西晋明堂文化科技有限公司	省级
9	矿山特种机器人省技术创新中心	山西科达自控股份有限公司	省级
10	装配式钢结构省技术创新中心	山西四建集团有限公司	省级
11	矿山智能感知省技术创新中心	精英数智科技股份有限公司	省级

(续表)

序号	名称	依托单位	级别
12	航空载运装备省技术创新中心	山西汾西重工有限责任公司	省级
13	高效线边物流系统及装备省技术创新中心	太原福莱瑞达物流设备科技有限公司	省级
14	公路路面施工省技术创新中心	中铁三局集团第五工程有限公司	省级
15	高端精密刀具系统省技术创新中心	太原工具厂有限责任公司	省级
16	中药制剂研发省技术创新中心	山西中医药大学附属医院	省级
17	医疗器械精准检测省技术创新中心	山西白求恩医院	省级
18	纳米药物可控缓释省技术创新中心	山西医科大学第二医院	省级
19	药物制备工艺省技术创新中心	山西立业制药有限公司	省级
20	传统建筑智慧建造省技术创新中心	山西一建集团有限公司	省级
21	信息技术应用创新省技术创新中心	山西省信息产业技术研究院有限公司	省级
22	交通道路设计数字化省技术创新中心	中科路恒工程设计有限公司	省级
23	信息融合与智能控制防务装备研究省技术创新中心	山西宇翔信息技术有限公司	省级
24	循环流化床燃烧与控制省技术创新中心	太原锅炉集团有限公司	省级
25	三气共采省技术创新中心	中联煤层气（山西）有限责任公司	省级
26	环境催化材料省技术创新中心	山西普丽环境工程股份有限公司	省级
27	硝基肥料山西省技术创新中心	山西金兰化工股份有限公司	省级
28	现代种业优势品种省技术创新中心	晋中龙生种业有限公司	省级
29	山西省先进半导体材料与器件技术创新中心	山西烁科晶体有限公司	省级
30	山西省电池负极材料开发技术创新中心	山西尚太锂电科技有限公司	省级

(续表)

序号	名称	依托单位	级别
31	山西省安全智能玻璃技术创新中心	山西利虎集团青耀技术玻璃有限公司	省级
32	山西省吕景山针药对法传承技术创新中心	山西省针灸医院	省级
33	山西省口服化学固体制剂省技术创新中心	亚宝药业太原制药有限公司	省级
34	山西省地产中药品质评价技术创新中心	山西中医药大学	省级
35	山西省免疫与风湿性疾病临床诊疗技术创新中心	山西白求恩医院	省级
36	山西省生育力优化技术创新中心	山西省妇幼保健院	省级
37	山西省心脑血管病三高共管技术创新中心	山西医科大学第一医院	省级
38	山西省口腔健康防控技术创新中心	山西省人民医院	省级
39	山西省低碳发电智慧管控技术创新中心	山西格盟中美清洁能源研发中心有限公司	省级
40	山西省二氧化碳地质封存技术创新中心	山西省煤炭地质一四八勘查院有限公司	省级
41	山西省智能辐射探测装备技术创新中心	山西中辐核仪器有限责任公司	省级
42	山西省建筑固废资源化利用技术创新中心	山西山安立德环保科技有限公司	省级
43	山西省煤矿矿井水处理技术创新中心	山西铁居环保科技有限公司	省级
44	山西省公路养护技术创新中心	山西省交通新技术发展有限公司	省级
45	山西省中兽药技术创新中心	山西瑞象生物药业有限公司	省级
46	山西省能源大数据应用技术创新中心	山西清众科技股份有限公司	省级
47	山西省特种计算机技术创新中心	北方自动控制技术研究所	省级

（续表）

序号	名称	依托单位	级别
48	山西省算网融合技术创新中心	国科晋云技术有限公司	省级
49	山西省光场调控与融合应用技术创新中心	太原科技大学	省级
50	山西省工业视觉应用技术创新中心	太原科技大学	省级
51	山西省电力机车部件再制造技术创新中心	中车太原机车车辆有限公司	省级
52	山西省铁路桥梁智能制造技术创新中心	中铁三局集团建筑安装工程有限公司	省级
53	山西省煤炭储运装备技术创新中心	山西东昌实业有限公司	省级
54	山西省铁路专用线运维技术创新中心	中铁三局集团有限公司	省级
55	山西省油液颗粒物智能分析技术创新中心	山西支点科技有限公司	省级

二、不利条件

山西中部城市群区域创新协同机制还不健全，创新资源整合难度较大，创新要素流通还不充分，人才创新的激励机制有待强化，人才补贴的力度有待加强，高水平产业创新平台建设还需努力，科技成果转移转化机制还不畅通，科技创新主体力量还不强大，创新资源开放共享机制有待完善。这些都对山西中部城市群创新要素集聚和人才聚拢带来了一定挑战。

第四节　城镇体系建设情况

山西中部城市群区域内五市城镇化率在全省居于前列，城镇空间布局不断优化，构建“一核四带多组团”城镇发展格局、培育发展现代化都市圈、健全城市群一体化发展机制具有良好的基础。

一、有利条件

（一）城镇化率稳步提高

城镇化是现代化的必由之路，是推动区域协调发展的有力支撑，是扩大内需和促进产业升级的重要抓手。2021 年山西中部城市群常住人口城镇化率为 68.86%，高于全省（63.64%）和全国（64.72%）平均水平，其中太原和阳泉的城镇化率均高于 70%，如表 3-13 所示。人口不断向城镇聚集，越来越多的社会经济活动也向城镇集中，城镇逐渐成为生产要素的汇聚地和区域经济社会发展的动力源。随着城镇化不断推进，高密度的城镇地域将进一步发展，便会形成单个城市、都市圈、城市群等多层次的空间形态。因此，城镇化率的稳步提高可以促进山西中部城市群的一体化建设。

表 3-13　全省及中部城市群城镇化率

地区	常住人口 / 人	城镇人口 / 人	农村人口 / 人	城镇化率 /%
全省	34804758	22074808	12729950	63.42
山西中部城市群	16129740	11106977	5022763	68.86
太原市	5390957	4810087	580870	89.23
阳泉市	1310977	942925	368052	71.93
晋中市	3389953	2064658	1325295	60.91
忻州市	2663175	1457697	1205478	54.74
吕梁市	3374678	1831610	1543068	54.28

（二）空间布局不断优化

太原、晋中实现规划对接，强力推进具有优势潜力地区率先实现一体化，为山西中部城市群一体化发展提供了强劲动力。阳泉、忻州、吕梁等城市发展基础逐步夯实，公共服务和基础设施条件逐步改善，中心城区经济和人口承载能力不断增强，也为山西中部城市群一体化发展提供了坚实支撑。

（三）城镇体系发展布局合理，一体化发展基础扎实

根据《山西中部城市群高质量发展规划（2022—2035 年）》，山西中部城市群城镇体系建设将以一体化发展为导向，按照“中心龙头、南北引擎、东西两翼”总体布局，统筹大中小城市和小城镇协调发展，构建“一核四带多组团”城镇发展格局。

“一核”指太原榆次太谷发展核。三者经济总量占到山西中部城市群的 49.4%，经济实力雄厚，辐射带动能力强。发展核区域内包含着山西中部城市群发展的北引擎（太忻一体化经济区）和南引擎（山西综合改革示范区），同时太原又是山西省的省会，可以辐射整个山西中部城市群，起到发展核心的作用。发展核区域一体化基础扎实，太原榆次同城化已经发展多年，积累了丰富的经验，有了坚实的基础。近年来，太原和榆次在规划衔接、产业布局、基础设施、生态治理、公共服务、要素配置“六个一体化”方向上发展步伐逐步加快，尤其是在交通基础设施方面，随着 2022 年底龙城大街贯通、滨河东路南延、魏榆路改造竣工通车，太榆“半小时黄金经济圈”实现贯通，两市人民经济往来更加便捷。此外，太原与榆次之间公交通行早已常态化运营，两地城际公交线路共计 10 条，单日运行趟次 348 趟，停靠站点 295 个，中心城区公交站 500 米覆盖率达到 100%，覆盖服务面积达到 166.14 平方公里。线路总长 275.2 公里，年运营里程 872.8 万公里，发送乘客 1044.5 万人次。城镇化率方面，太原、榆次、太谷的城镇化率分别为 89.2%、79.7%、58.0%，在山西中部城市群区域内处于较高水平。在地理位置上，太原市的小店区、清徐县与晋中市的榆次区、太谷区东西紧密相连，地理上没有阻隔，具备一体化发展的地理基础。

“四带”指汾河谷地城镇带、雄忻城镇带、沿黄城镇带、太行城镇带。这“四带”内部地理位置相近、地势特征相似，具备城镇带发展的条件。汾河谷地城镇带在交通上，依托大西高铁、大运高速综合运输通道，可实现内部和向外

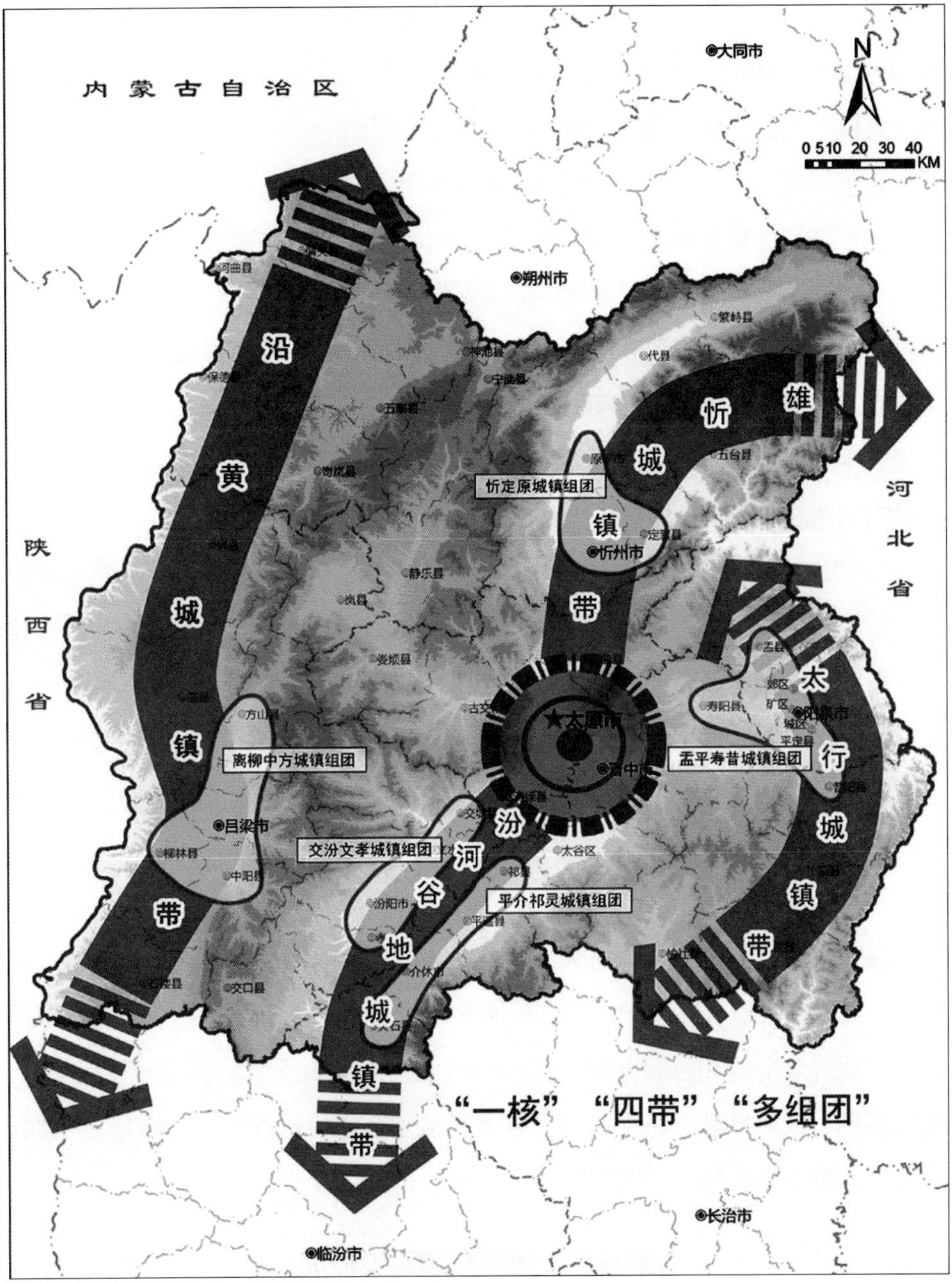

图 3-5　山西中部城市群城镇体系布局

图片来源：《山西中部城市群高质量发展规划（2022—2035 年）》

的联通。在经济上，以祁县、平遥、介休、灵石等晋中汾河谷地四县（市）和交城、文水、汾阳、孝义等吕梁平川四县（市）为发展重点，发挥其产业、城镇、人口密集的突出优势，可推动与太原、山西综合改革示范区深化合作。雄忻城镇带在交通上，凭借雄忻高铁（在建）和 108 国道，可实现南北与山西内部、向西与京津冀的联通。在经济上，以太忻一体化经济区忻州片区为重点，深入对接京津冀产业转移需求发挥带动忻州与太原、雄安新区相向发展的作用，可打造为山西融入京津冀和服务雄安新区的重要走廊。沿黄城镇带可以依托文化和生态优势，建设山西中部城市群生态屏障，借此发挥在生态旅游等方面的优势，抱团取暖，发展经济。太行城镇带可以依托石太、阳涉等铁路通道，发挥承东启西、双向服务的重要作用，成为山西向东开放的前沿。

“多组团”指建设离柳中方城镇组团、交汾文孝城镇组团、忻定原城镇组团、平介祁灵城镇组团、盂平寿昔城镇组团。这些城镇组团内部之间在城镇化率、经济发展程度、交通通达水平、产业发展方向上具有相似之处，具备一体化发展基础。此外，这些组团的城镇也是“四带”中经济发展较好的地区，可以起到辐射周边、带动发展的作用。

二、不利条件

在民生领域，除有太榆同城化发展的铺垫外，山西中部城市群其他地区一体化发展程度较低，在基础设施、民生服务、跨市通办事项、社会保障等方面尚未实现规划衔接和协同发展。在经济领域，由于一体化发展需要通盘考虑、整体规划、统筹推进，每个城市可能面临被重新定位进而实现产业错位发展，这对相关城市来说既是一种机遇，同时也是一种挑战。

第五节　政策机制建设情况

发展山西中部城市群是山西省委、省政府的重要战略部署。2022 年 2 月，山西中部城市群建设领导小组成立，统筹负责相关工作。为推动中部城市群建设，山西省相继出台了多项规划，颁布了多项政策措施，不断完善统一规划体系，健全政策实施保障机制，以最大限度激发区域内五市各类主体的活力和创造力，形成建设中部城市群的强大合力。

一、有利条件

（一）不断强化组织机构保障，形成城市群发展合力

为加快推进山西中部城市群建设，强化对山西中部城市群建设的组织领导，指导推进各项工作，在省级层面，2022 年 2 月，成立了山西中部城市群建设领导小组。主要负责组织落实国家培育发展山西中部城市群的战略部署，研究制定总体发展规划和支持城市群发展的具体措施，建立健全城市群一体化发展机制，研究制定山西中部城市群与晋北、晋南、晋东南城镇圈协同联动机制，推动全省域协调发展。2022 年 5 月召开了山西中部城市群建设领导小组第一次全体会议，取得了丰硕成果，会议通过山西中部城市群建设领导小组工作规则、领导小组办公室工作规则、推动山西中部城市群高质量发展市际联席会议制度，通过山西中部城市群交通基础设施互联互通专项规划、山西中部城市群要素市场化配置综合改革试点实施方案（2022—2025 年）。在市级层面，吕梁市成立了吕梁市山西中部城市群建设领导小组，负责推动吕梁市融入中部城市群建设；2022 年 7 月，召开了山西中部城市群第一次市际联席会议，会议审议通过《山西中部城市群高质量发展市际联席会议制度》，太原、忻州、吕梁、晋中、阳泉五市共同签署山西中部城市群“6+1”合作协议。

（二）出台各项规划，建立健全法律法规保障机制

山西中部城市群发展，是山西省进入国家“十四五”规划和 2035 年远景目标纲要的重大任务，是省第十二次党代会、省委十二届三次全会做出的重要战略安排。2021 年 7 月，《中共中央 国务院关于新时代推动中部地区高质量发展

的意见》发布，明确提出支持山西中部城市群建设，以太原为核心的山西中部城市群发展上升到国家战略层面。为确保山西中部城市群高质量发展，山西省委、省政府制定了多项发展规划。

2021 年 12 月，山西省发展和改革委员会印发了《山西中部城市群建设工作计划》，提出了 33 条重点任务，为山西中部城市群建设列出了详细的任务清单。

2022 年 3 月，山西省第十三届人大常委会第三十四次会议审议通过了《山西省人民代表大会常务委员会关于支持和保障山西中部城市群高质量发展的决定》，从立法层面支持保障中部城市群高质量发展。《决定》强调人大要通过立法和监督工作支持城市群发展，要积极发挥人大代表的作用，法院、检察院要为城市群发展提供司法保障，同时强调要加大宣传力度，营造良好舆论环境，推动全社会共同关心、支持和主动参与山西中部城市群高质量发展。

2022 年 8 月和 10 月，《山西中部城市群交通基础设施互联互通专项规划》和《山西中部城市群产业协同发展专项规划（2022—2035 年）》相继公布，为山西中部城市群内部交通基础设施互联互通和产业协同发展做出了详细安排。

2022 年 11 月，山西省发布《山西中部城市群高质量发展规划（2022—2035 年）》，勾画了“中心龙头、南北引擎、东西两翼”的山西中部城市群发展总体布局，提出了构建“一核四带多组团”的城镇发展格局，描绘了“两极三廊五群多点”的产业格局，为中部城市群的高质量发展指明了方向，提供了遵循。

（三）推进跨区域协同发展，夯实一体化发展根基

在省委、省政府的部署安排下，各部门相互配合，积极推进山西中部城市群一体化发展，跨市域的相关工作机制逐步建立起来。

民生档案实现一站通查和就地办理。2022 年 7 月，为加快构建山西中部城市群档案工作协同发展、档案服务同城办理新格局，太原市档案馆携手晋中市档案馆、忻州市档案馆、吕梁市档案馆和阳泉市档案馆共同签订了《关于建立

山西中部城市群档案工作联动机制的战略合作协议》。根据协议，自 2022 年 8 月 1 日起，太原、晋中、忻州、吕梁和阳泉地域内的单位和个人凡持有合法证明，皆可在当地市级国家综合档案馆提交查阅利用申请，查阅利用区域内五家地市级国家综合档案馆藏民生档案，全面实现了山西中部城市群区域内地市级国家综合档案民生档案的一站通查和就地办理。

公积金管理实现异地同策。2022 年 9 月，太原市住房公积金管理中心发布了《关于融入区域发展战略布局便捷缴存职工在山西中部城市群范围内异地购买自住住房提取住房公积金有关事项的通知》（自 2022 年 9 月 15 日执行）。根据《通知》，太原市公积金缴存职工在区域内其他四市购买商品房时，可申请提取住房公积金，执行与太原市相同的公积金政策标准。

应急安全协作实现五市联动。2022 年 12 月，由太原市应急管理局牵头，成立了中部城市群应急救援协作区，建立了联席会议、信息通报、资源共享等机制。协作区的成立强化了五市之间的应急处置协作能力，加强了五市之间的应急救援力量协同配合、资源共享和联动处置，形成中部城市群防范应对事故灾害的强大合力，使中部城市群更具“安全感”。

太原晋中先行先试，一体化程度更加深入。2021 年 11 月，太原晋中召开了一体化对接座谈会，审议《太原晋中一体化发展推进方案》，开启了太原晋中一体化发展新篇章。《方案》提出了太原晋中“六个一体化”，即规划衔接一体化、产业布局一体化、基础设施一体化、生态治理一体化、公共服务一体化、要素配置一体化；明确了两市在基础设施建设、生态环境治理、公共服务保障等方面的 15 个推进事项；成立了综合协调、督查落实等 8 个工作专班，为推进太原晋中一体化发展理顺了机制、明确了职责、指明了方向。2022 年 6 月和 2023 年 2 月两地又先后两次召开一体化对接座谈会，将“六个一体化”工作推向深入。

（四）优化产业发展体系，实现产业政策有效衔接

为推动山西中部城市群高质量发展，夯实产业发展基础，实现产业错位发展，2022年10月，山西省发展和改革委员会发布了《山西中部城市群产业协同发展专项规划（2022—2035年）》，强调要依托五市区位条件和资源禀赋，在延链、强链、补链上下功夫，促进产业集聚，优化产业生态，打造错位发展、优势互补的产业一体化发展格局。《规划》根据五市资源条件和产业基础，提出了构建“两极三廊五群多点”产业格局的战略构想。突出发挥太忻一体化经济区和山西转型综合改革示范区的引领带动作用：太忻一体化经济区立足发展先进制造业定位，重点培育半导体、数字经济、高端装备制造等高技术产业全产业链；山西转型综合改革示范区重点发展新材料、合成生物等战略性新兴产业。构建产业发展的“两级”，强化山西中部城市群的南北引擎作用。统筹山西中部城市群整体资源，优化不同城市间的分工协作，依托山川水系和交通干线协同打造先进制造（以太原为依托）、生态文旅康养（以汾河、黄河、太行山为依托）、现代物流（以太原为中心，依托交通干线）三大产业廊带。依托五市现有产业基础，重点培育五大产业集群：新材料产业集群（太原、忻州、阳泉）、高端装备制造产业集群（太原研发、四市协作）、新能源产业集群（太原、忻州、晋中、吕梁）、节能环保产业集群（吕梁、阳泉、忻州）、现代医药与大健康产业集群（晋中、吕梁）。“多点”即多点协同区域错位发展，根据五市各自资源禀赋和区位条件，产业发展分别被定为金融中心、科创中心、品质消费中心（太原），全国知名文化旅游目的地（晋中），服务建设融入京津冀和雄安新区重要走廊（忻州），黄河流域生态保护和高质量发展先行区（吕梁），石太经济走廊重要枢纽（阳泉）。为确保构建“两极三廊五群多点”的产业格局，推动产业政策创设联动，《规划》分别在健全产业政策协同推进机制、建立标准化协作机制、建立成本共担利益共享机制、建立一体化投资机制等方面做了方向上的安排。

二、不利条件

山西中部城市群区域内共有 5 个地级市，共计 53 个县（市、区），各个地方的数字政府建设程度不同，信息共享机制尚待完善，跨部门政策协作机制尚未健全，城镇基本公共服务均等化水平不尽相同，配套政策体系尚未完善，规划协调机制尚不健全，综合监管体制机制没有理顺。这些问题对一体化信息共享、跨区域通办、全程网上办理等带来了一定挑战。

第六节　本章小结

推进山西中部城市群发展是山西省进入国家“十四五”规划和 2035 年远景目标的重要任务，是省第十二次党代会做出的重要战略部署。2021 年 4 月，《中共中央 国务院关于新时代推动中部地区高质量发展的意见》的发布标志着山西中部城市群发展已上升为国家战略，要以建设太原国家区域中心城市为契机，高质量推进山西中部城市群建设。本章分别从综合经济实力、区位交通情况、资源要素情况、城镇体系建设情况和政策机制建设情况对山西中部城市群一体化建设的有利条件做了分析。山西中部城市群包括太原晋中、忻州、吕梁、阳泉五市，国土面积 7.41 万平方公里，占全省的 47.3%；常住人口 1613 万人，占全省的 46.3%；地区生产总值 1.13 万亿元，占全省的 50%。综合经济实力位居全省前列，多项经济指标全省领先，区域内包含着太原这个山西经济发展的领头羊，同时其又是山西的经济政治中心。此外，区域内经济发展平台云集，共包含了 36 个省级以上经开区，山西近年重点发展的太忻一体化经济区和综改示范区也包含在内。交通区位条件优越，地处山西中部腹地，交通便利，承东启西、连接南北、辐射周边的交通网络较为完善。凭借区域内的 4 条主线高速公路、15 条国道以及大西高铁、石太高铁、郑太高铁、武宿机场可以迅速到达京津冀、西安和郑州等地区，初步形成了公路、铁路、民航互联互通的综合交通运输体系。创新资源丰富，山西中部城市群是山西省教育和创新中心，区域内高校和科研院所云集，创新平台和基地广布，科技创新投入力度和强度高，形成了较为完善的高等教育体系和科研创新体系。城镇化建设程度高，城镇化率在全省处于领先水平，大小城镇布局较为合理，太原晋中一体化先行先试积累了丰富经验。政策机制建设正逐步完善，随着支持山西中部城市群发展的相关决定、指导意见、实施方案和专项规划等文件的发布与山西中部城市群建设领导小组的成立，五市之间在政策协同、规划衔接、发展协作等方面一体化合作程度越来越高。目前，五市之间民生档案已实现一站通查和就地办理，公积金管理已实现异地同策，应急安全协作已实现五市联动。尤其是太原晋中在“六个一体化”的指导下，一体化的发展程度更高。

第四章　山西中部城市群空间一体化测度及发展路径

城市群作为中国新型城镇化的空间主体，是未来经济发展格局中最具活力和潜力的核心地区。随着其日益成熟，它对资源优化配置、要素自由流动的空间同质性需求越来越高，空间一体化程度也越来越高。山西中部城市群是国家重点培育发展的重要城市群之一，是山西新型城镇化的主体形态，“一核四带多组团”空间格局正在加快构建，以太原为中心的圈层式空间经济联系日益增强，与“三圈”统筹合作、协同发展步伐不断加快，空间一体化发展趋势越来越凸显，成为引领山西高质量发展的重要增长极。

第一节　城市群空间一体化的相关理论

城市群空间一体化是复杂且不断演进、由浅及深的一个过程，相关研究内容和深度在不断丰富拓展，理论基础和实证分析也在不断深化创新。特别是在全球化、信息化时代下，城市群及群内各类不同性质城市的规模、结构、形态、组织等呈现新特征新变化，城市群空间一体化的研究也在不断深化。

一、国内外相关研究

一体化发展是区域高质量发展和协调发展的重要内容，基于不同的空间尺度，区域一体化、城市群一体化和都市圈一体化等多个层面的考量逐渐被提出。

城市群是空间组织的主要形态之一，是城市体系的一种特殊表现形式，是由一定的自然要素、经济基础、人口数量、交通网络和各种社会人文因素紧密地结合在一起而形成一个有机联系的区域整体。城市群一体化就是其空间结构不断整合与优化的过程，是对区域竞争力、产业、空间、生态、环境、基础设施等多种因素进行重组和优化的过程。

（一）研究内容

城市群空间是一定时空范围内相近城市群体的空间表现形态，空间一体化是城市群发展到高级阶段的一种空间结构形态。研究内容主要集中在空间分布格局、空间范围界定、空间结构整合、空间结构重构、空间结构优化、空间经济联系、空间网络特征等，从“构成及分布”向“演变及优化”转变。城市群空间结构是一个动态的不断演化的过程，经济、社会、资源等要素在空间上不断集聚、扩散、流动、整合，是一种涵盖了点、线、面域、网络等要素的区域系统，代表了城市群在一定时间范围内的扩张模式与发展特征。作为一个复杂开放的有机整体，城市群具有边界模糊的特征，随着自身的快速发展，其空间范围正在突破行政边界和空间距离的束缚。城市群空间结构的整合、重构、优化，有利于推动资源要素有序自由流动、优化配置，实现“1+1＞2”的空间融合与效率优化，促使城市群向一体化发展。城市群作为非线性的复杂大系统，空间经济联系是其发育程度、阶段与过程的空间反映，基于引力模型、要素实际流动量、城市流强度的城市间空间经济联系正在成为研究其一体化程度的重要方法。伴随着全球化、数字化进程的加快，资金流、信息流、交通流等要素流在城市间快速流动，城市群空间正在由地理空间向网络空间转变，空间网络结构特征和相互影响关系成为其一体化发展的重要研究内容。随着城市间联系的日益网络化，利用网络联系、节点位置和规模效应研究等，可以指引城市群在网络参与中走向高质量一体化发展。

（二）理论研究

国外城市群空间一体化的理论研究可以追溯到杜能的农业区位论、韦伯的工业区位论和克里斯泰勒的中心地理论等，这些理论最早从产业和企业区位选择的角度阐述了区域空间的形成和表现形式，以及城市的等级系统。对城市群空间演化产生较大影响的理论主要有佩鲁的增长极理论、乌尔曼的空间相互作用理论。同样，戈特曼以“Megalopolis”为名分析探讨了城市群的空间生长模式，弗里德曼的核心—边缘理论反映了城市群的发展阶段与过程，哈格斯特朗的现代空间扩散理论揭示了城市群空间扩散的形式和相关过程，哈盖特和克里夫提出了城市群空间演化过程模式，帕佩约阿鲁对全球城市群结构体系网络化发展模式进行了研究，斯科特将城市群空间结构的变迁过程分为单中心主导、多中心作用、网络化发展 3 个时期，卡佩罗首次提出了“城市网络外部性”的概念。国内相关研究可以追溯到陆大道的点—轴理论，同时姚士谋对城市群空间布局模式进行了划分。陆玉麒提出了城市群的双核结构模式；魏后凯提出了网络开发模式理论；张京祥和崔功豪从结构变化、空间组织和增长过程 3 个方面分析了城市空间结构的变化；顾朝林从自然条件、经济发展、政策环境等方面分析了城市群空间结构演变的动力机制；薛凤旋等指出市场主导、政府主导是城市群空间结构演变的主要原因；李兰冰指出一体化进程最为关键的是要打破地区分割促进要素跨区自由流动，进而实现从区域分治走向区域融合。

（三）研究方法

城市群空间一体化是一种主体多元、机理复杂的地理过程与现象，一体化空间组织特征与机理的解析，需要综合地理学、社会学、经济学、生态学等众多学科，采用适合复杂巨系统研究的复杂性科学方法来解决。在城市群联系强度研究层面，主要采用零售引力法则、引力模型、城市流模型、OD（源点—终点）矩阵、社会网络分析法、企业关联网络分析法等，结合 GIS 的 IDW、Kriging 插值等空间分析方法，以此揭示城市群空间一体化的结构特征。在城市群空间结构研究层面，多以形态学范式研究城市群空间形态，利用人口、经济数据，通过 Zipf 指数、mono 指数、首位度指数、分维数、集聚—碎化指数等量化研究城市群场空间结构；从网络密度、专项功能、综合功能等动态角度测度城市群的功能结构；使用主成分分析法和聚类分析法从静态角度研究城市群空间格局的变化。在城市群空间一体化演变过程和动力机制研究层面，多采用元胞自动机（CA）、压力状态响应模型（PSR）、随机环境影响评估模型（STIRPAT）、扩张指数模型（AGI）、多分类 Logistic 回归模型、空间平衡抽样法（SBS）、空间自相关模型（Moran's I）等，运用 DMSP/OLS 夜间灯光数据分析、综合承载力分析、空间离散分析、时空地理加权回归模型等，对城市群空间结构演变特征、规律、动力机制进行研究。

（四）实证研究

在城市群空间一体化实证研究方面，一些国外学者将时间维度引入引力模型以此进行优化分析。邦内尔利用各类空间流对地域间相互联系和城市社会空间扩展演变过程进行了分析。在绵延成片的巨型大都市区设想下，哈吉特提出了城市群空间演化过程模式。埃弗特等指出多中心城市群地区的协调发展能够形成集群经济，改善空间质量，形成更大的优势和潜能。国内学者蒋勇对广西北部湾经济区城市群空间一体化机制进行了探讨，指出经济一体化与空间一体化相辅相成，经济是空间的内容，空间是经济的外在表现。卢飞基于修正引力模型，构建网络结构指标体系，利用 ucinet095i、Netdraw 以及 GIS 等工具，对我国区域空间特征及一体化趋势进行了测度与分析。陈雯基于空间格局角度，利用密度、距离、功能分工和分割 4 类指标对长三角空间一体化进程进行了测度。赵峥利用 2014 年和 2018 年长三角区域 115 个城市中心城区和县（区、市）域的建成区卫星遥感大数据，分析了这一地区的空间发展态势，以此提出加快推进都市圈和省际毗邻地区发展的构想。李培鑫基于辐射模型对长三角空间一体化展开研究，指出长三角需进一步加强都市圈和交通基础设施的建设，弱化行政壁垒和户籍制度等对资源配置的扭曲。朱政等研究者通过收集 1990—2019 年长江中游城市群的 LULC（土地利用和土地覆盖）、Landsat（陆地卫星）等图像资料以及城镇人口等数据，研究了其空间演变历程及特征，指出要从控制核心城市扩张速度、培育新的区域中心、强化轴线功能等方面进行调控和优化。

二、基础理论

城市群空间一体化是城市经济学、城市地理学、经济地理学、系统科学等学科的交叉，基础理论丰富且多样化。

（一）概念界定

一体化（Integration）一词最初来源于地质学，由地质学家研究矿床时使用，现已被广泛应用于经济学、社会学、地理学等领域。目前“一体化”在学界并没有形成统一的定义，不同学科背景的学者们对其概念阐述各有侧重。从空间角度看，一体化主要强调空间过程和空间状态，多从要素流动更加自由化、地域产业分工更明确、网络体系构建更丰富、开发强度越来越高等方面做出解释。

空间一体化是不断演进变化的，城市群空间一体化的概念也在不断演进。城市群空间一体化是以城市为主要载体，地域相邻的多个城市打破地理、行政、产业、文化等边界，促进空间整合、重组、优化，实现经济、制度、市场、交通、创新、生态环境等全领域的结合统一，使得各空间单元利益最大化，最终逐渐成为统一综合体的过程。城市群空间一体化是一种复杂的空间系统，在水平尺度上是不同规模、不同类型、不同结构之间相互联系的城市平面集群，在垂直尺度上是不同等级、不同分工、不同功能之间相互补充的城市立体网络，在时间尺度上进行着历时迭代、动态演化，3 个维度的交互作用使得规模效应、集聚效应、辐射效应和联动效应达到最大化，实现发展动力、发展质量和发展公平三者有机统一。

（二）主要特征

城市群空间一体化是城市群一体化发展的外在表征和重要载体。随着一体化向纵深发展，发展程度越高，空间一体化就越有秩序、越高级，特征就越鲜明。

动态演变发展。城市群空间一体化的形成发展过程是一个动态变化的过程，表现为经济、社会、资源等要素在空间上不断集聚、扩散、流动、整合，各类不同性质城市的规模、结构、形态和空间布局也处于不断变化之中。由于资源禀赋、环境、发展目标、政策等在不断变化，城市群空间演化极为复杂，一般会从单中心演变成为多中心空间结构，同时不同中心在发展和空间上相互联系、组合，若干规模和功能不同但联系紧密的城市也会构成多层次嵌套的形态，由此推动空间一体化发展逐渐高级化。

城镇体系完整。城市群是一个复杂的、多元的、多中心的大系统，是一个由小城镇、小城市、大中城市、特大城市甚至超大城市等不同层次城市构成的联合体。这些不同层次的成员个体，既分工合作，又功能互补，形成了不同规模等级的城镇体系。多个大城市或一个大城市作为中心吸引周边各种要素集聚，随后对周边城镇发挥辐射和带动作用，众多中小城市围绕大城市发展，接受其辐射带动，相互吸引、相互依靠，逐渐形成一体。

空间结构网络化。城市群由各个不同性质、规模和等级的城市构成，具有不同的集合功能和网状关系，规模大小不同、城市网的疏密程度不同、城市之间的相互组合形式不同，最终构成一个不断网络化的复杂有机整体。在这个网络中，城市之间的人流、物流、交通流、资金流、信息流等流要素在相应的实体与虚体网络设施中运作和流动，特别是在信息通信技术、互联网、数字化影响下，原有的网络空间结构发生了新变化，由地理邻近性的本地空间转换为要素大量流动下的流动空间，跨空间溢出效应不断显现，城市群空间一体化由静态低水平逐渐演变为动态高水平。

内外连接开放。城市群内任何一个城市不仅与群内的各个城市进行相互连接，还与群外的区域进行连接，并且随着社会经济发展水平的不断提高，这种连接强度只会越来越高。城市群作为相对独立发展的整体，内部各城市相互开放，各种要素在区域内可以自由流动，知识、创新、技术、交通、制度等功能效应也能实现共享。城市群空间一体化发展也离不开对外部地区的开放，应积极建立与国内、国外互补的统一大市场，不仅包括消费品和生产资料等商品市场，还包括资金、劳务、技术、信息等生产要素市场。

（三）动力机制

城市群空间一体化的形成发展是在自然生长力、市场驱动力以及政府调控力的交替主导与复合作用之下进行的，并且不断向更高级、更紧凑、更有序的方向演进。

自然生长机制。城市群的形成发展过程是一个类似于有机体空间组织生长的过程，是一个各城市之间由竞争变为竞合的漫长自然过程，遵循自然发展规律。其空间拓展趋向于向自然条件优越、资源丰富、交通便利的地区扩张，沿城镇发展轴拓展延伸，以此连接群内不同规模等级的城市，最终人口、产业与城镇等空间要素集聚分布于城镇规模增长轴线上，呈现中心指向、轴线指向。同时受集聚与扩散效应的影响，群内各城市会紧密地联系在一起，形成完整的城市发展体系、产业发展体系、市场组合体系等，空间一体化程度不断加深。

市场驱动机制。城市群形成发展离不开市场的力量。市场机制是城市群空间内各类要素得以顺畅流动的充分条件。市场力量决定着资源要素的流向以及在特定地域上的集聚特征，并由此引发产业、人口在空间上的集聚。在城市群内，开放的市场体系可以使城市与城市之间不断进行人流、物流、技术流、信息流和资金流的交换，有利于空间一体化的形成；封闭的市场只会割裂城市之间的相互联系，阻碍空间一体化发展。

政府调控机制。政府引导是城市群健康持续发展的重要保障，政府对城市群空间一体化发挥着关键性的“舵手”作用。政府可以通过制定政策、规划等对城市群空间结构进行调整优化，通过行政、经济、法律等调控手段影响区域经济社会环境，进而间接影响城市群空间演化过程，达到既定规划目标和空间效果。这种影响力主要体现在空间规划、产业导向、基础设施建设、城市发展相关法律法规、行政区划调整等层面，通过对城市群空间的演化调整、规模拓展、发展速度、质量提升等进行干预与调控，人为地推进城市群一体化发展。

（四）发展模式

城市群发育水平、资源条件、经济基础等不同，可能表现为不同的发展模式，并逐步从单核心型发展模式向更具有发展优势的多核心型发展模式演变，其中双核心型和成三角型发展模式是演化过程中的重要模式。在这一过程中，城市群空间组织形态从分散到集聚，再从集聚到分散，发展水平和层次逐级提高，空间一体化的合力越来越强。

单核心型发展模式。城市群区域以一个超级大城市为核心——超级城市首位度高，通过集聚效应和扩散效应带动整个区域发展，区域内人口集中、要素集聚、城市等级分明、交通便利化，社会化、生产集约化和城市规模不断扩大。以超级大城市为核心“增长极”，主导地位突出，城市间以向心联系为主，同级别城市间的横向联系较薄弱。随着超级城市的资本、技术、人才、信息等要素不断向各级城市扩散，城市化区域不断扩大，用地规模不断增加，城市化率不断提高，空间一体化格局逐步显现。在我国城市群中，关中平原城市群属于典型的单核心型发展模式：西安市作为首位城市，集聚效应明显，经济总量不断扩大，辐射带动作用也不断增强；以此为基础，城市群发展进程加快，综合实力稳步提升，人口和经济集聚力增强，宝鸡、运城、天水等节点城市加快发展，综合立体交通运输网基本形成，空间发展凝聚力逐步提升。

双核心型发展模式。城市群空间内有两个城市在城市规模、吸引能力及发展过程中始终起着双核心作用，在经济辐射力、区位影响力、城市承载力等方面相辅相成又相互制约，两者主从关系不明确，共同主导并带动整个区域发展壮大。区域内人口、经济要素等不断向双核心城市集聚，随着交通基础设施的互连互通，两城市在行政经济职能、能源原材料供应、商品交换等方面联系日益密切，对区域带动作用越来越明显。随着极化和扩散效应逐步显现，两城市的资金、技术、人才、服务不断向外围扩散，发展能级不断提升，城市化水平不断提高，在合理竞争、强强联合、错位发展中不断推动空间一体化发展进程。在我国城市群中，成渝地区双城经济圈最为典型。成都和重庆作为双核心城市，在城市群形成发展过程中始终发挥着双核心作用，充分发挥各自独特优势，相向发展，以点带面，共同影响和带动着其他城市的发展，共建“经济圈”成效显著，空间一体化格局呈现良好发展态势。

成三角型发展模式。成三角一体化发展模式是城市群空间形态上呈“三足鼎立”分布，以一个城市为主，两个城市为副，共同构成结构稳定的三角形。主角城市是首位城市，是区域经济增长极；两个副角城市则是区域性中心城市，在政治、经济、文化层面弱于主角城市；由于经济规模和发展实力不同，逐渐形成了主角城市辐射带动副角城市发展的空间形态。在城市群发展过程中，主角城市重点发展新技术、新产业、新业态，将较低层次的产业转移到副角城市，同时与其他城市一道形成功能趋同、分工明确的城市体系；副角城市依据比较优势积极承接产业转移，不断调整自身产业结构，形成合理的产业布局。长株潭都市圈是长江中游城市群的重要组成部分，是典型的成三角型发展模式。三市沿湘江呈“品”字形分布，长沙是湖南省省会，发展实力明显高于株洲和湘潭。在长株潭一体化发展进程中，规划融合、交通互联等“十同”行动取得重大进展，通信同号、同城同费、“一卡通”应用等公共服务共享不断拓展，都市圈内部人流物流越来越便捷，经济社会联系越来越紧密，城市活力和吸引力不断提升。

多核心型发展模式。城市群区域内以若干个规模相近、地域临近、经济发展实力相当的城市构成核心体，空间布局较为均衡，共同影响和带动区域发展。各个城市职能结构较为单一，都有相对独立的影响力和辐射力范围；城市之间存在相互作用关系，产业、功能互补性较强，拥有共同的经济腹地，呈现空间网络化发展形态。随着城市间联系越来越紧密，物质流、人流、信息流、资金流等资源要素流动性增加，城市群整体更趋于区域化和合理化，一体化发展程度越来越高。粤港澳大湾区城市群属于典型的多核心型发展模式，香港、澳门、广州、深圳四大中心城市为核心引擎城市，已形成通信电子信息产业、新能源汽车产业、无人机产业、机器人产业以及石油化工、服装鞋帽、玩具加工、食品饮料等产业集群，重要节点城市特色鲜明、功能互补、竞争力强，主要城市间高效连接的网络化空间格局逐步显现。

三、研究述评

通过对相关文献和基础理论的梳理分析，可以发现城市群空间一体化研究得到了国内外学者的持续关注，研究内容由浅入深，由静态研究向动态研究转变，既有理论基础研究，又有实证方法研究。他们对城市群空间形态及演化过程做出了诸多有益探索，但是尚未形成统一看法及观点，相关研究仍处于不断发展变化中。

（一）国外研究述评

国外学者对城市群空间的研究是伴随着工业化和城市化过程中出现的城市问题而不断深入的，是一个认知空间不断扩展的过程。相关理论研究主要集中于空间演变、形成机理、空间经济联系、空间一体化新因素等，实证研究更多强调过程目的性、创新实践性和整体优化性，注重规划引领城市群空间整合优化，探索城市群空间发展模式机理，寻求促进空间一体化发展的动力机制，重视协调机制和制度创新。特别是一些案例，对国内城市群空间整合、演进和发展具有重要的现实指导意义。例如，德国多中心均衡布局的城市体系，城市间拥堵成本较低、交通互通性较好、劳动分工和专业化协作程度较高，区域内竞争与合作关系顺畅，为高质量空间一体化的合作型城市体系。日本都市圈为政府主导的发展模式，其通过国土开发规划和经济政策来影响和促进城市圈空间一体化发展，主要包括基础设施建设、产业布局调整、城市空间扩张等，使得东京、大阪、名古屋三大都市圈网络联系进一步增强。美国三大城市群尊重城市群空间扩张、演进和发展规律，因城制宜地构建城市功能体系，使得城市体系实现了整体扩张、演进和发展，城市之间相互联系、融合与贯通，形成了合理的城市分工协作体系，最终成为引领全球城市化发展、具有全球经济核心竞争力和影响力的城市群。

（二）国内研究述评

国内关于城市群空间的相关研究始于 20 世纪 80 年代末期，滞后于国外研究，但研究内容丰富，研究范围广泛，研究成果显著。随着时间推移，研究内容逐渐从简单地引进国外相关理论转变为关注城市群空间划分、空间特征、空间结构、空间相互作用、空间规划与管制、空间演化动力机制等多方面、多层次的综合研究；研究手段从简单的文献综述和定性描述转变为定性和定量相结合；研究视角从只强调城市群地域空间转变为强调经济空间、地域空间、社会空间、生态空间等；案例研究从只关注京津冀城市群、长三角城市群、珠三角城市群三大城市群开始转变为关注全国不同发育程度的各类城市群。总体看，相关研究以显性的、实证性研究为主，理论创新研究较少，研究视角方法有待加强，研究深度和广度不够，案例研究典型性和特色性不显著。在全国 19 个城市群中，依旧多关注三大城市群研究，成渝城市群、长江中游城市群的相关研究也较为丰富，其他城市群的研究较为匮乏，特别是国家重点培育发展的哈长、辽中南、山西中部、黔中、滇中、呼包鄂榆、兰州—西宁、宁夏沿黄、天山北坡等城市群更应得到关注。应吸收借鉴成熟型城市群与发展型城市群的经验做法，多维度多学科全面综合研究，强化对城市群内外空间效应、空间转型、演变特征与发展趋势的探索，有效发挥中心城市和城市群引领带动区域协调发展和高质量发展的重要作用。

第二节 山西中部城市群空间经济联系实证分析

城市群空间经济联系是对城市群空间一体化测度的实证研究，主要通过交通、运输和信息网络对区域自然、经济、人口、社会、服务等产生错综复杂的影响作用，其强弱直接影响着整个城市群的发展水平和竞争力。探究城市群空间经济联系，不仅有助于揭示城市空间发展特征，也可为城市群空间一体化、区域经济社会协同发展提供科学依据。

一、城市群空间经济联系

空间联系研究起源于地理学早期对地球表面各种不均衡现象间功能联系的兴趣和社会经济发展的需要，最早由 Rondinelli 提出。伴随着经济社会的快速发展，区域合作不断向纵深推进，区域间人流、物流、服务流、技术流和信息流等各种要素的跨界自由流动日益呈现出频繁化和巨量化态势，城市群空间联系逐渐活跃，呈现网络化联系特征。在空间联系（自然联系、经济联系、技术联系、社会联系、行政管理联系）的五大类中，经济联系是最普遍且最主要的联系，是城市之间最为密切的联系形式。由于空间经济联系是一个比较抽象的概念，可以按照地理学词典将其定义为不同区域之间原料、材料及工农业产品交换活动和技术经济的相互联系。本书将山西中部城市群空间经济联系定义为城市群内部各城市之间的相互关系，城市与城市群外部的经济联系不在本书的考察范围之内。

（一）关于城市群空间经济联系的研究

国外对于城市间相互作用的研究由来已久，理论基础较为扎实。齐夫（1946）首次将引力模型应用于城市间空间相互作用分析中，为城市群空间相互作用理论研究奠定了基础，此后引力模型被广泛应用于空间相互作用研究中。塔弗（1962）分析了美国城市之间的航空运输联系，认为中心城市在城市间航空运输联系中具有主导性，经济联系强度同城市间人口乘积成正比，同距离的平方成反比。克里斯汀等人（2019）以哥本哈根都市圈为研究对象，认为城际交通基础设施对人口流动和城市就业空间重组有重要影响。玛利亚等人（2019）认为交通改善会影响瑞典中部的可达性，从而影响生产力。国内对区域空间经济联系的研究在 20 世纪 80 年代才逐渐出现，随着城市组成的城市群成为推动经济快速增长的主导力量，基于空间相互作用理论的城市群空间经济联系研究成为近年来国内学者的研究热点。从研究区域上看，长三角城市群、长江中游城市群、珠三角城市群、京津冀城市群、粤港澳大湾区等也是研究的热点地区，同时中小城市群的研究也逐渐引起关注。例如，逯笑微等（2014）根据城市流强度理论模型，对辽宁沿海经济带城市群的城市流强度值和城市流强度结构进行了计算。许露元等（2016）采用克鲁格曼指数、引力模型分析了我国北部湾城市群内产业分工及对外经济的联系强度。吴净（2022）运用修正的引力模型和隶属度模型，对山东半岛城市群进行了实证研究，发现山东半岛城市群经济发展不平衡，济南、青岛两个城市联系总强度优势明显。从研究内容上看，除了对城市群空间经济联系进行测度外，还具体涉及产业发展、空间结构优化、内部经济区划分等方面。例如，万庆（2013）将空间相互作用模型与空间偏离—份额模型相结合，构建了城市群产业结构分析基本框架，对武汉城市群产业结构现状进行了定量诊断。殷章馨等（2021）运用空间统计和函数拟合方法，揭示了长株潭城市群乡村旅游点空间格局的演变特征，并通过对研究区乡村旅游发展的适宜性分区，提出了城市群乡村旅游发展的优化路径及调控模式。朱媛媛等（2021）借助耦合协调模型和极化指数模型，对2010—2019年长江中游城市群“文—旅”产业融合发展水平进行了测算并分析了其空间效应，探究了该区域“文—旅”产业融合发展的驱动机制。薛领等（2005）运用空间相互作用理论和模型，定量地测算了海淀区各个街乡的人口潜能与商业吸引力，为该区域商业发展布局规划提供决策支持。钟业喜等（2012）运用最大联系强度以及逐级归并方法，确定了江苏省不同城市的等级及其腹地范围。吴爱芝等（2012）用交流强度、断裂点、引力模型和场强模型，明确了北京世界城市区域存在3个层次的空间范围，即北京世界城市区域的核心区域、紧密区域和合作区域。崔俊辉等（2023）利用断裂点、经济距离、引力和场强模型，计算确定了石家庄、唐山、雄安和邯郸4个都市圈的空间范围。

关于城市间相互作用的研究，最初是通过借鉴牛顿万有引力定律思想，在物体间引力与彼此质量正相关、与二者之间距离负相关的理论基础上，构建引力模型实现的。现在常用引力模型、城市流模型和社会网络分析来测度城市群空间经济联系强度，此外还有潜能模型、断裂点模型、隶属度模型等。例如，梅志雄等（2012）运用断裂点模型和基于扩展断裂点模型的加权Voronoi图方法，揭示了珠三角城市空间吸引范围的空间分异特征和变化规律。刘静玉等（2014）运用引力模型、潜能模型与潜能得分模型、经济隶属度模型等各种模型，研究了1990—2010年间中原经济区城市间相互作用时空格局的演变过程与特征，发现城市间相互作用强度的时空差异明显。赵东霞等（2016）基于空间相互作用的重力模型、潜能模型、隶属度模型等，定量分析了1992—2012年东北地区城市经济联系的空间格局及其演化。郑陈、柔雨等（2021）运用熵权Topsis（双基点）法、引力模型和社会网络分析方法分析了吉林中部城市群各市县空间经济联系与网络结构。针对传统引力模型的缺陷，一些研究者进行了修正，主要针对其中的“质量”和“距离”进行了重构。例如，郭源园

(2012) 提出从“城市质量”和“吸引惯性指数”两个方面改进城市引力模型。方俊智等 (2017) 考虑了城市面积因素对空间经济联系的影响，对引力模型进行了修正。彭芳梅 (2017) 将城市间经济联系作用强度设为城市综合质量与城市间空间距离的函数，采用新经济地理学冰山成本假定，设定城市间联系强度随距离拉远呈指数式衰减，改进了传统引力模型。

(二) 关于山西中部城市群的研究

目前关于山西中部城市群尤其是关于其空间经济联系方面的研究相对较少，只能从相关研究中获知一些山西中部城市群的空间特征。比如刘思涵 (2021) 在城际人员流动视角下，通过计算中心城市内部人员流动规模占比发现，与其他城市群相比，山西中部城市群一体化程度较差，内部城际人员流动不活跃；中心城市 (太原市) 与其他城市差距显著，城市群中心城市的地位极为突出，发展较为不均衡。郑文升等 (2023) 利用 2021 年高铁客运时刻数据测算了城市群中心城市间的通达时间，绘制了 2021 年中国中心城市高铁通达时间图表，发现太原市与其他城市群中心城市的通达时间在 3 小时以上，同时缺乏与外部城市群的联系通道，3 小时通达覆盖的空间范围较小。

(三) 研究述评

近年来，许多学者对城市群空间经济联系进行了大量研究，测度方法也不断改进，但研究对象多为发展成熟的大城市群，对起步较晚的中西部地区城市群研究较少。另外，大部分研究侧重于对城市间经济联系的量化测算，并没有解决城市群内部城市等级划分、经济联系路径识别等城市群空间结构形成和演化的问题。山西中部城市群是国家重点培育发展的城市群，是全省高质量发展的重要引擎，因而对山西中部城市群空间经济联系展开研究，不仅有利于该城市群区域联动、协同发展，而且可以为我国城市群研究提供新样本。

二、模型构建

（一）传统引力模型

引力模型，也被称作城市相互作用强度模型，它需要具备两个基本条件：①规模较大的城市产生的影响要大于规模较小的城市；②经济体之间的距离越近，相互作用力就越大。该模型最早由普林斯顿大学的天文学家斯图尔特（Stewart）提出，后经过区域经济学家们逐渐完善，被广泛应用于测度空间经济联系强度，其基本公式为：

$$I_{ij}=\mathrm{k}\frac{Q_iQ_j}{D_{ij}^{b}} \tag{2.1}$$

公式（2.1）中，I_{ij} 表示城市 i 和 j 之间的相互作用强度，Q_i、Q_j 分别为城市 i 和城市 j 的城市质量，一般用 GDP 与人口两个变量来描述；D_{ij} 为城市 i 和城市 j 之间的距离；k 为引力常数，一般设置为 1；b 为距离摩擦系数，一般设置为 2。不过，该模型存在一定缺陷，构成要素极为单一，难以全面反映“城市质量”。因此，本书在构建城市综合竞争力评价体系的基础上，采用降维分析手段，用各城市综合竞争力指数替代引力模型中的质量因子。

在得到了两个区域之间的相互作用强度 I_{ij} 后，为衡量一个地区在整体区域内的联系强度，还需对其进行求和，公式如下：

$$I_i=\sum_{j=1}^{n}I_{ij} \tag{2.2}$$

（二）引力模型的修正

1. 建立城市综合质量指标体系

城市综合质量评价受到不同要素的综合影响，因此需要从城市自身具备的功能条件出发，选取能全面反映其区域经济综合发展水平的综合性指标数据，构建城市总额和质量指标。本书基于科学性、全面性、层次性、简要性、可比性、可操作性和针对性的原则，构建了以城市规模、经济实力、发展潜力为一级指标，人口规模、面积规模、经济总量等为二级指标，包含常住人口、市区人口、城市人口密度等 18 个具体评价指标在内的指标体系，如表 4-1 所示。

表 4-1　城市综合质量指标体系

目标层	准则层	指标层	指标属性
城市规模	人口规模	常住人口 / 万人	+
		市区人口 / 万人	+
		城市人口密度（人 / 平方公里）	+
	面积规模	城市建成区面积 / 平方公里	+
经济实力	经济总量	地区生产总值 / 万元	+
		工业增加值 / 亿元	+
		社会消费品零售总额 / 万元	+
	经济人均水平	人均 GDP（元 / 人）	+
		城镇居民人均可支配收入 / 元	+
	经济结构	第三产业占 GDP 比重 /%	+
发展潜力	开放程度	外贸依存度	+
		实际利用外资额 / 万美元	+
	硬件设施（基础设施）	人均道路面积 / 平方米	+
		移动电话用户 / 万户	+
		邮政业务总量 / 万元	+
	软件设施（科技、教育）	专利申请量 / 件	+
		教育支出占一般预算支出比例 /%	+
		科学技术支出占一般预算支出比例 /%	+

表 4-1 中各评价维度和指标的含义简要说明如下：

城市规模，反映了城市经济活动能够产生的外部效用的大小，是城市发展能力的重要指标。它也是产业区位选择的重要决定因素，产业集聚效益的大小与城市规模的大小呈正相关关系。城市规模包括人口规模和面积规模 2 个指标。城市人口规模扩大，会推动城市基础设施建设、要素配置以及市场供给水平得到提高，通过多样化集聚形成产业协同最终产生经济外部性效应，在此，本书用常住人口、市区人口和城市人口密度 3 个指标予以考量；城市面积规模不同，产业集聚对经济产出的影响也存在差异，并且随着城市化进程不断演进，产业工业化向服务化阶段转化，大城市产业集聚的经济优势会更加凸显，在此，本书用城市建成区面积予以衡量。

经济实力，是对一个地区经济发展力的综合评价，反映了城市发展的水平层次。经济实力包括经济总量、经济人均水平和经济结构 3 个指标。其中，经济总量反映经济发展的整体规模水平，是一个地区经济发展能力在量上的体现，本书用地区生产总值、工业增加值和社会消费品零售总额来衡量；人均经济总量反映经济人均水平，是一个地区居民生活水平的反映，本书用人均 GDP、城镇居民人均可支配收入来衡量；经济结构反映了地区经济发展的协调性，本书用第三产业占 GDP 比重来衡量。

发展潜力，反映了城市未来可持续发展的可能性，是城市经济竞争力的基础和支点。发展潜力包括开放程度、硬件设施和软件设施 3 个指标。其中，开放程度体现了城市对外联系和交往密切程度，本书用外贸依存度和实际利用外资额来衡量。硬件设施和软件设施体现了对经济发展的支持力度，硬件设施为基础公共设施，本书用人均道路面积、移动电话用户和邮政业务总量来衡量；软件设施主要指科技、教育发展水平，本书用专利申请量、教育支出占一般预算支出比例和科学技术支出占一般预算支出比例来衡量。

数据来自《中国城市建设统计年鉴》《中国城市统计年鉴》，以及太原市、阳泉市、晋中市、忻州市和吕梁市的统计年鉴及统计公报，专利数据来自 SooPAT 专利数据库（检索日期截至 2023 年 3 月 1 日），缺失值通过插补法进行替换。

2.主成分分析降维

主成分分析是采取一种数学降维的方法，在原始变量较多并具有较强相关选项的条件下，提取出几个综合变量代替众多的原始变量，使这些综合变量尽可能地包含原变量的信息，且新的综合变量之间互不相关。但是，经典主成分分析只针对由变量和样本点构成的平面数据表，没有加入时间序列，因而不能对不同年份的分析结果进行对比。因此为保证各年份分析结果的可比性，需要将多张不同年份的平面数据表整合成统一的立体时序数据表，然后用经典主成分方法进行分析。这种加入时间序列的主成分分析即为全局主成分分析。

（三）隶属度模型

随着城市间经济联系度的加强，各种要素资源在城市之间流动，会进一步促进城市空间的扩展与融合，促进城市群区域空间一体化发展。隶属度模型通常被用来衡量一个城市对周边城市的吸引辐射能力，反映该城市在城市群中的主要经济联系方向，其值越大表示空间一体化程度越高。空间经济隶属度模型为：

$$F_{ij} = I_{ij} \Big/ I_i \tag{2.3}$$

公式（2.3）中，F_{ij} 为城市 i 对城市 j 之间的经济隶属度，I_{ij} 为两城市之间的经济联系强度。

三、实证分析

（一）城市综合质量指数计算

由于原始数据量纲不同，需要对指标变量进行标准化处理，使用主成分分析法对指标进行权重计算。由表 4–2 可知，参与分析的样本 KMO 检验值为

0.799，Bartlett 球形检验的显著性 P 值为 0.000，由此认为城市质量指标体系所选择的 18 个指标适合进行主成分分析。

表 4-2　KMO 和 Bartlett 检验

名称	数值
Kaiser-Meyer-Olkin 测量取样适当性	0.799
Bartlett 球形度检验近似卡方	2030.754
df	153
显著性	0.000

对标准化后的变量进行时序全局主成分分析，得到全局特征值和各个主成分的方差贡献率。其中主成分 1、2、3、4 的特征值大于 1，且这 4 个主成分的累积方差贡献率达 91.483%，可代表原始数据的绝大部分信息，因此选择了 4 个主成分，如表 4-3 所示。

表 4-3　全局主成分分析的特征值与方差贡献率

成分	初始特征值			提取载荷平方和		
	总计	方差百分比	累积 /%	总计	方差百分比	累积 /%
1	11.129	61.825	61.825	11.129	61.825	61.825
2	2.570	14.280	76.105	2.570	14.280	76.105
3	1.556	8.647	84.752	1.556	8.647	84.752
4	1.203	6.686	91.438	1.203	6.686	91.438

注：提取方法为主成分分析法。

用表 4-4 中的数据除以主成分相对应的特征值开平方根，计算出 4 个主成分中每个指标所对应的系数，然后乘以各指标标准化后的数据，即可得出各个主成分的得分，最后以各个主成分的方差贡献率为权重计算出 2012—2021 年山西中部城市群城市质量综合得分。

表 4–4　因子载荷矩阵

城市综合质量指标	主成分 1	主成分 2	主成分 3	主成分 4
常住人口 / 万人	0.637	−0.021	−0.692	0.205
市区人口 / 万人	0.954	0.186	0.074	−0.184
城市人口密度（人 / 平方公里）	−0.356	0.516	0.662	0.253
城市建成区面积 / 平方公里）	0.948	0.182	0.016	−0.231
地区生产总值 / 万元	0.976	0.019	−0.039	0.200
工业增加值 / 亿元	0.734	0.051	−0.131	0.593
社会消费品零售总额 / 万元	0.981	0.092	−0.058	−0.062
人均 GDP（元 / 人）	0.853	−0.025	0.453	0.092
城镇居民人均可支配收入 / 元	0.514	−0.666	0.374	0.134
第三产业占 GDP 比重 /%	0.718	−0.173	0.282	−0.582
外贸依存度	0.952	0.244	−0.007	−0.093
实际利用外资额 / 万美元	0.267	0.525	−0.314	−0.386
人均道路面积 / 平方米	−0.116	−0.917	−0.182	−0.089
移动电话用户 / 万户	0.968	0.005	−0.180	0.057
邮政业务总量 / 万元	0.912	−0.149	0.093	0.216
专利申请量 / 件	0.966	−0.019	0.089	0.104
教育支出占一般预算支出比例 /%	−0.519	0.703	−0.063	0.144
科学技术支出占一般预算支出比例 /%	0.930	0.240	0.044	−0.046

鉴于计算结果出现负值，在此根据虞文宝等（2017）的研究，对各城市综合质量数据加以调整，使其处于区间［1，1000］。由图 4-1 可以看出，山西中部城市群的城市质量呈现一城独大的特征，太原市城市质量远高于其他 4 个市，10 年间综合得分均在 500 以上，同时可以看出，其他 4 个市的城市质量与太原市的差距逐渐拉大，山西中部城市群的经济分布模式逐渐集中；纵向来看，山西中部城市群 5 个市的城市质量综合得分均逐步提高，尤其是 2016 年以后增长较快。

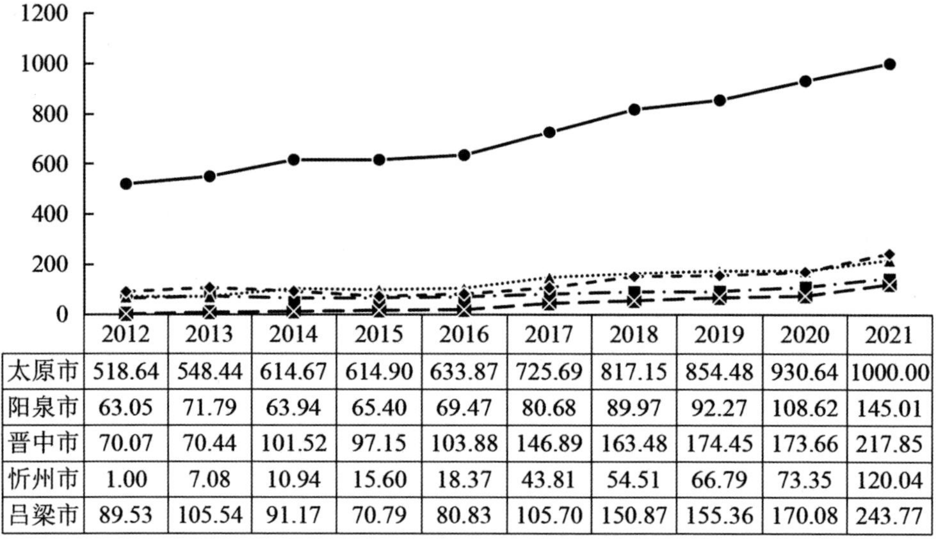

	2012	2013	2014	2015	2016	2017	2018	2019	2020	2021
太原市	518.64	548.44	614.67	614.90	633.87	725.69	817.15	854.48	930.64	1000.00
阳泉市	63.05	71.79	63.94	65.40	69.47	80.68	89.97	92.27	108.62	145.01
晋中市	70.07	70.44	101.52	97.15	103.88	146.89	163.48	174.45	173.66	217.85
忻州市	1.00	7.08	10.94	15.60	18.37	43.81	54.51	66.79	73.35	120.04
吕梁市	89.53	105.54	91.17	70.79	80.83	105.70	150.87	155.36	170.08	243.77

图 4-1　2012—2021 年山西中部城市群城市质量综合得分

（二）山西中部城市群空间经济联系

为进一步考察山西中部城市群 5 个市之间的经济联系紧密程度及其空间分布特征，本书运用 ArcGIS 软件中 X、Y 坐标转换计算得出城市之间的距离，并通过对城市之间空间经济联系的两两测算，得到可视化空间经济联系强度图（图 4-2）。为方便比较，根据测算的数据将联系强度分为 3 个等级：0—0.5 为空间经济联系弱，0.5—5 为空间经济联系中等，5—50 为空间经济联系强。由由图 4–2 和表 4–5 可知，山西中部城市群的经济联系逐渐加强，尤其是 2021 年，各城市间经济联系较为密切，城市经济辐射呈现以太原市为中心的圈层式结构。其中，太原—吕梁、太原—晋中的经济联系在 10 年间都较为紧密，其次是太原—阳泉、太原—忻州。

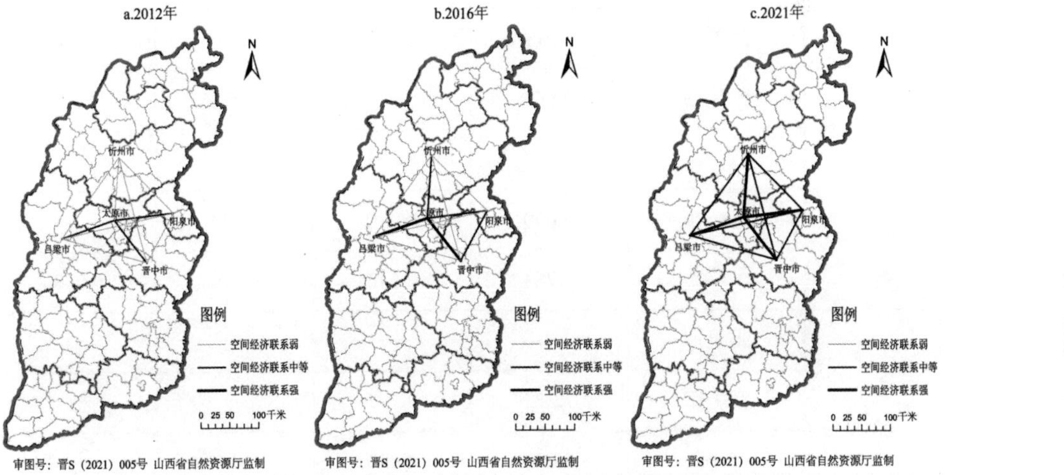

图 4–2　2012、2016、2021 年山西中部城市群各城市间空间经济联系强度

注：本图基于山西省自然资源厅标准地图服务系统下载的审图号为晋 S（2021）005 号的标准地图制作，底图无修改。

表 4–5　2012—2021 年山西中部城市群各城市间经济联系强度

年份	城市	太原市	阳泉市	晋中市	忻州市
2012	阳泉市	2.965	—	—	—
	晋中市	4.397	0.491	—	—
	忻州市	0.049	0.004	0.002	—
	吕梁市	4.792	0.138	0.257	0.003

(续表)

年份	城市	太原市	阳泉市	晋中市	忻州市
2013	阳泉市	3.570	—	—	—
	晋中市	4.674	0.563	—	—
	忻州市	0.364	0.029	0.015	—
	吕梁市	5.974	0.185	0.305	0.026
2014	阳泉市	3.563	—	—	—
	晋中市	7.550	0.722	—	—
	忻州市	0.630	0.040	0.034	—
	吕梁市	5.784	0.142	0.379	0.035
2015	阳泉市	3.646	—	—	—
	晋中市	7.227	0.707	—	—
	忻州市	0.899	0.058	0.047	—
	吕梁市	4.493	0.113	0.282	0.039
2016	阳泉市	3.992	—	—	—
	晋中市	7.966	0.803	—	—
	忻州市	1.091	0.073	0.059	—
	吕梁市	5.288	0.137	0.344	0.053
2017	阳泉市	5.308	—	—	—
	晋中市	12.897	1.319	—	—
	忻州市	2.980	0.202	0.198	—
	吕梁市	7.917	0.208	0.636	0.164

(续表)

年份	城市	太原市	阳泉市	晋中市	忻州市
2018	阳泉市	6.665	—	—	—
	晋中市	16.163	1.636	—	—
	忻州市	4.175	0.280	0.274	—
	吕梁市	12.724	0.331	1.011	0.291
2019	阳泉市	7.148	—	—	—
	晋中市	18.034	1.791	—	—
	忻州市	5.349	0.352	0.359	—
	吕梁市	13.701	0.350	1.111	0.368
2020	阳泉市	9.165	—	—	—
	晋中市	19.553	2.099	—	—
	忻州市	6.398	0.456	0.392	—
	吕梁市	16.336	0.451	1.210	0.442
2021	阳泉市	13.147	—	—	—
	晋中市	26.358	3.515	—	—
	忻州市	11.251	0.995	0.805	—
	吕梁市	25.159	0.863	2.176	1.037

由图 4-3 可知，分城市来看，太原市的空间经济联系强度始终排在第一位，这是因为太原作为山西省会城市，是山西中部城市群核心所在，其地理位置也处在城市群中心范围，因而与区域内其他城市的联系相对较强。吕梁市城市质量与晋中市相近，但与区域内其他城市的空间经济联系强度较低，

这是因为吕梁山脉阻碍了交通的发展。从车程上看，太原市到晋中市所用时间远远少于从太原市到吕梁市（查询 12306 购票系统，从太原市到晋中市乘坐高铁所需时间最长不超过 20 分钟，而从太原市到吕梁市乘坐高铁所需时间在 90 分钟左右）。

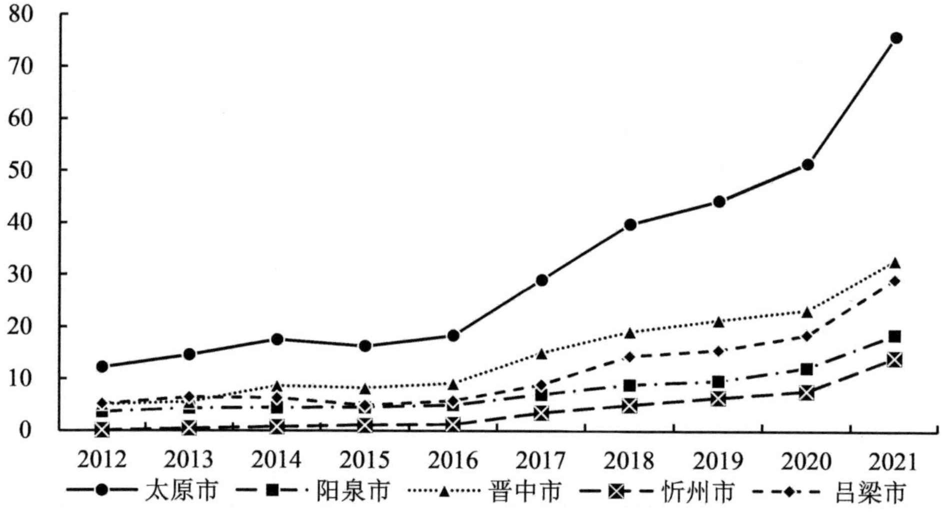

图 4-3 2012—2021 年山西中部城市群空间经济联系强度

根据城市之间空间隶属度的大小，可以分析城市之间的腹地关系和空间演化趋向。由表 4-6 可知，各市的联系方向主要是太原市；吕梁市、晋中市是太原市的核心腹地；尽管阳泉市的第一经济联系城市是太原市，但与其他城市相比，其对太原市的隶属度依旧较低。与 2012 年相比，2021 年太原市核心城市辐射

表 4-6 2012、2021 年山西中部城市群城市空间隶属度 单位：%

城市	2012 年 第一经济联系城市 及其经济隶属度	2012 年 第二经济联系城市 及其经济隶属度	2021 年 第一经济联系城市 及其经济隶属度	2021 年 第二经济联系城市 及其经济隶属度
太原市	吕梁市（39.27）	晋中市（36.03）	晋中市（34.72）	吕梁市（33.14）
阳泉市	太原市（82.41）	晋中市（13.66）	太原市（70.99）	晋中市（18.98）

(续表)

城市	2012 年 第一经济联系城市 及其经济隶属度	2012 年 第二经济联系城市 及其经济隶属度	2021 年 第一经济联系城市 及其经济隶属度	2021 年 第二经济联系城市 及其经济隶属度
晋中市	太原市（85.42）	阳泉市（9.55）	太原市（80.23）	阳泉市（10.70）
忻州市	太原市（84.47）	阳泉市（6.27）	太原市（79.86）	吕梁市（7.36）
吕梁市	太原市（92.33）	晋中市（4.95）	太原市（86.06）	晋中市（7.44）

能力在降低。

四、结论

本研究基于城市群空间经济联系视角，运用修正后的引力模型和隶属度模型，对山西中部城市群空间一体化进行实证分析。研究发现：①山西中部城市群的经济联系逐渐加强，尤其是 2021 年，各城市间经济联系较为密切，城市经济辐射呈现以太原市为中心的圈层式结构。②吕梁市、晋中市是太原市的核心腹地，阳泉市、忻州市与太原市的联系稍弱。③与 2012 年相比，之后太原市作为核心城市对周边城市的吸引辐射能力在降低。因此，第一，太原市作为核心城市需在多方面发挥增长极作用；第二，山西中部城市群应进一步提高城市联结度，继续致力于区域融合协调发展。

第三节　山西中部城市群空间一体化发展路径

随着山西新型城镇化不断向纵深发展，中部城市群空间布局不断优化，空间经济联系不断增强，“一核四带多组团”城镇发展空间一体化格局正在加快构建。应充分发挥太原龙头引领带动作用，积极促进多中心联动发展，加快推动城镇组团协同发展，将城市群空间一体化推向高质量发展阶段。

一、演变历程

山西中部城市群，又称作太原城市群或太原都市圈，主体位于太原盆地、忻定盆地，是山西城镇与产业最为集中的地区。国家高度重视山西中部城市群发展，“十二五”规划将其作为重要城市群之一重点推进发展，“十四五”规划将其作为 19 个城市群之一重点培育发展。山西中部城市群发展越来越成熟，空间结构布局趋于一体化。

（一）建设太原都市圈，构建“一核一带四片”的城镇空间发展格局

2005 年，《山西省城镇化发展纲要》提出，要以太原都市圈为核心，大运城镇发展轴带为主干，晋北、晋中、晋南、晋东南 4 个城市经济圈域为主体，整合城镇体系结构，构建“一核一带四片”城镇空间发展格局。其中，“一核”即为太原都市圈。太原和榆次是太原都市圈的核心圈层，介休、孝义、汾阳，阳泉，忻州、原平，离石、柳林、中阳 4 个城镇密集区为外圈层，共同构建了山西中部“一主四副”城镇组群格局。要建设太原都市圈，提升省会城市集聚辐射功能，实施太原率先发展的战略，充分发挥省会综合优势，强化省域政治、经济、文化和信息中心功能，提升省域中心城市的吸引与辐射能力，建设城市综合职能体系；促进太原市与晋中市榆次区的一体化发展，实施“双赢”策略，创新管理体制，明确产业分工，调整经济布局，密切城市间的经济社会联系。

（二）加快太原都市圈发展，构建“一核一圈三群”城镇化空间格局

山西“十二五”规划提出了以城镇群为主体形态的城镇化推进战略，按照“一核一圈三群”的布局，积极发展以太原都市区为核心，以太原盆地城镇密集区为主体，以阳泉、忻州、吕梁为腹地的太原都市圈，形成引领山西省城镇化发展的龙头。“一核”即由太原市区、晋中市区、清徐县城、阳曲县城构成的太原都市区，是全省城镇体系的组织核心、经济转型发展的增长极核。“一圈”

即太原都市圈，是以太原都市区为核心、太原盆地城镇密集区为主体，辐射阳泉、忻定原、离柳中城镇组群的都市圈，包括太原、晋中、吕梁、阳泉、忻州5市的30个县（市、区）。该区域是省域经济与社会事业最为发达的核心区域和最为重要的城镇密集地区。要加快太原都市圈发展，继续支持太原率先发展，加快推进太原晋中同城化，推进太原盆地城镇密集区发展，促进阳泉、忻定原、离柳中3个城镇组群化发展，形成有机融合的交通圈、物流圈、商贸圈、旅游圈和生态圈，把太原都市圈打造成为具有全国意义的重点开发区域、中部崛起新的增长极、山西经济转型发展的强大引擎和综合配套改革的先行区。

（三）推动山西中部城市群高质量发展，构建“一群两区三圈”城乡区域发展新布局

在省第十二次党代会上，山西把中部城市群发展进入国家规划作为自身在中部地区争先崛起、在全国版图彰显地位的重大机遇，重点建设太忻一体化经济区，加快打造山西中部城市群发展的北引擎；高质量建设山西转型综改示范区，持续强化山西中部城市群发展的南引擎；在晋北、晋南、晋东南建设高质量城镇圈，优化区域发展布局，集聚高质量发展新动能，加快形成全省“一群两区三圈”城乡区域发展新布局。其中，山西中部城市群包括太原、晋中、忻州、吕梁、阳泉五市，是全省“一群两区三圈”城乡区域发展新布局的核心组成部分。要求山西中部城市群领先发展、争先崛起、率先布局、创先转型，五市联动，攥指成拳，提升经济总量、综合竞争力、辐射带动力，成为全国具有较强竞争力、吸引力和知名度的重要城市群。

二、空间发展新格局

山西中部城市群采用以太原为中心的单核心集中发展模式，城市间经济联系以太原为核心城市，引领带动周边城市发展。目前山西正在积极推动中部城市群一体化空间布局，以“中心龙头、南北引擎、东西两翼”一体化发展格局积极构建“一核四带多组团”城镇发展空间格局，统筹大中小城市和小城镇协调发展，加快空间布局一体化向纵深发展。

（一）率先打造太原榆次太谷发展核

做大做强太原晋中中心区域，在规划管理、公共服务等方面加速推进同城化，在产业布局、基础设施、生态治理等方面一体谋划、一体推进，增强人口集聚、要素集中、创新策源、交通枢纽等核心功能，形成辐射牵引山西中部城市群一体化发展的核心区和增长极。全力提升省会城市太原作为城市群龙头的集聚辐射功能和核心引领作用，建设太原国家区域中心城市，全力打造国家先进制造业重要承载地、国家能源技术革命策源地、国内外重要文化旅游目的地、内陆地区高水平对外开放新高地、区域现代服务业集聚地、全省民生幸福首善地，不断提升城市首位度，同时充分发挥对晋中、忻州、阳泉、吕梁四市一体化发展的牵引带动作用，全面增强城市辐射能级和服务能级。加快推进太原晋中一体化进程，联合印发《太原晋中一体化发展实体化推进工作机制》，积极推进规划衔接一体化、产业布局一体化、基础设施一体化、生态治理一体化、公共服务一体化、要素配置一体化“六个一体化”，不断提高榆次、太谷与太原的协同发展水平。强势打造太忻一体化经济区北引擎，“1+3+N”的规划体系基本成型，一体化措施陆续出台，多项公共服务一体化便民措施持续出台，一大批基础设施项目全速推进，一大批新兴产业类项目争先落地，北引擎作用正在凸显。高质量建设山西转型综改示范区，加快形成中部核心区和潇河、阳曲南北两翼“一核两翼”的空间发展格局，电子信息、合成生物、新能源、现代服务业等领域正在形成千亿级产业集群，智能煤机制造、轨道交通、信创、半导体、新材料、生物医药、通用航空等优势产业竞争力不断提高，努力成为山西高质量发展的“先行者”“排头兵”“南引擎”。

（二）不断提高四带互通协作水平

汾河谷地城镇带、雄忻城镇带、沿黄城镇带、太行城镇带依托山西重要的交通网络和河谷地带，是中部城市群内城镇分布最密集的地区，四带互联互通，可有力促进中部城市群一体化发展。汾河谷地城镇带是以“一核”向南辐射，依托大西高铁、大运高速综合运输通道，以祁县、平遥、介休、灵石等汾河谷地晋中四县（市）和交城、文水、汾阳、孝义等吕梁平川四县（市）为重点，深化先进制造业与现代服务业融合发展。雄忻城镇带是以“一核”向北辐射，依托雄忻高铁、108 国道双轴，以太忻一体化经济区忻州片区为重点，打造山西省融入京津冀和服务雄安新区的重要走廊。沿黄城镇带是以离石、兴县、岚县、临县、方山、柳林、中阳、交口、石楼等吕梁市山上九县和河曲、保德、偏关、五寨、神池、岢岚、宁武、静乐等忻州西部八县为重点，构建山西中部城市群发展的生态安全屏障和重要战略支点。太行城镇带是以阳泉市及寿阳、榆社、昔阳、和顺、左权等晋中东部五县为重点，依托石太、阳涉等铁路通道，打造对接石太经济走廊、融入京津冀协同发展的重要枢纽。

（三）持续增强多组团城镇发展动能

离柳中方城镇组团、交汾文孝城镇组团、忻定原城镇组团、平介祁灵城镇组团、盂平寿昔城镇组团等五大城镇组团协同联动、抱团发展，可充分发挥 1+1＞2 的能效。离柳中方城镇组团是以离石区为中心，通过建设离石到方山、中阳、柳林的城市快速路，推动离石、柳林、中阳、方山一体化发展，辐射带动临县、兴县、岚县协同发展，形成“4+3”城镇化发展格局。交汾文孝城镇组团着力推动交城、汾阳、文水、孝义四县市一体联动发展，以汾石高速为纽带，辐射带动交口、石楼协同发展，形成“4+2”城镇化发展格局，打造吕梁融入山西中部城市群的战略支点。忻定原城镇组团是以忻定、忻原两轴连三城，着力推进忻定原同城化，加快实现交通通畅、产业互补、要素共享，增强区域竞争力。平介祁灵城镇组团是以晋商文化为纽带，推动特色工业制造与旅游深度融合，加速平遥、介休、祁县、灵石一体化发展。盂平寿昔城镇组团大力弘扬太行精神，抢抓国家革命老区振兴发展战略机遇，着力扬优势、固根基、补短板，加快实现生产高质高效、生活富裕富足、生态宜居宜游。

三、路径选择

山西中部城市群是支撑山西高质量发展、促进区域协调发展、参与国内外竞争合作的重要力量。与全国和相邻地区相比，山西中部城市群空间一体化发展进程依旧较为缓慢，空间结构亟待整合、重组、优化，必须以高质量的空间一体化为战略基点，提升综合实力和影响力，打造中部地区高能级增长极、全国具有发展潜力的重要城市群。

（一）发挥太原龙头引领作用，牵引城市群一体化发展

太原作为山西中部城市群的龙头，要以舞起省会龙头为使命，加快建设国家区域中心城市，更好发挥引领带动山西中部城市群高质量发展的作用。做强两大引擎，加强与综改示范区对接联系，联手打造支撑山西中部城市群产业发展新高地。加快太忻一体化经济区建设，推动大盂产业新城与现有开发区整合，打造高品质产业新城。强化与中部其他四市的联动发展，加快推动太原晋中一体化进程，与忻州联合建设国家级承接京津冀产业转移的示范区，协同吕梁打造生态安全屏障和综合能源基地，协同阳泉打造石太经济走廊。提高辐射带动能力，通过基础设施一体化和市场要素流动，加强与周边城市间的人员往来、物资流通、产业分工与协作，不断释放太原对其他城市和城镇的辐射带动能量。

（二）促进多中心联动发展，带动城市群一体化发展

立足各市比较优势，通过推动资源优势互补、功能合理分工、基础设施互联互通、产业布局协调联动，持续提高汾河谷地城镇带、雄忻城镇带、沿黄城镇带、太行城镇带互通协作水平，增强太原、晋中、吕梁、忻州、阳泉五市城市联结度，促进空间一体化高质量发展。晋中发挥山西大学城、国家农高区优势，强化科技和人才集聚，建设全方位推动高质量发展先行区。忻州与太原和

雄安新区相向发展，加快南融东进，提高基础设施和产城融合水平，建设开放发展前沿城市。阳泉推进资源型城市绿色转型先行示范，建设融入京津冀协同发展重要节点，打造城乡一体共同富裕的市域样板。吕梁统筹山区平川均衡发展，打造中部城市群发展的生态安全屏障和重要战略支点。

（三）加快城镇组团协同发展，支撑城市群一体化发展

组团式城镇群是城镇群空间组织的高级形态，离柳中方城镇组团、交汾文孝城镇组团、忻定原城镇组团、平介祁灵城镇组团、盂平寿昔城镇组团五大城镇组团是山西中部城市群的重要城镇组团，对中部城市群一体化发展起着关键支撑作用。加快推动五大城镇组团抱团发展、分工协作、互促共荣，通过资源要素自由流动、基础设施共通、产业平台共建、公共服务共享、生态环境共保等，补齐中小城市和小城镇发展短板弱项，促进城镇之间有机互联，促进城镇间的规模效应、集聚效应和辐射效应充分释放，使空间结构不断优化、发展成本逐步降低、创新能力显著增强，实现城镇间的“点状拉动”向城镇群“面状组合”转化，提升整体竞争力和影响力。

（四）强化与“三圈”内外互动，推动与周边城市群错位融合发展

开放是城市群空间一体化发展的重要动力，山西中部城市群一体化发展不仅离不开区域内城市间的互动发展，还要加强与晋北、晋南、晋东南城镇圈的协同发展，强化与晋北城镇圈的内外联动，联手晋南城镇圈推进黄河生态联防联治，对接晋东南城镇圈产业转型升级，共同推进“一群两区三圈”城乡区域发展新布局。加强与京津冀、呼包鄂榆、关中平原、中原等周边城市群的融合发展，精准对接“一带一路”建设，深度融入京津冀实现联动发展，加强与长三角、粤港澳开放合作，在中部地区高质量发展中争先崛起，大力实施黄河流域生态保护和高质量发展战略，更好融入国际国内双循环战略格局，提升开放能级，打造内陆地区对外开放新高地。

第五章　山西中部城市群产业一体化测度及发展模式

山西中部城市群是山西省经济社会发展态势较好、发展潜力深厚的区域，特别是在产业发展层面，山西资源型经济转型综合配套改革试验和国家能源革命综合改革试点的政策红利，为山西这样的资源型地区推动产业转型和高质量发展提供了强大的政策支持。也因此，山西的高质量发展，首先表现为中部城市群五市的高质量发展。而高质量发展作为具备创新、协调、绿色、开放、共享等特征的发展，必然体现为产业发展由要素驱动、投资驱动转向创新驱动与全要素生产率驱动的过程，其关键在于通过推动产业结构转型和产业空间布局优化，加快构建多点产业支撑、多元优势互补、多极市场承载、内在竞争力充分的现代化产业体系。

第一节　城市群产业发展模式及演化

产业发展是城市群发展的主要承载形式。城市群产业在空间层面上的发展演变主要表现为产业集聚与产业扩散的过程。从新经济地理学视角来看，运输成本、要素流动与规模经济之间的相互作用推动了产业在城市群范围内形成以集聚和扩散为表现形式的分布格局优化。规模经济、范围经济和外部经济等效应是产业集聚与扩散的重要动力机制。具体而言，产业发展的规模报酬递增需求，要求劳动生产率和要素边际收益持续增长，这促进了产业分布空间集聚水平进一步提高。城市规模因产业集聚效应而扩大，但当产业过度集聚时，就会产生一系列集聚成本和负效应；随着产业集聚的成本逐渐大于其收益，扩散效应就会占据主导，一些产业会从中心城市扩散出去，促使许多“专业化中心”出现，最终形成城市群内核心城市与周边城市产业有序分布的空间体系。上述城市群产业发展过程，在产业群与城市群、产业分工与城市分工、生产力布局与城市布局联动的不同发展时期表现出不同的阶段性相互作用机制和特征，主要包括基于产业联动条件的产业集聚、基于产业互补条件的产业扩散两种模式。

一、基于产业联动条件的产业集聚

在产业空间分布与城市空间组织联动发展初期，产业群和城市群均处于发育阶段，企业间、城市间、企业与城市间的联系并不十分紧密。在产业发展层面，企业的空间分布仍较为分散，区域内主导产业或产业链的具体环节尚未形成集聚优势。在城市群发展层面，各城市的城市体系比较封闭，生产功能和公共服务功能各成独立系统，单个城市的职能体系比较完整，但城市间分工和互补不够，呈现“小而全”的特征，甚至不能称之为“城市群”而仍停留在“城市组团”层面。在产业发展与城市群发展的关系层面，区域内城市之间仍然存在着资源和要素的争夺、产业和公共服务职能的竞争，区域生产力布局与城市空间布局处于相互适应的过程中。

城市群的产业集聚开始阶段主要以第二产业（主要是制造业等产业部门）为主。随着包括人员来往、货物交换、资金流动、信息沟通、制度设计等在内的生产要素配置和区域经济发展不断突破城市群内部传统的行政区划边界而相互渗透和影响，为了减少要素配置成本、加快知识和创新的外溢并形成外部性，企业会倾向于在空间上靠近有生产要素投入需求的同类产业，形成产业集群，实现资源共享，产生规模经济。

城市群范围内由产业集聚而形成的规模经济，主要是指在城市群内部由于某一产业内不同企业的集中所引起的企业规模和密度扩大而产生的经济性。这种经济性体现在企业较低的运输成本、熟练的劳动力和技术市场的共享、专业化服务的易获得性等。一方面，集聚的企业可以共享供应商配套的产品和服务，共享政府提供的基础设施和公共服务，这促进了单一企业生产销售成本的下降；另一方面，客观存在的市场竞争会推动企业为降低运输成本进而在空间上相互接近。这都促进了企业产品市场价格的降低和更加优质与高效服务的提供。

这种规模经济又进一步促进了城市群范围经济效应的产生。城市群范围经济主要是指随着多种不同且不相关产业的企业在城市群内部集中，产业集聚范围持续扩大而产生的经济性。具体而言，一是多部门的企业集聚能够提升企业分工的合理性和生产效率。二是多部门的企业集聚能够促进对运输、仓储、电力与通信等基础设施以及广告、设计等商业服务的需求创造与共享，进而推动相关生产要素和服务资源区域集中。三是多部门的企业集聚能够创造更多就业机会与发展空间，从而吸引更多的劳动力资源，降低企业劳动力要素的获取成本。四是多部门的企业集聚能够为企业正式或非正式渠道的知识和信息共享提供便利，生成生产和交易成本节约、创新模仿和知识溢出等外部性。基于上述四条路径，集聚所形成的规模经济和范围经济会进一步促进产业发展，推动包括产业在内的城市群整体经济组织更具经济效率和对外部环境的适应性，并提升上下游企业的前向与后向联系，激发市场规模扩大与供给潜力增长，进一步提升产业发展效益。

产业集聚的最终形态是产业集群。产业集群是指在一定的区域范围内相对集中、相互之间具有较为紧密分工与协作关系的企业、各类生产要素供应商、关联产业厂商及其他相关部门等共同构成的群体。产业集群突破了企业或产业简单集聚的界限，形成了具有密切关系的众多企业、政府部门、科研机构、行业协会等在特定区域中的集中互动。随着产业集群的发展壮大，城市群内部不同城市间产业部门技术水平逐渐接近并会导致区域内产业同质性竞争、产品过剩与市场分割。各产业部门开始逐渐向周边城市转移，周边城市因承接中心城市的产业转移而获得技术溢出，城市群内部的产业分工关系逐渐向围绕产业链功能分工转变。

二、基于产业互补条件的产业扩散

这一模式是同产业的“极化—扩散”过程与产业链条的形成发展联系在一起的。随着产业集聚以及区域经济社会的发展，城市群中的部分城市利用自身在资源、区位、政策等方面的优势逐步发展成为中心城市。在上述过程中，中心城市对周边城市的集聚效应远大于扩散效应，城市群内部要素资源不断向这里集中，核心城市的地位逐步显现且规模不断扩大，并借助生产要素的流动向外扩张影响力，与其周围区域之间形成典型的核心—外围结构。随着中心城市规模扩大，在要素与产业集聚带来的正外部性与负外部性共同作用下，集聚不经济现象开始出现，中心城市的扩散效应逐步超过极化效应，产业部门开始向周边城市和城镇扩散，逐渐形成城市群内中心城市与周边城市垂直分工的体系，也即纵向的产业一体化模式。

产业链是在一定地域范围内，同一产业部门或不同产业部门某一行业中具有竞争力的企业及其相关企业，以产品生产为纽带，实现区域内产、供、销有效联结的具有价值增值功能的链网式企业组合体。在前述的产业集聚过程中，不可能出现一个城市是完全专业化（只有单一产业）的或者完全多样化（拥有所有产业）的产业集聚极端情况。一般情况下，产业集聚不仅体现为单一产业在空间上的不断集中，同时也伴随着产业的“极化—扩散”过程，体现为相关产业的互补协同，也就是围绕着已经实现一定程度区域集聚的核心产业部门，前向关联和后向关联的相关产业不断集聚，不断强化产业集群整体的“规模经济”和“外部效应”。这是城市群发展中形成产业空间分布优势格局、提升区域产业竞争力的重要途径。

在产业集聚和扩散效应的相互作用下，生产要素会形成不同空间范围内的集聚，使得经济活动的空间结构不仅呈现为城市层面的规模扩张，同时也使城市群的层级结构由单中心模式向多中心模式演化。在城市群的多中心层次结构中，中心城市产业链整合的功能体现为培育更多的高附加值产业，同时推动低附加值产业向次中心城市转移，最终形成产业链层面相互协作的产业分工布局和价值链层面的多层次的有机体。

基于产业互补条件的产业扩散包括以下三个层面的过程：

一是生产要素集聚的结构性调整。这种调整包括“量”与“质”两个层面。其中“量”的层面主要是指生产要素在数量、规模方面的集聚和积累，“质”的层面主要是指生产要素空间分布格局的结构性调整，即高层次生产要素的空间积累和低层次生产要素的空间外流。其中劳动力资源和物质资本的空间结构调整是不同层次生产要素空间再配置的主要表现。对于劳动力资源而言，空间结构性调整主要表现为人力资本结构的优化，即知识密集度和技术密集度高的人力资源在空间内不断集聚，知识密集度和技术密集度低的人力资源向集聚区域外流动。对于物质资本而言，空间结构性调整主要表现为产业资本结构的优化升级，即资本密集型、高新技术与高附加值产业投资不断在空间内集聚和积累，粗放型、高消耗与高污染产业投资向集聚区域外流动。在这一过程中，除了要素集聚（在落后地区产生）的极化效应，也伴随着要素流动（对落后地区经济发展）的涓滴效应。整体来看，生产要素的空间再配置和产业的空间转移均属于要素集聚从量向质的结构性调整。

二是“产业链条”的形成和强化。“产业链”是指在经济活动过程中各个产业部门之间按照特定的技术经济联系和空间分布建立起来的物流、技术、资金、信息等的经济要素关联。产业链结构本质上是以供需关系和产业分工为基础，原料生产和供应的环节为起点，经过生产制造与加工环节延伸到最终产品销售全过程的复杂关联。产业链条的形成机制包括：第一，产业部门之间的分工合作促进产业链条形成。现代产业的产品生产往往需要通过分工合作完成从设计到营销的全部流程，单一企业一般只负责特定产品的一部分或提供特定服务的某个环节，需要和其他企业合作完成整个产品生产销售过程。第二，政府产业政策导向带动产业链条形成。政府或相关管理部门为实现产业空间布局的主动调整，可能通过规划、财税、补贴、罚款等手段对产业的集聚与扩散进行引导，以此带动或限制特定产业的发展，进而促进产业链条的形成。

三是产业链发展与城市群发展的互动。伴随着产业链的形成和发展，城市间产业分工会由传统的部门间分工逐步向部门内产品间分工转化，进而又向产业链分工的方向发展。各城市依照产业链的不同环节进行专业化分工，形成不同类型和层次的城际产业链，各自承担不同的分工角色并形成统一的整体。在产业链与城市群的互动发展过程中，城市群中心城市因其难以替代的区位优势、人才优势、科教优势、制度优势等，使研发与设计、关键技术和工艺、市场营销等高附加值环节集中在这里，一般加工制造环节则分布在其周边的中小城市。最终，产业链与城市群高度融合并形成一体化的“产—城”网络，使产业的空间分布与城市群的整体布局更加协调。

第二节　山西中部城市群产业一体化测度

产业一体化是经济一体化的核心组成部分，产业一体化程度是区域经济社会发展一体化水平的重要表征。一般而言，资源型区域内部城市群的各个城市，由于主导产业十分类似、产业结构相对单一，传统产业占比较高，产业一体化发展往往进展缓慢。

一、产业一体化的内涵

自 20 世纪 50 年代初开始，“一体化”这一概念被广泛应用于对国际经济活动的研究中，一般用来形容“将各个独立国家的经济活动融合为一种整体的经济活动”，后来也被应用于产业集群的形成与演化机制领域。

具体来看，丁伯根（1954）和巴拉萨（1961）最早提出了一体化概念。这两位学者认为一体化是指多个独立体在既定规则下逐渐形成区域内彼此合作、相互交融共同体的过程。该过程既是国家或区域间经济全面开放互动的过程，也是政治、文化等的交汇融合过程。小岛清提出协议性分工理论，其思想是：各国可以通过产业协议分工来避免比较优势理论的缺点以促进一体化经济组织的稳定和发展。协议性分工的条件是：第一，两个（或多个）国家的资本、劳动禀赋和工业化水平等大致相等；第二，作为协议对象的商品，必须是能够获得规模经济的商品；第三，无论哪个国家生产哪种商品，利益都是没什么差别的。

此后，大量学者在此基础上对一体化做出了更为广泛的解释，并将一体化思想引申到产业发展研究当中。

国内对产业一体化的研究自 20 世纪 90 年代末逐渐兴起，总体来看，研究者对区域一体化的内涵及怎样评价一体化进程、怎样加快一体化进程仍未达成共识。

宋兰旗和李秋萍（2012）认为，产业一体化是指地理位置毗邻或经济发展方向同一的区域以一个整体参与对外竞争的过程，并且在一体化区域内，生产要素和资源能够自由流动与优化配置，互为关联的产业可以以利润最大化为原则进行整合重组，各产业或企业既有明确分工也有团结协作。王安平（2014）认为，产业一体化是区域经济一体化的关键内容，是指在市场经济范畴下，毗邻城市通过加快产业空间重构，促进生产要素与资源的自由流动，实行地区经济分工协作，以实现区域共同产业效益最大化与生产成本最小化，进而以整体参与对外竞争的过程。卢新海等（2018）认为，产业一体化作为一个多维度、多尺度的概念，是区域内各产业主体（主要是第二、三产业）在区位选择的基础上运用资源整合、经济合作等手段，重塑产业空间布局并最终实现要素在区域内无障碍流动的状态和过程，这也是区域经济一体化的核心内容和重要实现路径。林木西和耿蕊（2020）认为，产业一体化是区域一体化的重要组成部分，是以区域协调发展为依托，以企业和政府为主体，发挥政府统筹规划、企业资源配置的作用，合理进行产业布局，实现区域范围分工协作，最终形成横向集聚、纵向联动的产业发展态势。荆立新（2013）认为，区域产业一体化是在一个产业资源丰富、政府协调机制成熟的区域内，按照产业发展目标及市场经济要求，运用市场机制，协调政府、社会与市场三方面力量，加快区域内资本、商品、人员等生产要素自由流动，加速产业的整合和重组，发挥区域产业资源比较优势，提高资源使用效率，促进区域产业共同发展、共同繁荣的动态过程。通过归纳总结目前学术界产业一体化研究成果，本书认为其含义涵盖空间布局与要素流动这两个层次。

一是空间布局层面。产业一体化是指不同地区在更大区域范围内进行产业空间合理配置，通过构建错位发展、梯度分布的产业布局，使主导产业与支柱产业可在一体化过程中进行合理协作与明确分工，实现互利双赢、优势互补。

二是要素流动层面。以政府合作为基础，通过多个层面的制度设计，发挥政府调控与市场引导的双重作用，使区域内各种生产要素能够无障碍流通，实现区域范围内要素优化配置。

综上所述，结合城市群产业发展的一般规律，可以认为，一般意义上的产业一体化是指空间地理位置邻近的产业部门为充分发挥自身比较优势、提升产业整体效益，对生产要素空间配置进行重塑，促使生产要素在更大范围内畅通流动，从而构成产业错位、分工明确、优势互补的综合产业体系。城市群的产业一体化是指，在城市群总体发展目标下，充分发挥城市群经济发展方向的同一性与产业结构的互补性，通过生产要素自由流动促进以产业集聚和扩散为外在形式的产业重组，加快形成合理的地域分工，构建横向一体化形式的产业集群和纵向一体化形式的产业链条，从而在整个城市群内优化产业结构，合理化产业布局，推动城市群经济协调发展的产业动态调整过程。可以说，产业一体化水平是城市群一体化发展程度的直接体现。

二、山西中部城市群产业一体化的实证测度

（一）产业一体化实证测度方法

1. 产业结构相似指数

1979 年，联合国工业发展组织（UNIDO）国际工业研究中心提出了结构相似系数，用该系数测定了各国的产业结构相似度，以此来衡量产业的同构程度。其表达式如下：

$$S_{ij}=\sum_{k=1}^{n}(X_{ik}\ X_{jk})\ /\ \sqrt{\sum_{k=1}^{n}X_{ik}^{2}\sum_{k=1}^{n}X_{jk}^{2}} \tag{1}$$

其中，S_{ij} 是 i 区域和 j 区域的结构相似系数，i 和 j 是两个相比较的区域；X_{ik} 是 i 区域 k 产业占整个产业的比重，X_{jk} 是 j 区域 k 产业占整个产业的比重。S_{ij} 的值在 0 和 1 之间变动。如果其值为 0，则表示两个相比较地区的产业结构完全不同；如果其值为 1，则表示两个地区间产业结构完全相同。也就是说，S_{ij} 的值越大，则两个相比较地区产业同构度愈大，反之则同构程度越低。

2. 克鲁格曼指数

保罗·克鲁格曼（1991）在研究地方化和贸易问题时，提出了计算地区间行业结构差异度的指数（也称行业分工指数或产业专业化系数），这个指数目前被众多学者用来衡量地区间产业结构差异度，其表达式如下

$$\mathrm{KI}_{ij}=\sum_{k=1}^{n}\left|X_{ik}-X_{jk}\right| \tag{2}$$

其中 KI_{ij} 表示克鲁格曼提出的行业分工指数，其余各参数的含义均与前文产业结构相似度指数表达式（1）相同。这个指数的值介于 0—2 之间，如果区

域 i 和区域 j 的产业结构完全相同时——也就是说，对所有的 k，产值份额都是一样的，则这个指数值为 0；当区域 i 和区域 j 的产业结构完全不相同时，这个指数值为 2（因为每个地区所有产业的份额都被加总了）。而且，其值越大表示地区间行业结构的差异也越大。克鲁格曼同时指出，这个指数还可以大致衡量区域间行业分工的程度，值越大表示两地区分工程度越高，产业专业化程度也越高，由地区间分工造成的产业结构差异也愈大，产业同构度越小；指数值越低，产业结构的差异度越小，两地区产业同构性就越强。

3. 区位熵法

区位熵，也称地方专业化指数，是测度产业集聚的指标之一，其表达式如下：

$$LQ_{ij} = \frac{q_{ij}/q_j}{q_i/q} \tag{3}$$

其中，LQ_{ij} 为 j 区域 i 产业的区位熵或地方专业化指数，q_{ij} 为 j 区域 i 产业的产值，q_j 为 j 区域全部产业总产值，q_i 为产业 i 的全国总产值，q 为全国的所有产业总产值。如果 $LQ_{ij}>1$，表示 j 区域 i 产业部门的集中程度大于全国的平均水平，是 j 区域的专业化部门和产品输出部门。LQ_{ij} 值越大则该区域该产业部门的集中程度越高，该产业在全国的专业化程度就越高。区位熵法的经验结论是：区位熵数值越大，地区产业的专业化程度越高，产业的同构性就越低。不过需要说明的是区位熵是个相对指标，只反映区域专业化的相对程度，并不能完全反映区域的实际专业化程度。

（二）山西中部城市群产业一体化演变特征

1. 数据选择与计算方法

（1）数据选择

对山西中部城市群产业一体化程度的计算，首先选择中部城市群太原、阳泉、晋中、忻州、吕梁五市的产业结构指标，即第一、二、三产业分别占地区生产总值的比重，数据年限为 2012—2021 年。

（2）计算方法

对山西中部城市群产业一体化程度的计算，采用克鲁格曼指数和产业结构相似指数两者合成的方法。具体而言，克鲁格曼指数用来衡量两个地区之间产业结构的差异程度与行业分工水平，是衡量区域产业一体化程度的正向指标，即克鲁格曼指数越大，产业专业化分工水平越高。产业结构相似指数用来衡量两地区之间产业结构的相似程度，是测度产业一体化程度的逆向指标，值越大表明产业同构程度越高，产业一体化水平越低。因此，在实际计算过程中需要将产业结构相似指数这一指标做逆向化处理，公式如下：

$$\overline{S_{ij}} = \frac{\max(S_{ij}) - S_{ij}}{\max(S_{ij}) - \min(S_{ij})}$$

$\overline{S_{ij}}$为处理后的产业结构相似指数，其范围为［0，1］，再对$\overline{S_{ij}}$与KI_{ij}按照各自 50%的权重进行加总最终得到产业一体化指数。

2. 产业一体化指数及其演变特征

从山西中部城市群五市两两之间的产业一体化指数变化情况来看，2012—2021 年，五市两两之间的产业一体化指数整体水平不高，但呈稳中有升的演变态势，如图 5-1 所示。

（1）山西中部城市群产业一体化指数稳中有升

2012—2021 年，除太原—吕梁之外，山西中部城市群五市其余 9 组城市两两之间产业一体化指数均未超过 0.5。2012—2016 年，忻州—吕梁、晋中—吕梁、阳泉—吕梁、太原—晋中、太原—忻州五组城市之间的产业一体化指数持续下降，从 2012 年的 0.2—0.4 下降至 2016 年的 0.2—0.25 左右，此后虽然在 2017 年有所回升，基本上升至 0.3—0.4 的区间，但随后进入波动变化期，2018—2021 年始终在 0.3 上下波动，且波动幅度不大。此外，太原—阳泉的产业一体化指数在 2016 年前的走势同上述五组城市类似，但 2017 年开始持续走

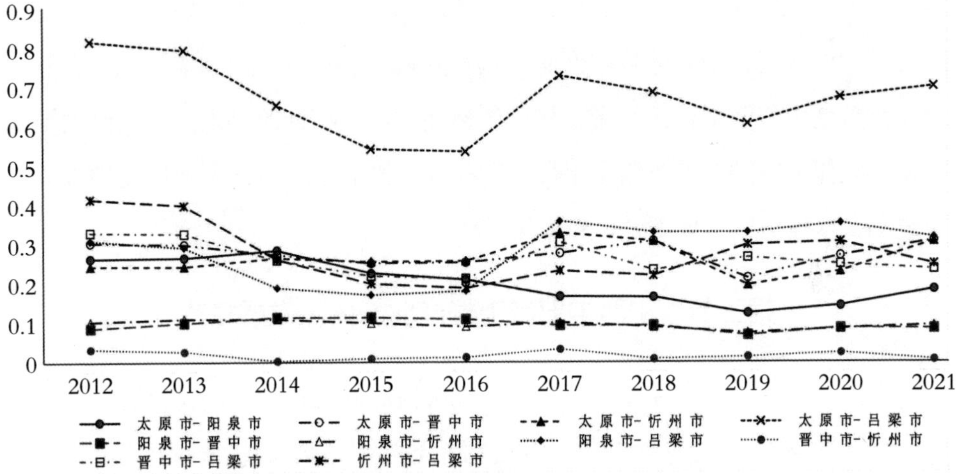

图 5–1　山西中部城市群五市两两之间产业一体化指数（2012—2021 年）

低，2019 年降至最低点 0.12，此后略有回升，2021 年升至 0.18。

（2）中部城市群部分城市之间产业一体化水平低且较稳定

阳泉—忻州、阳泉—晋中、晋中—忻州三组城市产业一体化指数较低且波动不大。2012—2021 年，阳泉—忻州、阳泉—晋中的产业一体化指数在 0.1 上下略有波动，2019 年降至最低点 0.06，随后回升。晋中—忻州的产业一体化指数相对较低，2012—2021 年大部分年份均低于 0.03，2017 年达到最高值，但也仅为 0.033。

（3）太原—吕梁产业一体化水平虚高

2012—2021 年，太原—吕梁的产业一体化指数在 0.5—0.85 之间波动，其中 2012 年为最高的 0.81，此后逐年降低，至 2016 年降为最低点 0.53，2017 年回升至 0.72，2019 年又有所降低，2021 年继续回升至 0.69。从具体数值来看，太原—吕梁的产业一体化水平远高于中部城市群其他城市之间的水平。但基于太原与吕梁的实际情况，并不能说明两者之间的产业一体化水平较高。从统计指标和数据分析来看，太原—吕梁之间的产业结构相似指数同其他城市没有显著差异，但克鲁格曼指数却远高于其他城市之间的水平，表明太原和吕梁之间地区分工程度较高，由此导致的产业结构差异较大。不过，由于本研究的产业一体化指数是由产业结构相似指数和克鲁格曼指数加权计算得出的，因而太原—吕梁之间显著较高的克鲁格曼指数一定程度上影响了产业结构一体化指数的计算结果，这也是这一数值虚高的客观因素。

第三节　山西中部城市群产业一体化发展模式

当前，在我国国内建设“双循环”发展格局的大背景下，城市群内部产业一体化也呈现出新的发展态势，其运行机理与历史演进也表现出新的特点。山西中部城市群作为中部欠发达省份和典型资源型地区内部的城市群，产业一体化与城市空间表现为持续互动发展：产业一体化通过改变产业地域空间组织方式推动城市群空间整体结构优化重组，城市群空间结构调整又对产业分工格局形成反作用。整体来看，山西中部城市群产业一体化发展主要包括以下几种模式。

一、经济区带动模式

城市群产业一体化发展过程，也是城市群内部的产业空间持续更替的过程，即新产业空间产生与旧产业空间衰退的过程。山西中部城市群产业一体化发展，受自然资源禀赋、历史制度条件以及长期形成并固化的产业结构的影响，在产业集聚阶段，太原等五市产业结构高度同化成为必然趋势。随着城市群产业一体化的持续发展，采掘业、低端装备制造业、冶炼业、火电产业等城市群内部原有的较低层次和低效率的产业形态经历成熟之后将逐渐走向衰落，高端装备制造业等各类经过优化升级的传统产业和新材料等战略性新兴产业将不断发展，逐渐成为新生的区域主导产业。新生的区域主导产业必然以城市群的具体空间为载体，产业空间的形式与内涵的结构性变化也必然引致经济活动出现变化。

由此，符合产业跨行政区域实现“集聚—扩散”发展需要的各类产业园区、开发区、高新区、综合配套改革示范区等新的产业空间组织形式便应运而生并快速发展，直接促进了山西中部城市群的产业一体化发展。

（一）经济区带动产业一体化发展极大促进了生产要素的合理化再配置

为追求由聚集经济和规模经济带来的外部经济性，资源、要素、企业、人口总是倾向于在一个产业发展条件好的区域内集聚，从而推动城市群内部形成新的产业空间。山西中部城市群内部的综改示范区、太原高新区、阳泉高新区、“农谷”等经济区，通过土地资源集中规划，区域内交通运输、水电和信息通信等基础设施及财政金融、人才等层面支持政策的统一集中供给或优惠价格供给，极大降低了人力、资本、信息等要素资源的进入成本，增加了产业部门或企业获取要素资源的便利性与多样性，进而极大削弱了企业获得要素资源的时间与空间限制，促进了生产要素在数量层面的持续积累与集聚。

在山西中部城市群内部，通过经济区建设带动产业一体化发展，同样是伴随着区域产业结构转型升级而持续推进的。不论城市群中心城市太原及其周边的以转型综改示范区等为代表的新产业空间，还是阳泉高新技术产业开发区、吕梁经济技术开发区等距离中心城市位置相对较为“偏远”的新产业空间，同样经历了上述过程。例如，山西转型综改示范区先后整合了太原市、晋中市的 9 个国家级、省级产学研园区，大力培育先进制造业、数字经济和现代服务业“2+1”产业体系，相应出台了“1+2”省级政策框架和产业升级、创新驱动等领域的 26 项系列配套政策。在此基础上，不断加速区域内产业发展动力转换，打造多元支撑的产业格局。随着转型综改区的迅速发展，山西中部城市群核心城市太原（包括中部城市群中与太原空间距离最近的晋中市榆次区和太谷区）的产业一体化更体现为以战略性新兴产业发展为代表的产业结构高级化转型，并借此在太原高新区、转型综改示范区、农谷等较小的空间内集聚更多的技术、资本、人才等先进生产要素，以实现更高的集聚收益。从转型综改示范区产业一体化发展整体态势来看，其产业空间承载了创新、文化、生态、健康和流动性设施功能特征，同时具有物质空间的用地混合、功能复合、交通综合、空间紧凑和立体化、景观和环境宜人化等特征。也就是说，在山西中部城市群的中心城市及其紧邻的周边区域，经济区带动的产业一体化在地域空间上表现出高度浓缩性、紧密关联性和有序分布性。

（二）经济区带动产业一体化同产城融合是动态耦合的过程

经济区带动产业一体化发展所推动的城市群空间结构调整，表现为城市群功能空间结构的优化，城市群内部不断出现新的产业空间。同时，新产业空间作为城市空间组成的有机部分，其变化又推动了城市群空间结构的调整，整体上在城市群内部形成产城持续融合的过程。

对于山西中部城市群内部以转型综改示范区等为代表的新产业空间来讲，它是产业集聚产生和发展的物质空间载体。经济区内部不同产业部门和企业之间通过有形的道路交通和无形的信息网络等方式在空间上紧密联系，形成稳定的合理的规模等级结构和体系。在此基础上，作为产业一体化空间表现的经济区与伴随各产业集聚形成的居住空间、消费空间、生态绿地空间一起，共同构成空间分工结构。可见，城市群的产业一体化发展在催生城市群新产业空间的同时，也影响着城市群空间的整体结构。这在太原、阳泉等以工业经济为主导的城市中表现得较为明显。对于这些传统工业城市，其产业空间以制造业所形成的工业区、工业园、开发区为主要形态。随着传统制造业和传统经营性服务业的退出，基于产业结构高端化（先进制造业、信息技术产业等）发展的需求，产业区位选择、高端服务业空间分布会出现巨大变化，从而改变了原有城市中心区内各功能区的空间布局关系，推动形成了新兴的金融商务中心、文化产业园区、会议会展中心、物流园区等中心区、综合体、专业化街区，城市功能空间逐渐变为现代服务业集聚区、高新技术专业化集聚区等多种灵活的空间类型，并与当地政府、大学、科研、社区等多种机构或组织形成复合型网络集聚体。

可见，经济区带动下的产业一体化成为城市空间结构不断优化的内在动力，城市空间结构优化的外部表现就是城市空间结构的产城融合。

二、产业链带动模式

从区域产业结构演进过程来看，产业发展由简单到复杂、从低级到高级的动态变化是其基本规律。在山西中部城市群产业一体化发展过程中，城市产业结构的变化不仅直接推动了工业空间、服务业空间及其他类型产业空间的调整和更新，更通过产业发展过程中在整个城市群区域中广泛出现的前向和后向联结，推动整个城市群的产业空间格局和要素配置实现重组，使城市群内部不同规模、不同等级、不同性质的城市的产业特色、功能特色发生变化。这种联结与重组，不仅是区域分工体系的调整与优化，也是城市群内部城市之间合作与交流的过程。

山西中部城市群五市经济社会发展基础不同，资源要素禀赋和区位条件各异，在全省经济社会发展中的地位也有所区别。城市群内部产业集聚发展到一定阶段时，部分在中心城市太原的产业部门或企业，生产成本逐渐提高，利润开始下降，就会倾向于或实际上选择从其他城市购买或投资生产上游产品或服务，形成产业扩散，而空间距离近的晋中、忻州、阳泉等城市就成为扩散的首选。在这种城市群内部产业扩散条件下，企业交易成本降低，城市之间的交易成本也在降低，企业之间、城市之间的经济联系将更加密切。

（一）交通网络对产业链带动城市群产业一体化发展起到连接轴带作用

交通承载着人员、货物和信息的联系，是反映城市群内部城市之间区域经济联系强弱的重要指标之一。交通网络对产业分布空间调整的连接轴带作用表现为线状辐射，即产业一体化沿交通干线向上下游地区推进。近年来，山西中部城市群内部交通基础设施持续完善，路网体系不断健全。在建设太原全国性综合交通枢纽，完善二广、青银等高速公路通道的基础上，山西中部城市群综合运输能力不断提升，促进了区域内部物流、人流和信息流高速运转，使得城市群内部不同空间之间的联系更加紧密和频繁，促进城市群内部不同空间上的经济活动高度匹配。在此过程中，中心城市太原以其省会城市和区域交通网络中心的地位，不仅成为经济活动和经济要素的“集聚点”，更成为产业扩散和产业链条延伸的“起始点”，并在石太线等高速铁路、太旧高速公路等交通干线网络的支撑下成为产业扩散与区域内产业一体化的“发展轴”。晋中、阳泉等上述网络中的重要节点城市也逐步发展为产业扩散过程中的网络节点，城市群各城市之间的分工与合作持续深化，专业化水平不断得到提高，等级结构也日益复杂且多样，并逐渐形成多个核心—边缘结构单元。

（二）产业链带动产业一体化推动了城市群的城市功能优化与发展

产业一体化对山西中部城市群发展的促进与带动作用，是通过城市群内部的产业链条网络实现的。在产业一体化发展过程中，山西中部城市群内部采掘、冶炼、制造业等产业部门的企业通过产业链条的前向和后向关联，同上下游企业及为企业提供各种服务的单位或部门组成了产业集群，并不断推动产业分工空间体系完善与产业扩散。同时，山西中部城市群内部发达的交通网络、信息网络、市场网络甚至制度体系等物质和非物质性网络，成为联系产业部门及城市群内部中心城市、次级城市的优良介质，推动了物质流、资金流、技术流、人才流和信息流等要素流的交换与流动，优化了城市群内部资源配置和产业布局。城市群内部，有些城市演变为专门为其他城市产业提供专业化服务的服务中心，有些成为专业化制造中心。不论中心城市还是外围城市都被纳入整体生产中，中心城市承载研发、管理职能，而周边外围城市则承载生产制造职能。各个城市通过分工合作形成了更为完备高效的产业价值链分工体系。因此，山西中部城市群的城市分工成为城市群内部产业价值链在地理上分布的反映，城市群产业链的发展决定了城市空间演化的方向、结构和形态。

上述产业一体化与城市群发展的互动过程，也是山西中部城市群内部“产城融合生态圈”的形成过程。在产业一体化与山西中部城市群发展的互促共进、互相协调过程中，伴随着不同产业链条在不同范围内的延伸，迎泽区、小店区、榆次区、太谷区、阳泉城区、忻府区等城市群内部不同规模、等级、地位的核心城区，通过物质流、资金流、技术流、信息流等渠道持续衔接与融合，逐步形成了分工合理、协调有序的产业梯度格局和城市梯度格局。在此过程中，产业群和城市群的互动将各相关企业和各相关城市的核心城区紧密联系在一起，构成了合理的产业分工协作体系、资源要素集聚扩散体系和城市空间分布体系，成为以专业化分工和社会化协作为基础，大中小企业及所在的不同城市按照产业链和城市链有机联系，具有整体功能、内部共生互补的经济生态系统。

第四节　本章小结

由于不同城市群的产业分工发展阶段乃至城市群空间布局发展阶段不同，城市群的产业空间分布与发展特征也存在差异。在城市群发展初期，产业集聚能够极大促进生产要素在特定区域的合理配置并产生规模效应。在城市群发展中期，产业空间分布上存在不同情况，有的继续向集聚化发展，有的开始逐渐向分散化发展，形成由产业链条连接的多中心结构。这种集聚或分散的状态对城市群本身发展产生的效用是不同的。但一般而言，产业向中心城市之外的其他节点城市扩散，能够有效促进城市群内部产业链条形成，进而推动城市群本身的发展。

受自然资源禀赋、历史发展基础和旧有产业结构等因素的多重影响，山西中部城市群内部五市的产业结构高度相似，特别是太原、阳泉等城市，高污染、高能耗的煤焦冶电和制造业等工业部门长期在产业结构中占据较大比例，不仅现代服务产业发展缓慢，工业部门中的新能源、新材料、智能装备制造等战略性新兴产业发展也受到阻碍，产业链价值链长期难以向高端化、高附加值化发展。随着内部产业集聚水平的不断提高，经济区和产业链条成为促进山西中部城市群产业一体化发展的重要力量。

在此背景下，山西中部城市群内部的产业体系和功能结构不断转型。太原作为核心城市，其产业链、价值链不断向高端攀升，保持在城市群经济发展中的领先优势。与此同时，附加值较低的产业不断向城市外围区域或阳泉、忻州、晋中等次级城市转移，城市职能、产业、人口等开始向周围区域扩散。这样，原始的产业链、价值链不断分解并在特定的区域范围内重新匹配，形成新的空间分工格局，从而推动山西中部城市群产业一体化从经济区引领的集聚发展阶段转向产业链引领的扩散发展阶段。

第六章　山西中部城市群市场一体化测度及发展模式

当前中国经济发展已进入新阶段，面临着复杂多变的国际形势，畅通国民经济循环、发挥规模市场优势、形成国内国际双循环发展格局成为中国经济发展的焦点。加快推进市场一体化，既有利于促进产品、要素的自由流动，又有利于发挥市场对资源配置的决定性作用，更有利于地区之间的协调稳定发展。因此，积极推进市场一体化进程，对于各地而言都是至关重要的。

要推动山西中部城市群市场一体化向高水平发展，必须要对其市场整合程度的发展现状进行全面分析。首先，本章根据现有的相关文献和数据，从城市间联系度、政府效能同一度、产品市场一体化和要素市场一体化四大构成要素入手，构建了包括 9 个指标层指标和 32 个具体指标的多指标综合评价体系，并收集了 2010—2021 年山西中部城市群 5 个地市的全部数据。其次，使用熵权法和差异系数法对城市间联系度、政府效能同一度和要素市场一体化情况进行研究，深入分析这三大构成要素下指标层指标对一体化的影响；同时，使用克鲁格曼指数和市场分割指数分别衡量地区专业化水平和市场整合程度，并在此基础上利用熵权法确定山西中部城市群的产品市场一体化水平。最后，依据专家对四大构成要素的打分，使用层次分析法确定这些要素的权重，进而在整体上测算山西中部城市群的市场一体化水平。

第一节 山西中部城市群市场一体化发展现状

山西中部城市群作为全省发展态势较好的地区，承载着以习近平同志为核心的党中央对山西发展的关心关怀和殷切期望，极具发展潜力。但其市场一体化发展状况却亟须进一步优化，在此我们分别从产品市场和要素市场两方面对其一体化现状进行分析。

一、产品市场一体化发展现状

产品市场作为商品经济运行的载体和现实表现，是现实经济运行的重中之重，也是市场体系的关键组成部分。在市场经济不断改革的大背景下，山西中部城市群的产品市场也出现了较大变化。如表 6-1 所示，首先，从地区生产总值情况来看，其增加值总量在 2010—2021 年间呈现逐年增加之势，从 2010 年的 4211.66 亿元上涨至 2021 年的 11297.43 亿元，相应地其占山西省地区生产总值的比例虽然在不同年份有微弱波动，但整体比例也在提高，提升了 2.71 个百分点；其次，在社会消费品零售总额方面，山西中部城市群的总量从 2010 年的 1662.75 亿元提升至 2021 年的 3853.10 亿元，基本走出一条上扬线，但其占山西省的总体比例却随着时间的推移而变化，并在 2017 年达到峰值 58.51%，占山西省社会消费品零售总额的一半以上。这两方面的发展现状可在一定程度上说明：这些年山西中部城市群的经济在快速发展，由此出现的生产力的发展也促进了产品市场的不断扩大和社会消费品零售总额的逐年增加；但总量的增加并没有使其占比也得到相应增长，即该城市群的产品市场发展并没有跟上山西的整体发展趋势，存在规模扩大、占比缩小的问题，亟须加以解决。

从产业结构情况来看，如表 6-2 所示，以 2015 年为分界线，在此之前山西中部城市群第二产业占比的平均水平低于山西省整体水平，而第三产业占比的平均水平则高于山西省整体水平，同时吕梁市第二产业占比显著高于其他 4 市，

表 6–1　山西中部城市群地区生产总值和社会消费品零售总额情况表

年份	地区生产总值 / 亿元			社会消费品零售总额 / 亿元		
	山西中部城市群	山西省	占比 /%	山西中部城市群	山西省	占比 /%
2010	4211.66	8903.90	47.30	1662.75	3027.10	54.93
2011	5124.44	10894.41	47.04	1880.87	3903.40	48.19
2012	5639.10	11683.11	48.27	2430.89	4506.80	53.94
2013	5817.13	11987.23	48.53	2547.72	5139.30	49.57
2014	5817.36	12094.71	48.10	2856.54	5717.90	49.96
2015	5833.88	11836.39	49.29	3075.99	5345.10	57.55
2016	6022.58	11946.40	50.41	3313.48	5699.20	58.14
2017	7343.28	14484.27	50.70	3544.97	6058.50	58.51
2018	8424.36	16818.11	50.09	3545.50	6523.30	54.35
2019	8680.22	17026.68	50.98	3822.87	7030.50	54.38
2020	8936.86	17651.93	50.63	3377.10	6746.30	50.06
2021	11297.43	22590.16	50.01	3853.10	7747.30	49.73

一定程度上拉高了山西中部城市群的整体水平，也拉低了其第三产业占比的整体水平；分城市来看，太原市和吕梁市产业结构分别为“三二一”和“二三一”，其他 3 个地市则基本表现为从“二三一”向“三二一”的转变，但在 2021 年再次出现明显的“二三一”状况。这表明：山西作为全国的煤炭大省，产业结构上仍“一煤独大”，这严重影响了除太原市以外其他地市的转型发展，导致这些地市生产的产品重合，产业结构趋同。

表 6-2　山西中部城市群产业结构情况表

年份	第二产业占比 /%						
	山西省	山西中部城市群	太原市	晋中市	忻州市	吕梁市	阳泉市
2010	60.10	53.13	44.70	50.80	41.50	69.20	59.46
2011	62.00	55.81	45.00	52.70	48.20	73.71	59.44
2012	58.70	55.08	43.60	51.80	47.90	73.23	58.89
2013	55.80	53.08	41.90	49.30	45.90	70.60	57.68
2014	52.70	49.32	40.10	45.60	44.10	62.18	54.63
2015	44.10	45.51	37.40	41.60	41.80	56.92	49.83
2016	42.80	44.70	36.80	41.30	41.60	55.79	48.03
2017	45.80	48.38	38.60	45.40	47.20	63.00	47.70
2018	44.30	47.30	37.40	45.30	45.40	61.39	47.03
2019	44.00	46.44	37.80	45.20	43.90	59.75	45.53
2020	43.40	45.94	36.20	45.50	43.40	59.50	45.10
2021	49.60	51.98	41.26	51.20	50.50	65.24	51.70
年份	第三产业占比 /%						
	山西省	山西中部城市群	太原市	晋中市	忻州市	吕梁市	阳泉市
2010	34.20	41.33	53.80	40.60	47.60	25.64	39.01
2011	32.60	39.20	53.60	39.30	42.10	22.03	38.96
2012	35.80	39.98	55.00	39.90	43.10	22.30	39.59
2013	38.40	41.55	56.80	41.60	44.60	24.13	40.63
2014	41.20	44.87	58.60	44.70	45.90	31.59	43.58
2015	49.80	49.13	61.50	48.80	49.40	37.43	48.50
2016	51.10	49.99	62.10	49.10	49.60	38.82	50.31
2017	49.20	47.28	60.50	46.70	45.70	32.70	50.80
2018	51.10	48.59	61.80	47.40	47.80	34.42	51.52
2019	51.10	49.28	61.40	47.90	48.60	35.65	52.83
2020	51.20	49.52	63.00	47.00	48.50	35.60	53.50
2021	44.70	39.45	57.87	40.70	40.80	29.70	46.60

综上所述，山西中部城市群存在产品市场规模扩大、占比缩小和产业结构趋同问题，这说明该城市群的产品市场一体化仍然是低水平的、发展不充分的。

二、要素市场一体化发展现状

要素市场作为整个市场体系的枢纽，是实现资源最优配置的基础条件，也是发挥市场在资源配置中决定性作用的必要条件，在市场交易中扮演着相当重要的角色。而资本、技术、劳动力等作为要素市场的基本组成部分，是山西中部城市群一体化过程中必须考虑的因素，因此可从这几方面来分析其要素市场一体化的发展现状。

（一）资本市场

作为金融市场的重要组成部分，资本市场又被称为长期资金市场，是财富流通的主要场所，也是政府和企业持续运营的重要保障，更是市场正常运行的物质基础，因此是市场一体化过程中的重要一环。

近年来，山西资本市场得到了很大发展，也带动了中部城市群资金市场的持续健康运行。截至 2021 年，中部城市群资本市场发展主要呈现以下几个特点：一是上市公司数量逐年增加，已达到 41 家，但主要分布在太原市；二是企业融资规模再创新高，2021 年首次突破 2000 亿元大关；三是资本市场对实体经济的贡献度不断提高，为山西中部城市群的转型提供了有力的资金支持；四是期货业协会、上市公司协会等资本市场相关行业协会活力提升，资本市场动员大会、山西资本市场人才专场招聘会等活动丰富，资本市场活力增强，促进了资本市场的快速发展。同时，《太原市人民代表大会常务委员会关于支持和保障山西中部城市群高质量发展的决定》，从基础设施建设、生态环境改善、公共服务合作机制等 13 个方面针对山西中部城市群市场一体化高水平发展提出了全方位、多层次的政策体系。不过，虽然近年来山西中部城市群资本市场一体化发展水平有了长足进步，但目前仍存在一些突出问题，主要表现在以下几个方面：一是与其他城市群相比，市场规模相对较小；二是市场结构不合理、不平衡，太原市占主体地位，其他城市发展不够充分；三是市场融资效率不高，资金使用分配不均；四是协调性还较差，不同城市间市场仍缺乏分工合作，同质化问题突出。

（二）技术市场

科技是第一生产力，是衡量一个地区竞争能力的主要因素，也是地方发展的动力源泉，因此技术市场作为科技成果转化为实物、应用于实际的重要途径，是市场经济发展中的关键影响因素。

自2010年以来，山西中部城市群在技术研发上的投入和产出都有了很大进步，其中财政科技支出已从2010年的12.27亿元上升至2020年的40.81亿元，实现了10年翻番，但在山西省所占比重却呈现明显的起伏波动变化，在2014年达到顶峰，占比68.40%；此外，中部5个地市的财政科技支出总量也呈现显著差异，太原市位居榜首，晋中市、忻州市和吕梁市之间的差距相对较小，阳泉市不足太原市的10%。在高新技术应用方面，该城市群的高新技术企业在逐年增加，生产的高新技术产品也在逐年递增，但这种增加也具有显著的地区差异性，太原市远高于其他4个地市。就技术创新而言，用发明专利授权数量来衡量，可以发现太原市不仅是其他4个地市合计数的数倍之多，也是山西省全部发明专利数量的大头，已达到70%以上。总之，山西中部城市群的技术市场在这些年已有了很大发展，但也存在较多问题：科技投入差距很大，资源分配不均匀，投入和产出不成正比，地区差异尤为突出。因此，2022年太原召开的山西省科技创新大会明确提出："要从科技创新的单点优势出发，逐步培育链条优势，最终形成系统优势；从科技创新的后发优势出发，逐步培育比较优势，最终形成竞争优势；从科技创新的应用需求优势出发，逐步培育集成优势，最终形成研发优势。"

（三）劳动力市场

劳动力作为生产要素的组成部分之一，是市场上一切生产活动的主要从事者，因此是要素市场一体化过程中必须考虑的因素。从已有统计公报信息来看，受疫情影响，山西中部城市群的社会从业人员数近年来有所减少，但总体来看，这10多年中该城市群的社会从业人员在不断增加，同时随着科技的进步和新技术的不断应用，其社会劳动生产率有了明显提升。而这种增长和提升又以太原市为最，其他4个地市的进步明显弱于太原市，即由于劳动力的城乡分割和地区分割，该城市群劳动力市场的优化也具有明显的地区差异性。

综上所述，无论是产品市场还是要素市场都存在一定程度的分割，且具有显著的区域差异性，致使市场运行效率低下，这也表明山西中部城市群的市场一体化水平仍然较低，亟须得到进一步发展。

第二节 山西中部城市群市场一体化水平测度

目前，全球经济形势复杂多变，风险挑战不断增加，市场一体化在其中扮演了重要角色，一方面可以促进要素在不同区域自由流动，优化资源配置，另一方面可以进一步解决发展不平衡不充分问题，为经济社会持续健康发展注入活力。因此，测度一个地区的市场一体化水平是非常必要的，可以据此发现一体化过程中存在的问题，进而给出相应的改善建议。

一、指标体系构建

科学的指标体系是进行指标评价和一体化水平测度的基础和前提。本章在借鉴相关文献的基础上，从城市间联系度、政府效能同一度、产品市场一体化和要素市场一体化四方面对山西中部城市群市场一体化水平进行测度。

通过梳理相关文献，并结合实际情况及数据的可获得性，构建涵盖4个维度包括9个指标层共32项指标的评价体系。具体如表6–3所示。

表 6–3　山西中部城市群市场一体化水平评价指标体系

目标层	准则层	指标层	具体指标	单位
市场一体化	城市间联系度	交通通达度	地区生产总值	万元
			年末总人口数	万人
			公共汽电车客运量	万人次
		通信通达度	人均邮电业务总量	元 / 人
			万人互联网用户数量	户
			年末移动电话用户数量占总人口比重	%
	政府效能同一度	财政收支同一度	财政支出占 GDP 比重	%
			财政收入占 GDP 比重	%
		基础设施同一度	人均卫生机构数	个 / 万人
			每百人拥有图书馆藏书量	册
			人均中小学数	所 / 万人
			人均城市道路面积	平方米 / 人
			每万人拥有公共汽车量	辆
	产品市场一体化	克鲁格曼指数	产业活动单位第二产业从业人员数	万人
			产业活动单位第三产业从业人员数	万人
		市场分割指数	食品 CPI	%
			烟酒 CPI	%
			衣着 CPI	%
			家庭设备用品及维修服务 CPI	%
			医疗保健和个人用品 CPI	%
			交通和通信 CPI	%
			娱乐教育文化用品及服务 CPI	%
			住房 CPI	%

(续表)

目标层	准则层	指标层	具体指标	单位
市场一体化	要素市场同一度	资本市场相似度	实际使用外资金额占 GDP 比重	%
			人均金融机构存款余额	元 / 人
			人均金融机构贷款余额	元 / 人
		技术市场相似度	R&D 经费投入强度	%
			财政科技支出占一般公共预算支出比重	%
			科研、技术服务和地质勘查业城镇从业人员数	人
		劳动力市场相似度	城镇非私营单位在岗职工平均工资	元
			比较劳动生产率	—
			社会从业人员占总人口比重	%

二、数据来源与说明

本章所用的统计样本数据，原始数据源于历年《山西统计年鉴》《中国城市统计年鉴》《中国城市建设统计年鉴》，以及各地市历年统计年鉴、国民经济和社会发展统计公报等。对于其中存在的缺失数据，使用插值法、移动平均法和 ARIMA 模型进行推算，以形成完整的面板数据集，同时为消除指标量纲不同而造成的指标无法集成问题，对数据进行标准化处理。

三、测度模型选择

由于评价指标体系中包含的指标较多，使用单一的模型无法实现全面测度，因此本章针对各个指标的特点，对城市间联系度、政府效能同一度和要素市场一体化的部分使用熵权法进行复合，而对产品市场一体化部分使用克鲁格曼指数和市场分割指数进行测度。计算公式如下。

（一）指标测度

1. 基于面板数据的熵权法

设数据为 m 年 n 个地市的 p 个指标，则数据（m，n，p）为一个三维数组，将其二维化为（$m\times n$，p），则 X_{tij} 表示第 t 年地市 i 的第 j 个指标值。具体分析步骤如下。

(1) 标准化

在该模型中，采用极差标准化的方法表示标准化后的值，则有：

$$Y_{tij}=\begin{cases}\dfrac{X_{tij}-\min(X_{tij})}{\max(X_{tij})-\min(X_{tij})} & \text{正向指标}\\ \dfrac{\max(X_{tij})-X_{tij}}{\max(X_{tij})-\min(X_{tij})} & \text{负向指标}\end{cases}$$

(2) 比重计算

第 t 年地市 i 的第 j 个指标值在第 j 个指标下的比重为：

$$P_{tij}=\frac{Y_{tij}}{\sum_{t=1}^{m}\sum_{i=1}^{n}Y_{tij}}$$

(3) 信息熵计算

第 j 个指标对应的信息熵为：

$$E_j=-\frac{1}{\ln(mn)}\sum_{t=1}^{m}\sum_{i=1}^{n}P_{tij}\times\ln(P_{tij})$$

当 $P_{tij}=0$ 或 $P_{tij}=1$ 时，$E_j=0$。

(4) 差异系数计算

第 j 个指标对应的差异系数为：

$$G_j=1-E_j$$

(5) 权重计算

第 j 个指标对应的权重为：

$$W_j=\frac{G_j}{\sum_{j=1}^{p}G_j}$$

(6) 单一指标合成

$$U_{it}=\sum_{j=1}^{q}W_j\ Y_{tij}$$

2.克鲁格曼指数

克鲁格曼指数是用来衡量地区专业化水平的指标，其计算公式为：

$$\mathrm{sp}_i=\sum_{j=1}^{m}\left|S_{ij}-\overline{S_{ij}}\right|$$

其中，sp_i 表示地区专业化水平，$S_{ij}=\frac{X_{ij}}{\sum_{j=1}^{m}X_{ij}}$是 j 产业在 i 地市所占的就业比重，$\overline{S_{ij}}=\frac{\sum_{k\neq 1}X_{ij}}{\sum_{k\neq 1}^{n}\sum_{j=1}^{m}X_{kj}}$为 j 产业在 i 地市以外的其他地市所占的就业比重。

3. 市场分割指数

市场分割指数可以从整体上衡量一个地区的市场整合程度，其计算方式主要分为三种——贸易流法、生产法和价格法，本研究中采用价格法。价格法的理论基础来源于“冰川成本模型”，该模型认为只要相对价格 P_i / P_j的取值范围不超过一定区间，那么两地之间的市场就是整合的。而价格法又有 3 种表达方式：两地的价格之比，即 $Q_{ijt}^{k}=P_{it}^{k}\ /\ P_{jt}^{k}$，这种计算方式缺点较多，使用很少；两地价格之比的对数，即 $Q_{ijt}^{k}=\ln\left(\frac{P_{it}^{k}}{P_{jt}^{k}}\right)$，这种计算方式可以消除量纲的影响，但是应用于环比价格指数较为复杂；两地价格之比对数的一阶差分，即 $\Delta Q_{ijt}^{k}=\ln\left(\frac{P_{it}^{k}}{P_{it-1}^{k}}\right)-\ln\left(\frac{P_{jt}^{k}}{P_{jt-1}^{k}}\right)$，这种计算方式适用于环比价格指数，且与第二种方式是等效的。其中，P_{it}^{k}、P_{jt}^{k}分别表示 i、j 两个地市在 t 时期商品 k 的价格。

基于以上三种计算方式的适用性，本章选取第三种方法。由以上公式，8 类商品、8 对相邻地市 12 年的数据可得到 768 个差分形式的相对价格指标 ΔQ_{ijt}^{k}。由于地市放置顺序不同，Var（ΔQ_{ijt}^{k}）的大小会受到影响，故需要对

ΔQ_{ijt}^{k}取绝对值。因而，本章计算市场分割指数的完整公式如下。

（1）计算相对价格的绝对值：

$$\left|\Delta Q_{ijt}^{k}\right| = \left|\ln\left(\frac{P_{it}^{k}}{P_{it-1}^{k}}\right) - \ln\left(\frac{P_{jt}^{k}}{P_{jt-1}^{k}}\right)\right|$$

（2）使用去均值法消除固定效应的影响：

$$Q_{ijt}^{k} = \left|\Delta Q_{ijt}^{k}\right| = \left|\overline{\Delta Q_{t}^{k}}\right| = (a^{k} - \overline{a^{k}}) + (\varepsilon_{ijt}^{k} - \overline{\varepsilon_{ijt}^{k}})$$

（3）计算相对价格变动部分 Q_{ijt}^{k} 的方差 Var（Q_{ijt}^{k}）。

（4）将 8 对相邻地市间的市场分割指数按地市合并，得到每个地市的市场分割指数，如太原市的市场分割指数是太原与晋中、太原与忻州、太原与吕梁、太原与阳泉之间市场分割指数的平均值。

（二）模型评估

1. 差异系数法

对于指标层下的 9 个指标，除克鲁格曼指数和市场分割指数用平均值来反映其一体化程度外，其他指标均使用变异系数来衡量。差异系数的计算公式为：

$$v = \frac{\sqrt{\dfrac{\sum_{i=1}^{n}(U_{it} - \overline{U_{t}})^{2}}{n}}}{\overline{U_{t}}}$$

对于准则层下的 4 个指标，除产品市场一体化外，其他 3 个指标的下一级指标都是同类的，故而可视为同等重要。因此，在分析其一体化程度时，可以使用对应指标层指标一体化水平的平均值来反映，即将它们赋予相等的权重来计算。同时，指标的相对差异越大，城市间发展的协调性就越差，即一体化水平就越低。而产品市场一体化水平的测度则可以使用熵权法进行单独确定。

2. 层次分析法

层次分析法是一种解决多目标复杂问题的、定性与定量相结合的决策分析方法，应用范围广泛，具有很强的实用性和有效性。本章采用该方法对准则层指标进行权重分配，步骤如下：

第一，建立层次结构模型。

第二，构造判断矩阵。为对指标相对重要性进行量化判断，对各个一级指标进行了两两比较，采用 1—9 标度方法，对不同情况的评比给出数量标度。为保障指标权重设计的科学性和一致性，专家打分过程采用多轮对比的形式进行，即完成某轮次打分后，将全体专家打分结果匿名反馈给打分专家，该专家参考本轮打分结果进行本人打分调整并给出下一轮次打分，直至专家组打分结果趋于一致。对于一致性打分的指标，选其平均值作为最终分数；而对于侧重方向有分歧的指标，则综合讨论后选取一方平均分作为最终分数。依照上述原则，综合多方意见，最终确定的判断矩阵见表 6–4。

表 6–4 判断矩阵

指标	城市间联系度	政府效能同一度	产品市场一体化	要素市场一体化
城市间联系度	1	8	4	2
政府效能同一度	1/8	1	1/4	1/5
产品市场一体化	1/8	4	1	1/2
要素市场一体化	1/2	5	2	1

第三，进行一致性检验并确定权重。利用判断矩阵进行计算，可得到 CR=0.017＜0.10，故认为层次总排序通过一致性检验。最终确定准则层的权重如表 6.5 所示。

表 6-5 准则层指标赋权结果

准则层	城市间联系度	政府效能同一度	产品市场一体化	要素市场一体化
权重	0.519	0.052	0.154	0.275

从指标赋权结果来看，专家大多认为城市间联系度是市场一体化的关键影响因素，要素市场一体化和产品市场一体化其次，而政府效能同一度的影响则较小。

四、山西中部城市群分模块一体化水平测度

在对山西中部城市群市场一体化水平进行整体测度前，可先对其进行分模块分析，以从中找出市场一体化中存在的优势和短板。

（一）城市间联系度

表 6-6 山西中部城市群交通通达度情况

年份	太原市	晋中市	忻州市	吕梁市	阳泉市	差异系数
2010	0.541	0.125	0.074	0.132	0.121	0.868
2011	0.727	0.137	0.082	0.145	0.144	0.977
2012	0.676	0.146	0.085	0.149	0.163	0.893
2013	0.675	0.151	0.097	0.150	0.170	0.862
2014	0.653	0.169	0.097	0.151	0.153	0.840
2015	0.663	0.224	0.094	0.141	0.156	0.814
2016	0.627	0.244	0.095	0.154	0.139	0.769
2017	0.612	0.166	0.106	0.173	0.167	0.756
2018	0.626	0.181	0.106	0.177	0.155	0.766
2019	0.619	0.179	0.104	0.183	0.159	0.753
2020	0.520	0.160	0.097	0.177	0.124	0.717
2021	0.669	0.189	0.120	0.197	0.123	0.798

由表 6–6 数据可知，山西中部城市群的交通通达度在 2010—2021 年期间变异系数都比较大，位于 0.700 以上，即一体化程度较低。其中，2011 年为最，达到 0.977，但在之后的 2011—2020 年间有了小幅度的改善，从 0.977 下降至 0.717，减少了 0.260。分地市来看，太原市作为山西的省会城市，交通通达度最高，其综合得分都在 0.500 以上；晋中市、吕梁市和阳泉市的差距不大，其综合得分在（0.120，0.200）这一范围内小幅度波动，但有所差异的是晋中市和吕梁市整体情况在这 11 年中有所改善，阳泉市则在短暂的改善之后于最近两年再次出现恶化；忻州市的交通通达度虽然在这些年总体有所改善，但其综合得分大多在 0.100 以下，2017 年、2018 年最高也仅有 0.106，不到其他地市的最低值。这表明山西中部城市群的交通通达度整体协调性较差，一体化程度不高，其中太原市作为山西的省会城市，遥遥领先于其他地市。

表 6–7　山西中部城市群通信通达度情况

年份	太原市	晋中市	忻州市	吕梁市	阳泉市	差异系数
2010	0.264	0.070	0.010	0.042	0.122	0.877
2011	0.212	0.072	0.030	0.019	0.091	0.816
2012	0.251	0.078	0.045	0.038	0.116	0.737
2013	0.237	0.121	0.058	0.059	0.129	0.540
2014	0.304	0.129	0.066	0.073	0.144	0.601
2015	0.295	0.108	0.071	0.074	0.156	0.588
2016	0.290	0.341	0.104	0.078	0.154	0.538
2017	0.347	0.125	0.100	0.112	0.185	0.528
2018	0.587	0.228	0.134	0.200	0.274	0.554
2019	0.792	0.308	0.138	0.298	0.361	0.578
2020	0.944	0.430	0.159	0.368	0.428	0.556
2021	0.343	0.525	0.196	0.176	0.376	0.395

表 6-7 数据显示：山西中部城市群的通信通达度差异在 2010—2021 年间有了明显的缩小，从 2010 年的 0.877 减小至 2021 年的 0.395，降低了 54.96%。从综合得分来看，这 5 个地市的通信情况在这 11 年中都有所改善，其中太原市在 2017 年之前的改善幅度较小，之后呈现明显的倒 V 形，在 2020 年达到峰值 0.944；晋中市除在 2016 年比较突出为 0.341 外，其他年份均表现为持续稳定的小幅增长；忻州市从 2010 的 0.010 上升至 2021 年的 0.196，走出了一条稳定的“上扬线”；而吕梁市和阳泉市则有着相同的变化趋势，从 2010 年上涨至 2020 年，分别达到峰值 0.368 和 0.428，之后一年出现了一定程度的下降，但阳泉市的通信情况一直优于吕梁市。即山西中部城市群的通信通达度虽然在最初几年的协调性较差，但随着时间的推移，其一体化程度在不断提高，同时太原市的通信通达度最高，阳泉市其次，晋中市第三，忻州市和吕梁市差距不大。

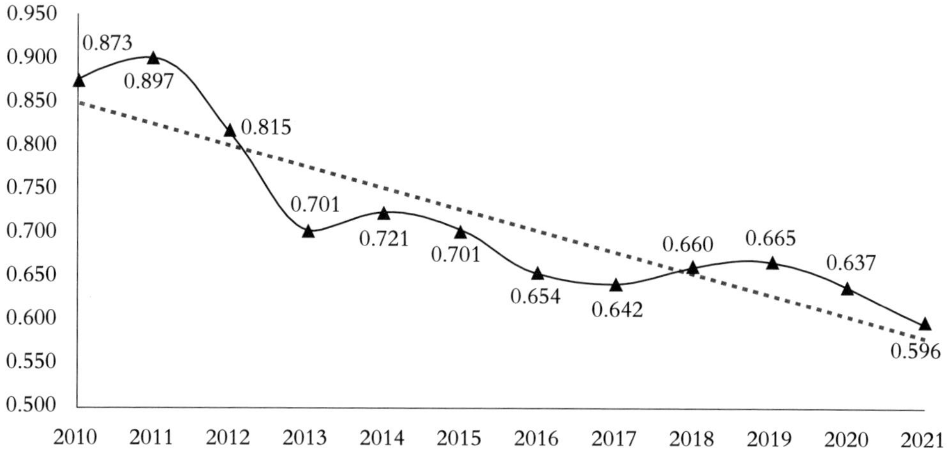

图 6-1　山西中部城市群城市间联系度（2010—2021 年）

对山西中部城市群的交通通达度和通信通达度进行综合分析，可得到城市间联系度，如图 6-1 所示。从趋势线来看，山西中部城市群整体的城市间联系度正在不断加强，其差异度已从 2010 年的 0.873 下降至 2021 年的 0.596，缩小了 31.73%。但综合来看，这种协调性的改善并不是稳定的，而是呈“山峰式”

递增，即其一体化的过程是有峰值存在的，偶尔会出现恶化。此外，整体水平也不高。

（二）政府效能同一度

表 6–8　山西中部城市群财政收支同一度情况

年份	太原市	晋中市	忻州市	吕梁市	阳泉市	差异系数
2010	0.268	0.383	0.654	0.422	0.370	0.305
2011	0.314	0.422	0.624	0.420	0.368	0.244
2012	0.372	0.503	0.696	0.613	0.419	0.231
2013	0.440	0.611	0.788	0.767	0.323	0.310
2014	0.431	0.610	0.801	0.363	0.311	0.357
2015	0.460	0.553	0.805	0.633	0.342	0.281
2016	0.420	0.473	0.731	0.653	0.277	0.320
2017	0.398	0.511	0.642	0.623	0.129	0.407
2018	0.416	0.586	0.612	0.787	0.366	0.271
2019	0.436	0.683	0.748	0.810	0.397	0.272
2020	0.414	0.719	0.772	0.798	0.415	0.277
2021	0.318	0.489	0.603	0.588	0.231	0.332

由表 6–8 数据可知，山西中部城市群财政收支同一度在 2010—2021 年虽有小幅波动，但整体变异系数较小，除 2017 年为 0.407 外，其他几年都在0.400以下，这表明山西中部城市群的财政收支情况是相对接近的，一体化程度也较高。分地市来看，太原市和阳泉市的财政收支同一度综合得分都较低，其取值范围基本在（0.300，0.500）之间，偶尔会在 0.300 以下；晋中市综合得分高于太原市和阳泉市，但也存在一定幅度的波动，表现为伸展的“M”形，即 2013 年和 2020 年综合得分相对较高，分别为 0.611、0.719；忻州市和吕梁市的综合得分虽高，但波动较为频繁，且范围较大，分值大小也是交替变化的。总之，山西

中部城市群在财政收支方面的协调性较高，但各个地市的综合得分在不同年份的波动比较多变，各有特点。

表 6–9　山西中部城市群基础设施同一度情况

年份	太原市	晋中市	忻州市	吕梁市	阳泉市	差异系数
2010	0.303	0.396	0.143	0.129	0.193	0.438
2011	0.350	0.125	0.123	0.081	0.201	0.540
2012	0.369	0.127	0.128	0.075	0.201	0.570
2013	0.424	0.137	0.123	0.070	0.209	0.645
2014	0.433	0.229	0.096	0.064	0.214	0.627
2015	0.450	0.130	0.095	0.053	0.222	0.745
2016	0.490	0.129	0.092	0.074	0.244	0.749
2017	0.514	0.145	0.114	0.087	0.262	0.697
2018	0.520	0.190	0.116	0.100	0.281	0.636
2019	0.563	0.206	0.118	0.110	0.271	0.655
2020	0.516	0.194	0.121	0.114	0.277	0.605
2021	0.463	0.318	0.299	0.272	0.383	0.199

由表 6–9 数据可知：山西中部城市群基础设施同一度的差异系数因时间推移而表现为“缓慢递增—相对稳定—小幅递减—大幅递减”，即基础设施情况的协调性在随时间不断变化，2010—2015 年在恶化，2015—2016 年相对稳定，之后几年持续改善，尤其 2020 年表现得更为突出，从 0.605 下降至 0.199，降低了 0.406。从综合得分来看，这几个地市的基础设施情况都较差——太原市作为山西的省会城市，综合得分虽然远高于其他几个地市，但其分值也仅在 2017—2020 年在 0.500 以上，其他年份都在 0.500 以下；阳泉市在此方面的发展虽不及太原市，但也优于其他 3 个地市，其综合得分除 2021 年最高为 0.383 以外，之前 10 年都在（0.200，0.300）之间徘徊；晋中市的基础设施情况在五市中处于

中等位置，变化较多，相继出现“恶化—平稳—改善—恶化—改善”现象；而忻州市和吕梁市无论从变化趋势还是得分情况来看都较为相似，但忻州市的得分在各年都略高于吕梁市。这表明山西中部城市群的基础设施发展无论是在各地市内部还是各地市之间都需要得到提升。

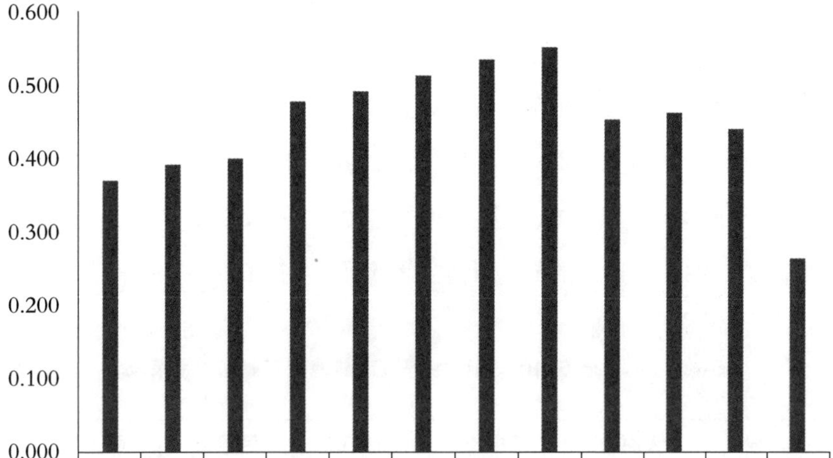

	2010	2011	2012	2013	2014	2015	2016	2017	2018	2019	2020	2021
■政府效能同一度	0.371	0.392	0.400	0.478	0.492	0.513	0.534	0.552	0.454	0.463	0.441	0.266

图 6-2　山西中部城市群政府效能同一度（2010—2021 年）

综合分析山西中部城市群的财政收支同一度和基础设施同一度，可以得到政府效能同一度，如图 6-2 所示。可以看出，2010—2017 年间山西中部城市群政府效能同一度在逐年减弱，其指标值从 2010 年的 0.371 上升至 2017 年的 0.552，增长了 0.181；在 2017 年之后，政府效能同一度出现了大幅提升，至 2021 年其值为 0.266。这说明山西中部城市群在政府职能协调性方面虽然有过一段时间的恶化，但近几年已得到了显著改善，至 2021 年这种协调性已比 2010 年时更强。

（三）产品市场一体化

地区专业化水平使用克鲁格曼指数来衡量，可以表明某个地区的分工协作性，专业化水平越高，节约的社会劳动越多，相应的劳动生产率也越高。如表6–10所示，从平均水平上看，山西中部城市群的地区专业化水平在逐年降低，已从2010年的0.327下降至2021年的0.153，不到2010年的一半，这可能是由于产品的多样化和多元化生产造成的。从各地市的综合得分来看，太原市在这11年中专业化水平变化较小，其综合得分基本在（0.150，0.300）之间波动；晋中市专业化水平的变化趋势与山西中部城市群的整体变化趋势相似，也在逐年递减，同时在2012—2018年表现比较明显；忻州市和吕梁市2010—2021年变动较为频繁，不过具体状况不尽相同，忻州市在2018—2020年变动比较剧烈，于2019年达到顶峰0.256，吕梁市则在2013—2015年变动较大，于2014年达到峰值0.385；阳泉市的专业化水平经历了“下降—提升—再下降—平稳”4个

表6–10　山西中部城市群地区专业化水平情况

年份	太原市	晋中市	忻州市	吕梁市	阳泉市	均值
2010	0.268	0.608	0.148	0.270	0.343	0.327
2011	0.276	0.577	0.123	0.242	0.321	0.308
2012	0.204	0.594	0.144	0.222	0.322	0.297
2013	0.153	0.510	0.185	0.197	0.196	0.248
2014	0.149	0.405	0.144	0.385	0.223	0.261
2015	0.200	0.303	0.098	0.132	0.308	0.208
2016	0.177	0.337	0.059	0.129	0.364	0.213
2017	0.150	0.210	0.041	0.161	0.400	0.192
2018	0.148	0.132	0.022	0.175	0.386	0.173
2019	0.206	0.110	0.256	0.127	0.371	0.214
2020	0.241	0.082	0.119	0.232	0.103	0.155
2021	0.236	0.085	0.117	0.221	0.105	0.153

阶段，波动较为明显，最高值在 2017 年，为 0.400。综合来看，山西中部城市群整体的专业化水平在不断降低，各地市的情况则各有不同，但其水平都不高，需要得到进一步提高。

表 6-11　山西中部城市群市场整合程度情况

年份	太原市	晋中市	忻州市	吕梁市	阳泉市	均值
2010	0.00055	0.00066	0.00055	0.00077	0.00057	0.00062
2011	0.00039	0.00056	0.00042	0.00035	0.0008	0.00050
2012	0.00014	0.00010	0.00014	0.00007	0.00009	0.00011
2013	0.00008	0.00006	0.00009	0.00009	0.00008	0.00008
2014	0.00006	0.00005	0.00009	0.00010	0.00006	0.00007
2015	0.00014	0.00010	0.00019	0.00015	0.00011	0.00014
2016	0.00011	0.00023	0.00015	0.00027	0.00014	0.00018
2017	0.00012	0.00012	0.00015	0.00018	0.00011	0.00013
2018	0.00037	0.00046	0.00029	0.00033	0.00039	0.00037
2019	0.00015	0.00018	0.00027	0.00023	0.00017	0.00020
2020	0.00010	0.00017	0.00019	0.00015	0.00023	0.00017
2021	0.00010	0.00014	0.00022	0.00008	0.00024	0.00015

市场分割指数可以反映某个地区的市场整合程度，地区范围越大，指数值越大，市场整合程度就越低，即市场一体化水平就越低。如表 6-11 所示，从平均水平来看，山西中部城市群的市场分割指数都在 0.00100 以下，这表明该地区的市场整合程度是非常高的，这可能是由于 5 个地市的地理位置很接近，导致它们的产品价格差距很小，因而一体化程度很高。分地市来看，5 个地市的市场分割指数相差很小，每一年的差值都不超过 0.00030，且它们基本拥有相同的变化趋势，与山西中部城市群的整体变化趋势也相似，在 2010—2014 年市

场整合程度明显得到提升，2014 年之后则表现为不断波动，并在 2018 年达到峰值，市场分割最严重。综合来看，山西中部城市群的市场整合程度很高，且与各地市的变化趋势基本保持一致。

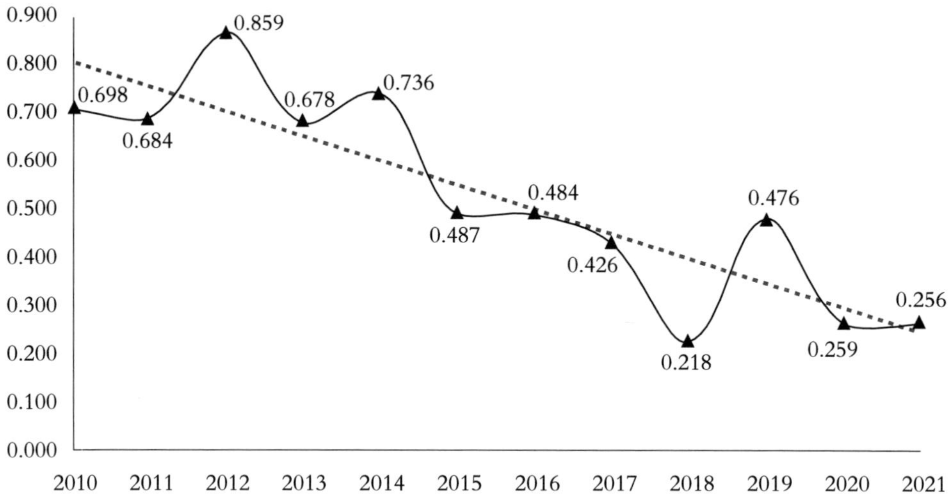

图 6-3　山西中部城市群产品市场一体化（2010—2021 年）

由于地区专业化水平是正向指标，市场整合程度是逆向指标，故而产品市场一体化水平的测度不能使用差异系数或均值直接来计算，熵权法较为合适。图 6-3 显示，山西中部城市群市场一体化水平没有稳定的变化趋势，而是表现为波浪式波动，且随着时间的推移呈现明显下降趋势，由 2010 年的 0.698 降低至 2021 年 0.256，即截至 2021 年山西中部城市群的产品市场一体化水平不足 2010 年的一半，这可能是由于地区专业化水平降低，导致市场分工协调性不足，进而导致产品市场的差异性越来越大。

（四）要素市场一体化

由表 6-12 数据可知，山西中部城市群的资本市场差异度很高，尤其在 2010 年，其差异系数已在 1.000 以上，之后几年虽有所降低，但幅度并不大，

表 6–12　山西中部城市群资本市场相似度情况

年份	太原市	晋中市	忻州市	吕梁市	阳泉市	差异系数
2010	0.361	0.041	0.002	0.069	0.048	1.251
2011	0.468	0.055	0.023	0.221	0.216	0.804
2012	0.523	0.087	0.032	0.332	0.249	0.721
2013	0.586	0.120	0.043	0.137	0.274	0.828
2014	0.631	0.193	0.060	0.040	0.281	0.888
2015	0.628	0.212	0.067	0.023	0.330	0.861
2016	0.604	0.233	0.069	0.029	0.344	0.813
2017	0.597	0.225	0.079	0.041	0.135	0.931
2018	0.613	0.209	0.089	0.338	0.144	0.669
2019	0.662	0.177	0.096	0.098	0.172	0.884
2020	0.720	0.201	0.123	0.158	0.219	0.776
2021	0.580	0.209	0.127	0.105	0.242	0.679

最小值为 2018 年的 0.669。分地市来看，太原市的资本市场相似度综合得分最高，即太原市资本市场一体化水平远高于其他 4 个地市，且在 2010—2021 年间基本呈现稳定的增长趋势；晋中市的综合得分虽与太原市相差较远，但却与太原市拥有相似的变化趋势，即持续稳定的小幅提升；忻州市的资本市场相似度虽然也在逐年增强，但其综合水平在这 5 个地市中却是最低的，除 2020 年和 2021 年在 0.100 以上外，其他几年都在该水平之下；吕梁市和阳泉市在此方面的发展趋势与其他三市有所不同，没有表现为持续上升，而是随着时间变化呈现起伏波动之势，且整体水平在这 10 多年中没有显著改善。总之，山西中部城市群的资本市场一体化水平较低，各地市的综合水平除太原市之外也都不高。

表 6-13 山西中部城市群技术市场相似度情况

年份	太原市	晋中市	忻州市	吕梁市	阳泉市	差异系数
2010	0.668	0.186	0.070	0.061	0.169	0.971
2011	0.723	0.176	0.068	0.067	0.117	1.084
2012	0.692	0.141	0.088	0.054	0.126	1.080
2013	0.787	0.154	0.092	0.064	0.146	1.092
2014	0.835	0.142	0.062	0.033	0.157	1.214
2015	0.681	0.136	0.066	0.031	0.107	1.180
2016	0.564	0.140	0.068	0.030	0.120	1.051
2017	0.687	0.165	0.101	0.052	0.158	0.993
2018	0.781	0.172	0.074	0.052	0.087	1.190
2019	0.768	0.210	0.103	0.131	0.188	0.881
2020	0.877	0.245	0.079	0.089	0.196	1.000
2021	0.837	0.182	0.104	0.083	0.206	0.996

由表 6-13 数据可知，山西中部城市群的技术市场差异度极大，其差异系数仅有 4 年在 1.000 以下，但也非常接近该值，这表明山西中部城市群 5 个地市的技术发展是非常不平衡、不协调的。从综合得分来看，太原市作为山西的省会城市，在技术方面的发展遥遥领先于其他 4 个地市，其得分除 2016 年为 0.564 外，其他年份都在 0.650 以上，这表明太原市的技术水平相对其他四市是非常高的，处于领跑的第一梯队；晋中市和阳泉市得分相差较小，取值范围都在（0.100，0.200）之间，但它们的变化趋势有所不同，晋中市相对平稳，阳泉市在 2017 年后的波动较大；忻州市和吕梁市综合得分相差较小，取值都在（0.020，0.100）之间波动，变化趋势也相似，但忻州市在大多年份都略高于吕梁市。综合来看，山西中部城市群技术市场的一体化水平很低，5 个地市可以分为明显的三层：太原市领跑，晋中市和阳泉市居中，忻州市和吕梁市排末位。

这种现象的发生，可能与各地市的经济发展水平相关——经济发展水平越高，在技术方面的投入就越多，那么该地区的技术水平就相对越高。

表 6–14　山西中部城市群劳动力市场相似度情况

年份	太原市	晋中市	忻州市	吕梁市	阳泉市	差异系数
2010	0.392	0.112	0.015	0.114	0.231	0.748
2011	0.440	0.162	0.071	0.207	0.290	0.534
2012	0.476	0.198	0.104	0.324	0.333	0.442
2013	0.474	0.215	0.127	0.242	0.305	0.425
2014	0.497	0.223	0.143	0.215	0.302	0.440
2015	0.570	0.237	0.159	0.189	0.303	0.505
2016	0.676	0.256	0.179	0.204	0.331	0.550
2017	0.760	0.314	0.235	0.276	0.461	0.467
2018	0.836	0.349	0.275	0.313	0.519	0.451
2019	0.804	0.363	0.297	0.325	0.507	0.407
2020	0.789	0.477	0.452	0.402	0.488	0.263
2021	0.703	0.528	0.509	0.542	0.541	0.125

表 6–14 显示，山西中部城市群的劳动力市场差异程度显著小于资本市场和技术市场，其最高值在 2010 年为 0.748，最低值在 2021 年为 0.125，几乎是 2010 年的 1/6，并且总体呈现明显的下降趋势，这表明山西中部城市群劳动力市场的一体化水平较高，且在随着时间的推移而不断提高。分地市来看，太原市的劳动力市场综合得分最高，其取值从 2010 年的 0.392 上升至 2018 年达到峰值 0.836，之后几年又出现了小幅度下降，截至 2021 年为 0.703；阳泉市其次，其综合得分从 2010 年的 0.231 增长至 2018 年的 0.519，之后两年则趋于平稳，但在 2021 年再次出现增长，并达到这 10 多年的峰值 0.541，是 2010 年的2 倍之

多；晋中市和吕梁市的综合得分呈现大小交替现象，在 2014 年之前吕梁市得分高于晋中市，而在此之后晋中市反超吕梁市，直至 2021 年二者得分基本趋同，分别为 0.528、0.542，仅相差 0.014；忻州市基本排在末尾，但其增长趋势稳健且显著，从 2010 年的 0.015 上升至 2021 年的 0.509，上涨了 30多倍，是这 5 个地市中增速最快的。总之，山西中部城市群的劳动力市场一体化水平相对其他两要素市场的一体化水平高很多，且在随着时间推移而不断提高，但分地市的情况也有明显的等级差距。这可能与各地市的交通便利性有关，交通通达度越高，劳动力流动越容易，从而其一体化程度也越高。

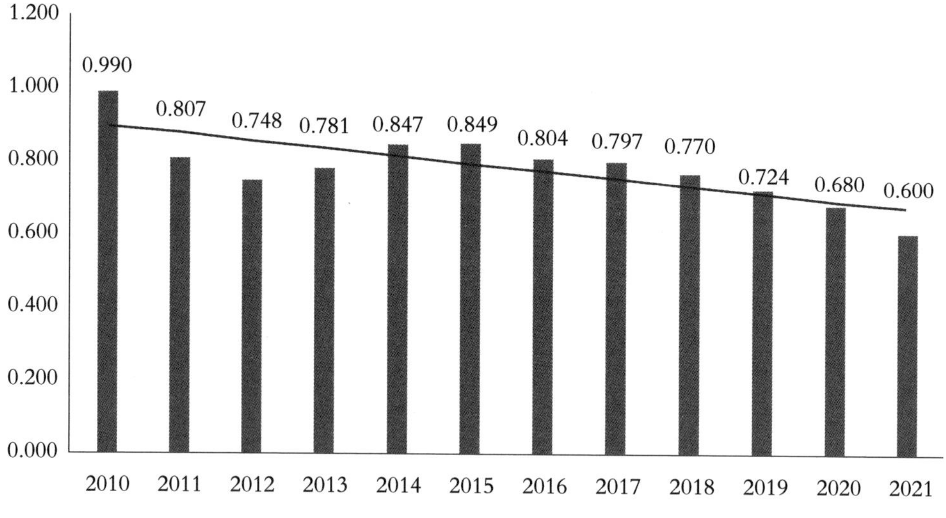

图 6–4　山西中部城市群要素市场一体化（2010—2021 年）

综合分析山西中部城市群的资本市场相似度、技术市场相似度和劳动力市场相似度，可得到要素市场一体化水平，如图 6–4 所示。从发展趋势来看，山西中部城市群要素市场一体化水平在 2010—2021 年间虽有微小波动，但总体呈上升之势，其差异系数从 2010 年的 0.990 下降至 2021 年的 0.600，降低了 0.390。从整体指标值来看，其取值大多在 0.700—0.800 之间，这表明山西中部城市群要素市场一体化水平仍然较低——劳动力市场一体化水平的提高虽然在一定程度上拉高了整个要素市场的一体化水平，但资本市场和技术市场过高的差异度，依旧使整个要素市场的一体化程度无法得到显著改善。

五、山西中部城市群市场一体化水平测度

在对山西中部城市群和 5 个地市各方面的综合得分及一体化程度进行详细分析后，需要对整体的市场一体化水平进行测度。城市间联系度、政府效能同一度和要素市场一体化都是使用差异系数来衡量其一体化程度的，是逆向指标，而产品市场一体化是使用熵权法计算的综合得分衡量其一体化程度的，是正向指标，因此在计算整体市场一体化水平时，需要先对逆向指标取倒数，将其正向化，之后才能进行计算。具体结果如下。

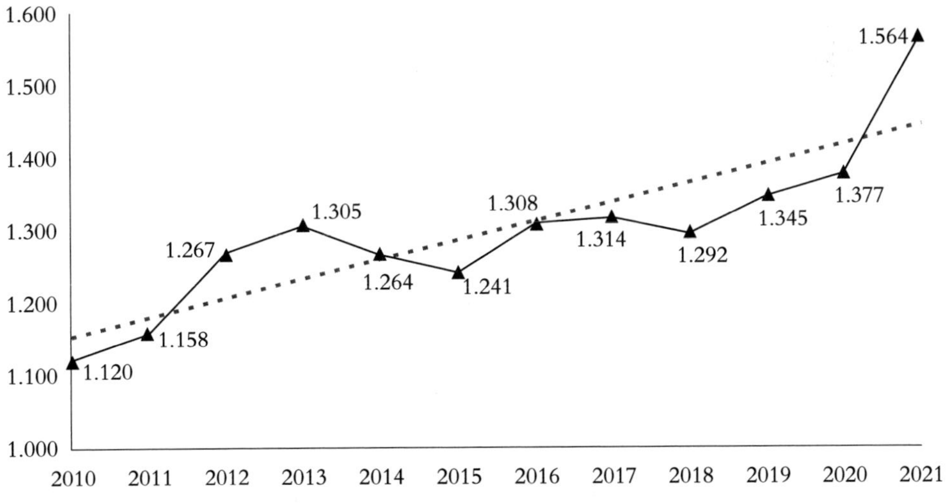

图 6-5　山西中部城市群市场一体化水平（2010—2021 年）

由图 6-5 可知，从山西中部城市群市场一体化水平的发展趋势来看，该城市群在 2010—2021 年市场一体化水平以 2013 年和 2018 年为拐点，呈现明显的三段式特征，在 2013 年之前、2018 年之后为快速发展阶段，中间为缓慢发展阶段。此外，四大构成要素的权重分别为城市间联系度 0.519、政府效能同一度

0.052、产品市场一体化 0.154、要素市场一体化 0.275，即在这 11 年中，城市间联系度对市场一体化水平的影响最大、要素市场一体化次之、产品市场一体化第三、政府效能同一度影响最小。这表明四大构成要素发展不均衡，使该城市群 2010—2021 年市场一体化发展协调性不足，目前还处于由城市间联系度做主要支撑、政府效能同一度为制约因素的初步发展阶段。但总体来看，山西中部城市群市场一体化水平在波动中有一定程度的提高，从 2010 年的 1.120 上升至 2021 年的 1.564，增长了 39.64%。

综上所述，山西中部城市群在城市间联系度上的一体化程度是不断提升的，2021 年（差异度 0.596）与 2010 年（差异度 0.873）相比，下降了 31.73%；在政府效能同一度上的一体化水平也是提高的，2010 年为 0.371，2021 年为 0.265，改善了 28.57%；与前两者不同，在产品市场一体化方面，该城市群的一体化水平有显著的降低，从 2010 年的 0.698 减小至 2021 年的 0.256，缩小了 63.32%；而要素市场一体化的水平也是提高的，其差异系数从 2010 年的 0.990 减小至 2021 年的 0.600，提升了 39.39%。总体来看，山西中部城市群的市场一体化水平呈波动式上升，即该城市群的市场整合程度越来越高了。

第三节　山西中部城市群市场一体化发展模式选择

前文分析显示：山西中部城市群及其五地市在城市间联系度、政府效能同一度、产品市场一体化和要素市场一体化上的发展情况各有不同，因此在选择市场一体化模式时不能一概而论，需要根据各自的特点进行差异化选择。

一、市场一体化发展模式

参考李琳（2019）的研究，本书以市场一体化形成机制为基础，将市场一体化发展模式分为四大类。

（一）交通通信模式

交通通信网络构筑了城市群空间发展骨架，城市群内产品和要素沿着交通通信网络流动，促进城市群内城市协同发展，推进市场一体化进程。交通通信模式的选择，主要依据产品和要素的运输需求特点与需求规模及其发展趋势。不同发育程度的城市群，其需求规模和特点不同，城市群交通通信模式的选择随着城市群发展阶段的变化而逐步优化，这是从城市群发展的纵向考虑。

运输需求不大的城市群发展初期，主要依托公路运输，关注中心城市间的快速连接以及中心城市与周边城市的通达程度；运量快速增长的城市群发展中期，交通模式逐渐转向以公路运输和轨道交通为主，轨道交通重要性显著增强；城市群发展成熟期，应形成以轨道交通为主的集约型交通模式，以缓解交通压力和资源环境约束压力。根据不同发展阶段城市群运输需求特点和运输需求规模，可将城市群交通模式分为以下三种。

1. 公路客运为主交通模式

这种交通模式，一方面私人汽车的普及程度较低，对公共运输的依赖性较强，另一方面受限于居民收入水平和地方财政收入水平，交通费用不足，因此应以公共运输为中心，以此实现城市群主要城市间的快速直达和城市群内基本出行条件的改善。适用于发育初期的区域性城市群。

2. 轨道高速并行交通模式

此交通模式重在依托高速公路和高等级公路发展公共客运和专业化货物运输，同时适度发展城际轨道交通，逐步以轨道交通代替部分高速公路客运，实现快速高效客运模式，引导分散的私人交通和个体运输向集约型交通方式转变。适用于处在运量规模快速扩大的过渡时期的区域性大城市群。

3. 复合型交通模式

此交通模式以发达的轨道交通和公路网络为主要依托，意在提供安全、舒适、便捷的公共客运服务和经济、快捷的专业化货运服务，强调公共化交通在整个交通网络中的主体作用，实现节约型交通模式的发展。适用于运输需求和运输规模极大的国家级特大城市群，具有多样化特征。

（二）区域政策协调模式

区域市场一体化不仅意味着货物、服务、人员、资本可以完全自由流动，而且要求地方辖区内外的要素或产品持有者享有平等的市场准入条件和机会，需要地方政府制定协调的经济发展政策。根据各级政府在政策制定和实施中的权力分配机制，可以将区域政策协调模式分为集权、平行、序贯、单边四种。

1. 集权模式

集权模式是指通过行政区划改革、区域政府间合作组织等方式，实现行政区行政向区域行政的转变。优点在于市场整合程度较高，协调损失较小，缺点在于上下级政府之间存在严重的信息不对称，制定的政策存在信息损失，故而可行性不大。

2. 平行模式

平行模式是指上级政府赋予各地区政府同时制定政策的权力，优点在于具有较高的区域经济效益，缺点在于市场整合程度有限，因此适用于双方市场一体化对重要程度差异较小的情形。

3. 序贯模式

序贯模式是指某地区政府先制定政策，另一地区政府随后制定政策，其优点与缺点和平行模式相同，但适用情形不同，适用于双方市场一体化重要程度差异较大的情形。

4. 单边模式

单边模式是指上级政府指定某一地区负责制定两个地区的经济政策，优点在于能够实现区域市场完全一体化，但缺点也比较明显——单一政策与非中心地区实际不符会带来巨大的效率损失，故而可行性也不强。

（三）产品和要素市场整合模式

经济政策与公共投资政策是市场一体化的保障，产品和要素市场一体化是市场一体化的最终目标。根据市场和政府在一体化过程中的作用，以人力资源市场城乡一体化为例，可将市场一体化模式分为市场主导模式和政府主导模式两种。

1. 市场主导模式

该模式是自下而上的，更注重市场机制的引导，是在市场发展的作用下，通过工业化发展，基于城市现代化工业行业工资高于传统农业，吸引农村劳动力向城市转移；农业现代化紧随其后，形成工农业相协调的良性产业互动，实现人力资源在城乡之间、农业与非农业产业之间的合理配置，再加上相关制度的不断完善，最终形成城乡统一的人力资源市场。适用于资源充足、工业化起步早、工业基础雄厚、自由平等思想占主导地位的国家，如英美。

2. 政府主导模式

该模式是自上而下的，更强调政府的导向作用，是政府通过制定优先发展工业的战略，大力发展劳动密集型产业，引导农村剩余劳动力向城市有序转移；当工业化发展到一定阶段后，再通过政策导向，实施以城带乡、以工促农的方针，推动农业现代化，提高农业生产效率。在此过程中积极制定各类法律法规，保障城乡劳动者的合法权益，最终建成城乡统一的人力资源市场。适用于自然资源匮乏、工业化起步晚、经济基础薄弱、强度服从和忠诚的国家，如日韩。

（四）市场一体化综合模式

城市群市场一体化不是单一推进的过程，而是城市群交通通信网络化、政府间交流合作不断深化以及产品要素市场一体化多维度协同推进的过程，因此在选择市场一体化模式的时候应进行多维度的考虑。据此，可以提出城市群市场一体化综合模式，并将其分为 3 个阶段。

1. 起步阶段

①对于交通通信模式的选择：这一阶段交通运输需求量较小，主要是中心城市之间及中心城市与周边城镇之间的需求，跨区域的城镇之间及城镇与农村之间的需求相对较小，因此应重点构建中心城市之间及中心城市与周边城镇之间的交通网络，积极发展公共客运，以公路客运为主，逐步完善高速公路网络，同时依托过境铁路承担部分公共客运职能，货运主要由铁路运输和水运承担。②对于区域政策协调模式的选择：这一阶段城市群内城市间市场一体化水平较低，协同性严重不足，不同区域市场一体化重要程度不一致，因此适用“序贯模式”。具体而言，区域中经济发达地区先制定政策，发挥其引领作用，经济欠发达地区根据前者的政策制定相应配套政策，以实现区域内政策制定的合理、协调、高效。③对于产品和要素市场整合模式的选择：这一阶段市场机制发展尚不成熟，区域间市场一体化水平差异较大，因此要充分发挥政府的引导和协调作用，形成以政府为主导的产品和要素市场整合模式。

2. 推进阶段

①对于交通通信模式的选择：这一阶段由于市场一体化水平有了一定提高，且处于快速发展时期，中心城市之间及中心城市与周边城镇之间的交通运输需求持续增长，跨区域城镇之间及城镇与农村之间的交流日渐频繁，交通运输需求快速增长，人口流动量日渐增大，区域间的货物贸易量也急速扩张，因此在丰富中心城市间交通方式的同时要重视跨区域城镇间及城镇与农村间的交通路径规划，构建区域内多层次的交通网络。此外，由于以公路为主的客运模式和以铁路和水运为主的货运模式难以满足市场一体化需要，故而需要逐步以轨道交通代替部分高速公路客运，货运以高速公路为主，提高运输量和运输速度。②对于区域政策协调模式的选择：这一阶段市场一体化程度逐渐提高，协同性增强，但不同区域市场一体化重要程度仍有一定差异，除了需要继续实行序贯模式外，还要发挥政府在政策制定过程中的积极作用，逐步形成区域性的政策

协调机构。③对于产品和要素市场整合模式的选择：这一阶段市场机制成熟度有一定提高，但仍然不足以成为城市群经济发展的单一支撑，需要在逐步依靠市场机制实现经济协调发展的同时，发挥政府宏观调控的作用。

3. 成熟阶段

①对于交通通信模式的选择：这一阶段随着市场一体化水平提高，区域内部多层次的运输需求持续增长，资源环境压力也随之增大，应在进一步铺开交通网络的同时，实行以轨道交通为主的集约型交通模式，客运以轨道交通、高速公路为主，货运以普通公路为主，并借助航空和水运网络，构建具有多样化出行选择的交通模式。②对于区域政策协调模式的选择：这一阶段市场一体化水平上升到较高水平，协调度也进一步提高，各地区市场一体化重要程度差异较小，此时适宜推行平行模式——上级政府赋予各地政府同时制定区域政策的权力，同时充分发挥政策协调机构的作用。③对于产品和要素市场整合模式的选择：这一阶段市场运行机制逐渐完善，此时市场一体化的目标在于破除贸易壁垒和地方保护，实现产品与要素跨区域自由低成本流动，因此应实行自下而上的市场主导模式。

二、山西中部城市群市场一体化发展模式选择

前文已对现有的城市群市场一体化模式进行了简要概述，阐明了各类模式的优缺点和适用性，据此可对山西中部城市群一体化模式做出选择。

（一）山西中部城市群市场一体化模式选择原则

1. 市场一体化模式选择应与山西中部城市群市场一体化的发展阶段和特征相适应

山西中部城市群市场一体化的发展不是一个静态过程，而是一个动态过程，随时间推移具有阶段性和动态性特征。因此，在不同时间、不同发展阶段，需要根据市场发展状况做出相应调整，而不是保持一成不变。

2. 一体化水平的测度及动态比较是山西中部城市群市场一体化模式选择的关键依据

在对山西中部城市群市场一体化水平进行总体测度时，城市间联系度、政府效能同一度、产品市场一体化和要素市场一体化是需要考虑的四大构成要素，其中城市间联系度的影响最大，政府效能同一度的影响最小，两者为一体化水平提高的优势和短板所在，需要着重考虑。

（二）山西中部城市群市场一体化模式选择构想

由四大构成要素所属权重可知，政府效能同一度是制约山西中部城市群市场一体化水平提高的关键因素，产品市场一体化也在很大程度上影响着该城市群的市场整合程度。因此，初步可以考虑构建城市群区域政策协调模式及产品和要素市场整合模式。

进一步来看，山西中部城市群的 5 个地市中，太原市作为山西的省会城市，是该城市群的核心区域，各方面发展都遥遥领先于其他 4 个地市，经济发展水平和市场一体化水平较高。因此，该城市群市场一体化模式可以选择“序贯模式”，在政策制定上，赋予太原市先行权，其他 4 个地市据此制定自己的发展策略。此外，也可以通过地区间的转移支付，将太原市的先行优势与其他地市共享，以促进整个城市群经济协调发展，由此逐步建立比较完善的政策协调机制，弱化政府效能同一度影响过低这一短板。

同时，考虑到产品市场一体化的影响，可以引入“自上而下”的政府主导模式，发挥政府在产品市场整合过程中的引导调控作用，并在微观层面发挥市场的自发调节作用。

综上所述，山西中部城市群应该将区域政策协调模式中的“序贯模式”与产品和要素市场整合模式中的“政府主导模式”相结合，这样才能在更大程度上提高市场一体化水平。

（三）山西中部城市群市场一体化模式的实施举措

前述可知，山西中部城市群市场一体化发展可以明显分为 3 个阶段，2013 年之前、2018 年之后为快速发展阶段，除此之外为缓慢发展阶段。但从整体来看，又可分为两个阶段，2018 年之前为起步阶段，之后为推进阶段，因此具体实施举措可分为两个阶段来确定。

1. 起步阶段

这一阶段，各地市市场一体化水平较低，协调性严重不足，重要程度也不一致，因此需要太原市先制定政策，发挥引领作用，晋中市、忻州市、吕梁市和阳泉市则根据太原市的政策制定相应的配套政策，以实现城市群内政策的合理、协调与高效；此外，这一阶段市场机制发展尚不成熟，各地市间的市场一体化水平差异较大，需要充分发挥各地市政府的引导和协调作用，形成以政府为主导的产品市场整合模式。

2. 推进阶段

这一阶段市场一体化水平逐渐提高，各地市间的协调性有所增强，但各地市重要程度仍有一定差异，因此应除继续实行序贯模式外，还要发挥政府在政策制定过程中的重要作用，以逐步形成城市群内的政策协调机构；同时，市场机制成熟度的提高仍然不足以成为城市群经济发展的单一支撑，因此在逐步依靠市场机制协调经济的同时，还要重视政府的宏观调控作用，双管齐下。

第四节　本章小结

本章以城市间联系度、政府效能同一度、产品市场一体化和要素市场一体化 4 个构成要素对 2010—2021 年山西中部城市群的市场一体化水平进行分析和测度，得出结论，对存在的问题给出相关政策和建议。

一、结论

与2010年相比，2021年山西中部城市群在城市间联系度、政府效能同一度和要素市场一体化水平都在提高，而产品市场一体化水平却因地区专业化水平的降低而降低；山西中部城市群市场一体化发展趋势具有明显的三段式特征，且处于由城市间联系度做主要支撑、政府效能同一度为制约因素的初级阶段；山西中部城市群的市场一体化水平虽然在不同年份有所波动，但总体呈上升之势，从2010年的1.120上升至2021年的1.564，增长了39.64%。

（一）受交通通达度和通信通达度的影响，城市间联系度呈波动式增长

从山西中部城市群交通通达度和通信通达度变异系数的变化趋势来看，二者在2010—2021年间都有一定程度的下降，其中交通通达度的差异系数值降低8.06%，通信通达度的差异系数值降低54.96%，即通信一体化水平的提高程度显著高于交通一体化水平的提高程度，可见通信通达度的提升对城市间联系度的增强贡献更大。

（二）财政收支同一度和基础设施同一度的起伏波动，使政府效能同一度表现为倒U形

山西中部城市群财政收支同一度在2010—2021年间虽有小幅波动，但整体变异系数较小，都在0.400以下，而基础设施同一度的差异系数随时间推移经历了“缓慢递增—相对稳定—小幅递减—大幅递减”4个阶段。政府效能同一度的变化趋势与基础设施同一度的变化趋势有一定相似，即在政府效能一体化过程中基础设施改善情况扮演了更为重要的角色。

（三）差异较大的地区专业化水平与基本相似的市场分割程度，导致产品市场一体化水平波动式下降

从平均水平来看，由于产品的多样化和多元化生产，山西中部城市群的地区专业化水平在逐年降低，已从2010年的0.327下降至2021年的0.153，降低

了 53.21%，但该城市群的市场分割指数都在 0.001 以下，即市场整合程度非常高。同时，克鲁格曼指数和市场分割指数的权重分别为 0.697、0.302，说明地区专业化水平是产品市场一体化的关键影响因素，因此其一体化水平与地区专业化水平的变化趋势相似，在整体上表现为下降趋势。

（四）资本市场、技术市场、劳动力市场的共同作用，使要素市场一体化水平得到了一定提高

山西中部城市群要素市场一体化差异系数在 2010—2021 年间波动幅度较小，取值都在 0.700—0.800 之间，即劳动力市场一体化水平的提高虽然在一定程度上拉高了整个要素市场的一体化水平，但资本市场和技术市场过高的差异度依旧使整个要素市场的一体化程度无法得到显著改善。这表明与劳动力市场相比，资本市场和技术市场对要素市场的影响更大。

（五）四大构成要素非均衡发展，导致山西中部城市群市场一体化处于由城市间联系度做主要支撑、政府效能同一度为制约因素的初步发展阶段

总体来看，山西中部城市群的市场一体化水平在波动中有一定程度提高，从 2010 年的 1.120 上升至 2021 年的 1.564，但其发展趋势呈现出明显的三段式特征，在 2013 年之前、2018 年之后为快速发展阶段，除此之外为缓慢发展阶段，即山西中部城市群的市场整合程度虽然因四大构成要素的不均衡发展而频繁波动，在整体上却是不断提高的。

二、对策建议

基于以上结论，本章从 5 个方面对山西中部城市群市场一体化的进一步发展提出相关政策建议。

（一）加强交通通信建设，促进城市间联系度提升

除太原市以外，其他 4 个地市在交通通达度上的综合得分都很低，大多在 0.200 以下，同时这 5 个地市在通信方面的发展也很差，综合得分基本在 0.300

之下，这表明山西中部城市群整体城市联系设施建设较为薄弱。因此，各地市既要加大对交通网络的投入，增加出行便捷性，又要进一步完善互联网建设，提高通信工具覆盖率，这样才能实现城市间联系度的快速提升。

（二）增加政府间沟通交流，推进政府职能有效发挥

财政收支占 GDP 的比重可反映政府对社会经济的宏观调控力度，基础设施建设情况可表明政府在社会公共服务上所做出的努力。已有数据显示，忻州市和吕梁市的财政收支同一度比其他 3 个地市更高，即这 5 市的政府宏观调控和市场自发调节是不平衡的；基础设施同一度的水平都比较低，仅太原市在 2017 年以后达到 0.500 以上，即各地市对社会公共服务的投入力度较小。这表明山西中部城市群各地市政府难以更好地履行其职能，故而一方面要加强政府之间的沟通交流，适当调节它们对社会经济的调控力度，另一方面要提高政府对社会公共服务的重视程度，让太原市先行，发挥其领头羊作用，并辐射周围地市。

（三）提高地区专业化水平，促进产品市场一体化发展

地区专业化水平由克鲁格曼指数反映，表明山西中部城市群各地市的专业化程度都较低，即社会分工合作不协调，劳动生产率也不高，而市场分割指数所反映的地区市场整合程度则很高。这意味着专业化程度是制约山西中部城市群产品市场一体化发展的关键因素，因此各地市需要在此方面努力，大力发展自身优势产业、避开缺点短板，争取实现产品生产的分工合作，进而提高行业发展的专业水平。

（四）均衡生产要素分配，降低要素市场一体化制约

资本市场、技术市场和劳动力市场的相似度得分显示，太原市在这三方面的发展都遥遥领先于其他 4 个地市，要素在城市群内的分配极不均衡，即太原作为山西的省会城市，生产要素吸引力远超其他几个地市。因此，要提高要素市场一体化水平，就必须调整现有的要素分配结构，增强要素流动性，缩小各地市之间的要素水平差距，同时太原市也可以其领先的要素发展水平带动其他

地市一起进步。

（五）政府与市场分工合作，共同推进市场一体化向高水平迈进

山西中部城市群市场一体化水平的发展以城市间联系度做主要支撑，政府效能同一度是其制约因素，而产品要素市场一体化的影响则相对适中。鉴于此，山西中部城市群应依据当前实际情况，协调政府调控和市场调节之间的关系，一方面出台相关配套政策，为市场整合提供政策保障，另一方面随时关注市场反馈，取长补短，调动各方积极性，以促进四大构成要素均衡发展，为市场一体化发展向成熟阶段迈进奠定基础。

第七章　山西中部城市群生态绿色一体化测度及发展模式

生态文明是人类社会与自然界和谐共处、良性互动、持续发展的一种文明形态。加强生态文明建设，是关系人民福祉、关乎民族未来的长远大计，是实现中华民族永续发展的重大战略举措。山西中部城市群是国家“十四五”规划纲要明确的 19 个城市群之一，承载着以习近平同志为核心的党中央对山西发展的关心关怀和殷切期望，是国家新型城镇化战略和促进新时代中部地区高质量发展的重要内容。山西中部城市群尽快发展是省第十二次党代会做出的重要战略部署，是全省“一群两区三圈”城乡区域发展新布局的核心组成部分，是全省经济社会高质量发展的重要增长极。推进生态绿色一体化建设，有利于集中彰显山西中部城市群践行新发展理念、推动高质量发展的政策制度与方式创新，率先实现质量变革、效率变革、动力变革，更好引领山西高质量发展；有利于率先将生态优势转化为经济社会发展优势，探索生态友好型发展模式；有利于率先探索从区域项目协同走向区域一体化制度创新，打破行政隶属、打破行政边界，实现共商、共建、共管、共享、共赢。

第一节　生态绿色一体化理论和国内模式

党的二十大报告指出：“尊重自然、顺应自然、保护自然，是全面建设社会主义现代化国家的内在要求。必须牢固树立和践行绿水青山就是金山银山的理念，站在人与自然和谐共生的高度谋划发展。”

一、生态绿色一体化相关理论探究

通过对生态绿色一体化相关理论进行探究，可为山西中部城市群生态绿色一体化发展提供坚实的理论基础和科学保障，有助于在生态绿色一体化发展过程中摸索出一条高效、管用、符合山西实际的可持续发展道路。

（一）生态绿色一体化概念

一体化最早出现于19世纪40年代末，当时为进一步发展经济，西欧国家提出了跨国界建立经济共同体的设想。1954年，经济一体化理论逐渐兴起，荷兰经济学家丁伯根在他的著作《国际经济一体化》一书中指出，经济一体化就是消除掉阻碍经济最有效运动的相关人为因素，通过相互协作，达成统一，从而创造出最适宜的国际经济结构。70年代后，一体化开始突破经济领域，进入社会和政治领域，出现了产业一体化、市场一体化和城市发展一体化等概念，理论内涵进一步丰富。随着我国生态文明建设的紧密推进，区域生态绿色一体化也逐渐走上了历史舞台。

虽然生态绿色一体化的概念出现较晚，但生态环境保护、生态文明建设等一体化的思想和实践由来已久，并在长江三角洲区域一体化、京津冀协同发展等国家发展战略中得以体现。2019年，国务院批复同意长三角地区实施《长三角生态绿色一体化发展示范区总体方案》，选择青浦区金泽镇、朱家角镇，吴江区黎里镇，嘉善县西塘镇、姚庄镇等作为一体化示范区的先行启动区，一体推进生态环境保护和建设，形成绿色一体化发展制度体系，引领长三角地区更高质量一体化发展。京津冀三地在环境治理方面，开展管理体制创新，统一规划、统一环评、统一监测、统一执法，通过支持搭建智慧环保平台、开展联合技术研发、创新绿色金融等手段力促生态环保一体化。

（二）区域生态绿色一体化概念

区域生态绿色一体化是指区域内的各主体通过特定机制，以最小化区域生态环境建设成本、最大化区域生态环境建设为目标，共同应对区域生态环境问题，保护和建设区域生态环境，使区域生态系统作为一个整体发挥对区域协同发展的支撑作用。区域生态绿色一体化的建设过程就是各主体协调行动的过程，也是各主体加强交流与合作的过程。这种交流与合作无论对于纵向层级之间的指令传导，还是对于横向部门，特别是跨区域部门之间的沟通都具有显著的促进作用。经由区域生态绿色一体化建设而建立的区域内不同等级、不同部门间的交流与合作通道，将会在其他领域的区域合作中发挥同样的作用，从而推动其他领域的区域协同发展。

二、生态绿色一体化国内模式与启示借鉴

生态绿色一体化发展是区域协调发展的基础和关键。国内现有主要经济区均积极探索以生态文明建设引领经济社会全面发展的新发展道路，以促进各城市群和各地经济区的一体化协调发展，这些成功的经验为山西中部城市群生态绿色一体化发展提供了参考。

（一）国内主要经济区生态绿色一体化建设经验与做法

长三角生态绿色一体化发展示范区、京津冀城市群、呼包鄂榆城市群等国内城市群，已在生态绿色一体化建设方面走在了前列，累积了大量实践经验。

1. 长三角生态绿色一体化发展示范区

2019 年 10 月，《长三角生态绿色一体化发展示范区总体方案》出台。该示范区范围包括上海市青浦区、江苏省苏州市吴江区、浙江省嘉兴市嘉善县，面积约 2300 平方公里。建设长三角生态绿色一体化发展示范区，是实施长三角一体化发展战略的先手棋和突破口，必须走出一条跨行政区域共建共享、生态文明与经济社会发展相得益彰的新路径。

率先探索跨区域生态绿色一体化发展新机制。长三角生态绿色一体化发展示范区在区域发展布局上，将统筹生态、生产、生活三大空间，把生态保护放在优先位置，不搞集中连片式开发，要打造“多中心、组团式、网络化、集约型”的空间格局，形成“两核、两轴、三组团”[①]的功能布局。在跨省级行政区、没有行政隶属关系、涉及多个平行行政主体的框架下，选择先行启动区作为改革试点[②]，在制度创新层面先行先试，成功后再辐射到整个示范区。

完善生态环保支撑体系。建立污染治理、生态保护技术支撑体系，在示范区特别是先行启动区积极搭建水污染治理、水生态修复、清洁能源替代、低碳技术运用、海绵城市建设等领域的先进技术导入、运用和研发平台。率先建立生态产品价值评估制度，研究“产业生态化、生态产业化”价值体系实现方式，建立基于生态价值的生态补偿制度、环境损害赔偿制度以及责任追究制度。建立最严格的生态环保制度支撑体系。统一监管要求、监管标准，建立全流域、全区域、全天候的“天地一体”智能化环境监测体系，构筑起与生态绿色示范区相适应的环境保护制度和环境治理体系。落实建立在承载力基础上的污染物总量控制、排污许可证制度以及污染物总量交易制度。

---

① “两核”即环淀山湖区域和虹桥区域。环淀山湖区域作为创新绿核，旨在打造生态、创新、人文融合发展中心区域；虹桥区域作为动力核，旨在大力提升商务服务能力，聚焦发展现代服务业，进一步增强服务长三角、联通国际的重要功能。“两轴”即沿沪渝高速和通苏嘉高速的两条创新功能轴，重点围绕科技创新，集聚国内外创新要素资源，推动产学研深度融合，发展生态友好型创新产业集群。“三组团”即发展以青浦新城、吴江城区、嘉善新城等节点为支撑的城市功能组团，推动形成层次丰富、功能互补的多中心发展格局。

② 优先选择青浦区金泽镇、朱家角镇，吴江区黎里镇，嘉善县西塘镇、姚庄镇（共计660平方公里）作为一体化示范区的先行启动区。

2. 京津冀生态绿色一体化建设

京津冀区域协同发展是以习近平同志为核心的党中央提出的重大国家发展战略。京津冀生态绿色一体化建设不仅是优化配置区域生态资源、提升区域整体承载力的需要，也是促进区域经济社会良性发展、可持续发展的基础，更是实现京津冀区域协同发展的重要突破口。

以疏解非首都功能为契机加快推进生态绿色一体化。2015 年 4 月，中共中央政治局审议通过《京津冀协同发展规划纲要》，提出要以“一核、双城、三轴、四区、多节点”为骨架进行空间布局①，有序疏解北京非首都功能，在生态环境保护、产业转移升级等重点领域率先突破，推动京津冀协同发展。在生态环境保护方面，制定区域生态建设统一规划，实施联建联防联治环境污染，建立一体化的环境准入和退出机制，明确和规范地方政府生态环境合作领域及合作方式，大力发展循环经济，建立水生态协作，建设环首都国家公园和森林公园，积极应对气候变化。

以大数据试验区为依托构建一体化生态环境信息系统。根据《北京市“十三五”时期软件和信息服务业发展规划》，京津冀三地要以大数据思维、技术、模式、产品、服务等突破行政藩篱和区域界线，打造京津冀大数据综合试验区。针对大气污染、水污染、固体废弃物污染等生态治理关键领域，以打造京津冀大数据综合试验区为依托，构建开放共享的京津冀一体化生态环境信息系统，

---

① “一核”即指北京；“双城”是指北京、天津，即京津冀协同发展的主要引擎；“三轴”指的是京津、京保石、京唐秦 3 个产业发展带和城镇聚集轴，这是支撑京津冀协同发展的主体框架；“四区”分别是中部核心功能区、东部滨海发展区、南部功能拓展区和西北部生态涵养区，其中的中部核心功能区，将重点承接北京市非首都功能的疏解；“多节点”包括石家庄、唐山、保定、邯郸等区域性中心城市和张家口、承德、廊坊、秦皇岛、沧州等节点城市，重点是提高其城市综合承载能力和服务能力，有序推动产业和人口聚集。

促进生态环境保护监管精准化、决策科学化、服务便民化。加强卫星遥感、无人机、物联网、大数据等先进技术的运用，构建重大污染源、重点企业、重点区域实时在线环境监控系统，强化企业排污信息资源整合。建立京津冀生态环境保护数据共享系统和舆情监测系统，实现系统内数据资源整合集中和动态更新，提升生态环境保护决策科学性和环境应急处置能力。设立生态环境数据开放目录，开发环境质量分析、环境健康评测、环境保护认证、绿色化生产等领域的信息服务产品，满足公众环境信息需求。

3. 呼包鄂榆城市群生态共保联治

呼包鄂榆城市群是我国“十四五”规划布局的 19 个国家级城市群之一，包括内蒙古呼和浩特市、包头市、鄂尔多斯市和陕西榆林市。该区域是我国重要的能源输出地，也是我国重要的煤化工、农畜产品加工、稀土新材料产业和装备制造业基地。内蒙古自治区与陕西省于 2021 年联合印发了《推动呼包鄂榆城市群发展规划实施“十四五”重点合作事项》，将生态环境共保共治放在了重要位置。此外，内蒙古和陕西作为沿黄省份，在黄河流域生态保护和高质量发展重大国家战略指引下，生态环境保护合作正在不断加强。

加强生态环境共保联治。统筹推进露天采矿区、采煤沉陷区等区域生态修复和环境整治。推动大气污染联防联控，建立区域统一的信息共享、监测监管、联合执法、应急处置机制，提升大气污染联防联控能力。推动水环境污染共治，建立黄河流域地表饮用水和跨界流域水质保护区联防联控机制，共同推进水源保护区规范化建设管理，建立统一的黄河水质监控平台。推动土壤污染联合防治，深入实施土壤污染防治行动计划。建立污染联防联治机制，推进环境监测网络一体化建设，实现环境信息共享，有效提高区域环境监管水平。严格环保执法，统一环保执法标准，强化环境考核和问责机制。建立环保与各职能部门的联动机制，完善危险废物经营许可证制度，提高突发环境事件应急水平。建立环保新技术共享平台，建设统一的环保专业培训基地。积极推动重点行业领域污染综合防治。

共同构筑黄河生态屏障。两省（区）致力于加快推进十大孔兑（来自沙漠中的黄河支流）综合治理前期工作，实施粗泥沙集中来源区拦沙工程。在国家指导下积极开展跨省流域生态补偿试点，建立上下游联防联控机制，加强各市沟通协调，推动统一黄河流域排放标准，合力抓好黄河流域“大保护、大治理”。

深化低碳产业协同合作。在能源、文旅、农牧业三大产业层面，两省（区）积极合力推进鄂尔多斯市乌兰木伦镇与榆林市大柳塔镇组建区域产业合作园区，加强煤制烯烃（芳烃）等现代煤化工技术的联合研发与示范，协同打造以氢能为核心的多能互补产业新体系；建立呼包鄂榆文化旅游推广联盟，共同保护传承弘扬黄河文化；深化鄂尔多斯与榆林农牧业合作，构建覆盖两地的“饲—养—加”全产业链。

共同发展循环经济。搭建区域共享的循环经济技术、市场、产品服务平台，加快推进区域、产业、园区循环式布局，鼓励企业、产业建立循环经济联合体。开展园区循环化改造，支持白云鄂博、神木锦界等建设国家级循环经济示范园区。加强煤炭、稀土、有色金属等共伴生矿产资源综合利用，推动煤矸石、粉煤灰、冶金和化工废渣、尾矿等工业废弃物综合利用，推进建筑、道路废弃物以及农作物秸秆、畜禽粪污、农林废弃物资源化利用。

（二）启示与借鉴

借鉴国内其他城市群在生态绿色一体化发展方面的经验，有助于山西中部城市群利用后发优势，用较快速度实现生态绿色一体化发展，形成山西经验。

1. 完善城市群生态绿色一体化的法规制度保障体系

体制机制是推动城市群生态绿色一体化建设亟待解决的关键问题。良好的制度环境是协调城市群生态环境相关主体行为的有力保障，是缓解城市群生态环境矛盾的重要抓手，也是推进城市群生态绿色一体化建设的关键法宝。要根据实际情况制定地方生态环境标准，持续完善地方法规体系。在法律法规完善过程中，要依托生态职能分工，有序制定地方生态保护建设规章制度。加强地方政府沟通力度，持续完善生态环境领域相关政策，如推动经济绿色发展的产业政策、财政政策、公共服务政策等。

2. 持续推动城市群产业结构优化和升级

产业结构生态化和绿色化是创建生态绿色一体化示范区的重要方针。因此，城市群生态和经济协同发展需将产业结构优化升级视为关键要素，大力发展战略性新兴产业、生态农业以及创意产业，对高能耗传统产业进行技术改造或关闭停产。重视循环经济、低碳经济相关技术研发，鼓励政产学研合作，推动核心技术突破，加快科技成果转化步伐，提升企业自主创新能力，孵化高新技术企业。依照自然生态系统规律，挖掘城市群本土特色，培育颇具特色和竞争力的产业园区和产业集群。借鉴呼包鄂榆城市群绿色低碳转型发展路径，鼓励企业循环式生产、产业循环式组合、园区循环化改造，促进乡村产业实现绿色低碳协同发展等。

3. 加强城市群技术服务支撑能力建设

实现城市群生态环境治理体系和治理能力现代化离不开完善的生态环境技术服务支撑体系。要持续推进相关应用基础和对策研究，加快培育关键技术研发机构和队伍，设立从事技术转化和推广的专业机构，鼓励组建提供咨询服务的人才队伍。充分发挥科研院所、高校和行业协会的技术服务作用，持续推进生态环境领域产学研合作，建立生态绿色一体化示范区。继续培育生态环境技术服务市场，形成规模效应。持续推动建设城市群创新平台，协调建设生态保护和污染治理技术支撑系统。设立生态环境技术与服务供需信息共享平台、生态环境技术转移公共服务平台等，推动建立生态环境科技成果转化示范基地，形成覆盖城市群的技术推广网络。采用“互联网 +”手段推进绿色生态建设，充分利用现代信息技术，运用智慧地图等方法，提高生态要素动态监测水平，形成环境资源立体监控网络。

第二节　山西中部城市群生态绿色一体化实践与进展

山西中部城市群生态绿色一体化是山西省贯彻落实习近平生态文明思想、推进高质量发展的重大举措，是实现环境保护真正进入经济建设和社会发展主干线、大舞台、主战场的有效形式，是推进生态文明建设的有效载体。为落实好山西中部城市群高质量发展总体规划，山西省认真贯彻落实习近平生态文明思想，明确发展战略定位，以生态治理一体化厚植绿色本底，高水平推动山西中部城市群建设。

一、山西中部城市群生态绿色一体化意义

山西中部城市群雏形出现于 20 世纪 90 年代。当时，山西省提出了太榆同城化战略，编制了《山西省城镇化发展纲要》，之后编制了涵盖山西中部城市群五市的《太原经济圈规划纲要草案》。2021 年 4 月，中共中央、国务院《关于新时代推动中部地区高质量发展的意见》提出要支持山西中部城市群建设。2023 年 4 月，山西省政府印发的《美丽山西建设规划纲要（2023—2035 年）》明确强调了“城市群建设”。5 月，五市召开山西中部城市群高质量发展大会，共同推动山西中部城市群高质量发展。

山西中部城市群生态绿色一体化是贯彻落实习近平总书记考察调研山西重要讲话重要指示精神，牢记习近平总书记殷殷嘱托的生动实践。习近平总书记四次亲临山西视察调研，每次都对推进生态文明建设提出明确要求，嘱托山西“坚持治山、治水、治气、治城一体推进，持续用力，再现‘锦绣太原城’的盛景”，“推进‘两山七河一流域’生态修复治理，带动湖泊、大泉和湿地生态保护修复，坚决守好‘华北水塔’，筑牢京津冀绿色生态屏障”；提醒山西“要敬畏历史、敬畏文化、敬畏生态”；勉励山西全方位、全地域、全过程开展生态环

境保护。这为山西推动经济社会发展全面绿色转型提供了根本遵循。

山西中部城市群生态绿色一体化是推进高质量发展的必然选择。历史上山西中部城市群相关片区植被丰富、文脉悠长，面对当前生态环境的巨大压力和转型发展的迫切需求，生态治理和绿色发展已迫在眉睫、势在必行，必须下大力气，加快生态治理与修复，推动绿水青山转化，建立以产业生态化、生态产业化为主体的生态经济体系，让生态产业挑大梁，使传统产业发新枝，协同推进生态环境高标准保护和经济高质量发展。

山西中部城市群生态绿色一体化是实现“生态美”与“百姓富”同频共振的重要举措。习近平总书记指出，“良好生态环境是最公平的公共产品，是最普惠的民生福祉”。山西中部城市群生态绿色一体化有利于科学谋划山西中部城市群生态空间布局、基础设施布局、公共服务布局，通过生态修复、文化旅游、健康养生、乡村度假、体育休闲等产业集群的辐射优势，打通经济社会发展的大动脉，带动各行业均衡发展。以创促建，对进一步发挥好山西中部城市群在全省乃至全国生态大局中的战略地位，担负起生态文明建设的政治责任，从源头上治理环境污染和生态破坏，系统性有力推动生态环境保护具有重要意义。

二、山西中部城市群生态绿色一体化建设基础

山西中部城市群是山西经济社会发展的重要载体，是山西践行“两山”理论的重要战略区域，具备生态绿色一体化发展的独特生态优势。同时，山西中部城市群五市良好的生态环境为生态绿色一体化发展奠定了坚实的基础。

（一）太原走出绿色发展之路，实现生态惠民

太原市生态环境优越，东西北三面环山，整体自然生态环境优越。汾河及支流水网密布，东西山有凌井沟省级自然保护区 1 处、天龙山国家森林公园 1 处、省级森林公园 2 处。近年来，太原市深入贯彻落实习近平生态文明思想和习近平总书记考察调研山西重要讲话重要指示，坚持治山、治水、治气、治城

一体推进，走出了一条绿色发展之路，实现了生态惠民。太原西山生态文化旅游示范区是建设世界级旅游康养目的地的重要承载地、“锦绣太原城”的天然生态屏障，拥有晋祠、天龙山等人文自然景点125处，林木覆盖率高达78.6%，已形成生态治理“西山模式”。

太原市认真贯彻习近平总书记考察调研山西时提出的让汾河“水量丰起来、水质好起来、风光美起来”的重要指示，全力开展水污染防治攻坚。以汾河太原段退出劣五类水体为核心，坚持精准、科学、依法治污。加大城市污水处理、工业废水深度治理、生态湿地工程建设、入河排污口排查整治，强化汾河环境监管，全面推进黑臭水体治理与综合整治、保障生态补水，通过系统治水、综合施策，汾河水环境质量实现历史性改善。2022年，太原市地表水6个国考断面水质优良比例达100%。其中，汾河水库、上兰断面为Ⅰ类，李八沟、迎泽桥断面为Ⅱ类，韩武村、河底村断面为Ⅲ类，这标志着汾河太原段“水质好起来”的目标已成为现实。

与此同时，太原市积极加强和晋中市的联防联控，强化同步预警和同步减排，收到较好成效。2022年仅出现了1个中度污染、1个轻度污染和14个二级良级天。加强与忻州市推动太忻一体化经济区生态环境共建共治，将生态优先、绿色发展理念贯穿于太忻一体化经济区“1+3+N”政策体系制定全过程。制定出台《太忻一体化经济区生态环境共建共治实施方案》《太忻一体化经济区建设项目环境准入正面清单（试行)》《太忻一体化经济区重要资源保护清单（试行)》，出台支持太忻经济一体化发展生态环境政策措施“30条”。深化生态环境一体化高质量发展，建立区域污染物总量统一调配机制，允许排污权指标跨区域交易。探索建立大气、水等环境要素多元生态补偿机制，积极开展生态产品价值核算，率先探索“绿水青山就是金山银山”转化路径和实践模式。

（二）晋中市高标准推进生态文明建设

晋中市拥有国家级和省级森林公园、风景名胜区、湿地公园、地质公园19

处，全市对外开放的景区景点共149处，总量居全省第一，其中A级景区35处、AAAAA级景区2处，A级景区总量和AAAAA级景区数量居全省第一。以介休绵山、漳河源国家湿地公园、左权清漳河国家湿地公园等旅游资源支撑起区域良好生态，森林面积达315.5千公顷，森林覆盖率达到18.9%。2022年，左权县成为国家第六批生态文明建设示范区，清漳河国家湿地公园通过验收。

近年来，晋中市大力推进生态文明建设，高标准接续打好蓝天、碧水、净土保卫战，坚持优化调整产业结构和布局，高标准推进全市区域空间生态环境分区管控体系，进行重污染行业结构优化调整，常态化、动态化治理“散乱污”企业。以汾河流域生态环境综合整治、城区黑臭水体整治、农村生活污水治理等重点工程为支撑，水环境质量得到持续巩固提升。“十四五”以来，全市7个国考地表水断面中有6个达到或好于Ⅲ类水质，优良水体比例达85.7%；23个省考断面全部达到水环境功能区目标，达标率100%。城区15段黑臭水体基本完成整治。

除巩固提升“碧水保卫战”外，晋中市还着力持续深化“蓝天保卫战”，让蓝天常驻。2022年，晋中市城区优良天数比例达66.3%。稳步推进“净土保卫战”，土壤环境质量保持总体稳定，受污染耕地和污染地块安全利用率均达100%。

（三）忻州让绿色成为高质量发展的亮丽底色

忻州市山清水秀、景色宜人、古迹众多、景点密布，文旅资源品质较高，生态环境保持较好，环境容量较为富裕。五台县被称为“天然氧吧”，原平市有“华北第一泉”之称的大营温泉，定襄县被称为“北方小桂林”。忻州市拥有世界遗产地2处、国家级风景名胜区和AAAAA级景区2处、全国历史文化名城1处、国家地质公园1处、全国重点红色旅游景区4处、国家森林公园3处、全国工农业旅游示范点3处、全国乡村旅游重点村1处、国家非物质文化遗产11项，自然人文景观与锦绣太原交相辉映。

近年来，忻州市锚定“蓝天常驻”“绿水长流”“黄土复净”目标，坚持精准、科学、依法、系统治污，统筹推进治山治水治气治城，协同开展大气污染联防联控，有效改善城市“微气候”，深入开展大规模国土绿化行动，接续完成黄河流域重点地区历史遗留矿山生态修复项目治理，统筹推进“五水综改”。2022年，空气质量优良天数比例和PM2.5均值下降率稳中向好；地表水国考断面水质优良比例高于全省3个百分点；黄河流域“清废行动”清理固体废物5200余万吨，重点建设项目用地安全利用率稳定提升。

此外，忻州市按照《太忻一体化经济区生态环境共建共治实施方案》，围绕太忻一体化经济区打造“生态文明建设示范区”的战略定位，以提升区域环境质量为目标，坚持发展与保护并重，主动将生态环境保护融入全方位推动高质量发展大局，促进区域经济社会全面绿色低碳转型。

（四）吕梁以“绿”为笔绘就生态文明新画卷

生态安全屏障和重要战略支点是山西省委、省政府推动山西中部城市群高质量发展对吕梁的两个精准定位。吕梁市瞄准定位，发挥比较优势，加快要素集聚、产业发展互补、创新资源互通，担起自身责任与贡献。

近年来，吕梁市聚焦绿色生态目标，按照山水林田湖草系统治理要求，完善生态文明领域统筹协调机制，构建生态文明体系，以黄河流域生态保护和高质量发展为重任，打造山西中部城市群生态屏障，重点建设吕梁山生态文明示范走廊、以沿黄四县为重点的生态修复与治理带、以平川四县为重点的生态治理与高质量发展带，大力实施吕梁山生态系统保护和修复工程、重要水源地植被恢复工程、交通沿线荒山绿化彩化工程。累计投入资金78亿元，相继实施退耕还林、三北防护林、天然林保护等国家和省级重点工程，持续实施“3个100万亩”生态工程，森林覆盖率上升到全省第三。同时，紧紧围绕“水资源、水生态、水环境”三水统筹，进一步推进饮用水水源、黑臭水体、工业废水、城镇污水、农村排水“五水同治”，坚决打击不正常运行污染治理设施、超标排放、偷排偷放等环境违法行为，守好改善生态环境生命线，文峪河、三川河、湫水河、蔚汾河等主要河流的径流量显著增加，吕梁山脉的水土流失情况得到了有效缓解。

此外，吕梁市正着力打造以黄河碛口古镇为核心的百里黄河精品旅游带和以汾阳杏花村为核心的酒文旅融合特色专业镇两大重点景区，以及 100 个乡村旅游示范村，助力提升山西中部城市群旅游景区的知名度和影响力。

（五）阳泉以绿色发展为底色，深入推进生态筑基战略

阳泉市境内地貌以山地为主，其余为丘陵和平原，林地面积 26.3 万公顷，森林覆盖率 22.3%，草地面积 5.9 万公顷，占全市国土面积 13%，具备扎实的生态基底，并拥有中源康养社区和固庄康养社区 2 个康养社区、冠山书院康养小镇和梁家寨温泉康养小镇 2 个康养小镇、藏山翠谷森林康养基地 1个森林康养基地、娘子关田园综合体 1 个田园综合体。

近年来，阳泉市抢抓建设山西中部城市群重大机遇，与市委“14510”总体思路和部署相结合，同步推进“两个转型”，全力建强山西中部城市群东翼。立足新发展阶段，统筹“全生态”治理，倾力打造晋东生态功能核心区，大力开展荒山绿化、环城绿化、乡村绿化、裸地绿化、通道绿化等工程。“十三五”期间，阳泉市共完成造林 40.9 万亩。太行山区是京津冀地区和华北平原的天然屏障。2022 年，阳泉正式启动了太行山生态保护和修复重点项目，在盂县、平定县实施人工造林、退化林修复、飞播造林、封山育林、草地改良等工程，有效保护生态环境，遏制水土流失，修复损毁土地，保护生物多样性。2022 年，首部流域生态修复和保护条例——《阳泉市滹沱河流域生态修复与保护条例》出台，这是阳泉市获地方立法权以来制定的第十三部地方性法规，对于保障全市人民饮水安全、加快滹沱河流域生态环境根本性好转具有重要意义。

三、山西中部城市群生态绿色一体化进展情况

山西中部城市群始终坚持生态优先、绿色发展，大力实施黄河流域生态保护和高质量发展等重大国家战略，以生态建设为牵引，以“三长制”为抓手，以科学绿化为遵循，统筹“全生态”治理，全力构建生态大动脉，按下生态文明建设的快车键。山西中部城市群将形成合力，共同推进生态绿色一体化建设。

（一）加强生态保护修复

良好的生态环境是最普惠的民生福祉，山西中部城市群积极践行习近平生态文明思想，深入贯彻落实习近平总书记考察调研山西重要指示精神，加强生态保护与修复，生态环境状况持续改善，生态保护与修复取得显著成效。

1. 共筑区域生态廊道

山西中部城市群正以汾河干流生态景观建设为主体，全力打造生态绿轴，筑牢太行山、吕梁山生态屏障，强化重要河流水道、道路沿线、城市景观带等生态廊道功能，构建“一轴、两屏、多廊”生态格局。统筹划定生态保护红线，协同实施“三线一单”生态环境分区管控。积极推进吕梁山生态文明示范走廊、沿黄干支流生态修复与治理示范带、沿汾生态治理和高质量发展示范带、沧榆高速沿线（山西段）生态廊道等重点工程建设。

2. 持续开展国土绿化行动

山西中部城市群以全面加强黄河防护林和环京津冀绿色屏障为重点，全方位、全地域、全过程开展国土绿化，持续开展黄河干支流沿线水土保持专项行动，实施太忻一体化经济区造林工程、太原市汾河上游国土绿化项目，推进沿汾地区生态文明示范区创建和“两山”基地建设，开展环城绿化和森林乡村建设，推进重点区域植被恢复。同时，深入开展国家及省级森林城市创建。

3. 开展重点流域综合治理

山西中部城市群坚持“控污、增湿、清淤、绿岸、调水”多措并举，全面改善水生态环境，协同推进汾河流域综合治理，实施汾河百公里中游示范区建设，加强桑干河、潇河、漳河、文峪河、三川河、大清河、牧马河等重要河流的生态修复与治理，强化滹沱河源头水源涵养，开展汾河、滹沱河、杨兴河等河流生态缓冲带建设，加强汾河水库饮用水水源地生态环境保护，严格保护区管理，实施地下水超采治理和灌区节水改造。2023 年 2 月 3 日，山西省人民政府出台了《优化中部引黄县县域配套工程工作方案》，意在有效落实黄河流域生态保护和高质量发展战略的具体举措，为加快山西中部城市群高质量发展提供可靠的“水支撑”和“水保障”。

（二）提升区域环境质量

山西紧盯“蓝天常驻”目标，持续深入打好污染防治攻坚战，深化区域联防联控、行业绩效分级差异管控举措，扎实开展夏季臭氧削峰专项行动、秋冬季大气污染综合治理攻坚、城市“退后十”攻坚等工作，生态环境质量取得明显改善。

1. 推进大气污染联防联控

山西中部城市群以龙头城市太原为试点，深化太原及周边地区“1+30”大气污染联防联控机制，推动山西中部城市群环境质量整体提高至全省平均水平以上。完善重污染天气应急预案，五市协同开展工业源、移动源治理专项行动，全面完成钢铁、焦化、水泥行业超低排放改造，推动公共交通全部采用新能源或清洁能源汽车，全面推进重污染企业退城入园，加快火工区等退城搬迁，积极实施散煤清零重大工程。

2. 强化跨市域水污染协同防治

统筹五市流域工业污染源治理、城镇污水处理和农业面源污染防治，协同开展汾河、滹沱河流域水污染防治联防联控试点，强化污染源协同管理和集中式饮用水源地协同保护。为深化生态文明建设，让良好的环境造福更多群众，五市积极推动县级以上工业园区全面建设工业污水集中处理设施，加快万人以上建制镇（村）污水处理设施建设，分类分区推进农村生活污水治理，力争率先实现城市群建制镇生活污水处理设施全覆盖，并禁止农田灌溉退水直排入河。

3. 加强土壤及固废污染综合整治

分类推进土壤污染治理，集中力量治理耕地和城市周边、重污染工矿企业的土壤污染，强化耕地污染源头控制，实施农用地土壤镉等重金属污染源头防治行动，开展耕地安全利用重点县建设。为探索更符合山西实际的污染整治路径，在太忻一体化经济区探索“环境修复 + 开发建设”模式，支持太原建设国家“无废城市”，推进吕梁、阳泉大宗固体废物综合利用基地建设，探索市场化固废综合利用路径和模式，加快建设太忻静脉产业园区。

（三）共建绿色低碳城市

山西深刻认识到，绿色低碳发展是当今产业变革的鲜明特征，是推动经济社会全方位高质量发展的内在要求。深入开展碳达峰山西行动，必须紧盯全方位推动高质量发展的主战场，全面贯彻“双碳”战略，加强能耗“双控”，努力探索提升产业发展能级、推动产业绿色化转型的新路径，强化产业优化提质对绿色低碳发展的重要支撑和带动作用。

1. 坚决遏制“两高”项目盲目发展

为解决污染源头问题，山西中部城市群五市严格控制煤电、钢铁、有色、焦化、化工、建材等产业项目布局，对“两高”项目实行清单管理、分类处置、动态监控，提升“两高”项目能耗准入标准，推动在建项目能效水平达到国内先进水平，严格“两高”项目环评审批，推进“两高”行业减污降碳协同控制。并严禁在黄河、汾河、滹沱河等重点河流临岸布设高污染工业企业，分行业、分时段有序退出临岸一定范围内已有“两高”项目。

2. 健全绿色低碳生产体系

为早日实现“双碳”目标，山西中部城市群率先开展重点行业和重点产品资源效率对标提升行动，推进园区循环化改造，大力发展绿色制造。引导重点企业积极参与全国碳排放权交易，全面推行清洁生产审核和技术改造。推动碳排放评价纳入环境影响评价体系，探索对新建项目的环境影响评价增加碳排放专项评估。依托山西综改示范区、太忻一体化经济区，开展近零碳排放、零碳产业创新等试点示范，推动太原全国首批气候投融资试点城市建设，培育一批低碳服务企业。

3. 倡导绿色低碳生活

大力深化太原市省级低碳试点建设，建设山西中部城市群中绿色低碳生活方式示范区。五市均开始实施“绿色交通”“绿色建筑”行动，加快在公共服务领域推广使用清洁能源、新能源汽车，城镇新建建筑全面执行绿色建筑标准，并因地制宜推行垃圾分类制度，建立绿色消费激励机制，营造绿色低碳生活新时尚。

第三节　山西中部城市群生态绿色一体化水平测度

开展生态绿色一体化水平测度，是了解山西中部城市群五市生态基础、比较优势、绿色发展水平及发展潜力的重要手段，可有效评价五市已取得的发展成果，有助于各市根据实际情况制定发展规范，推动山西中部城市群在全国范围内率先实现高质量发展。

一、指标体系构建

对山西中部城市群生态绿色一体化水平进行测度，首先需要构建科学有效的指标体系。通过梳理相关文献，本章从节能减排、污染治理和环境质量三方面构建一级指标，并依据数据的可获得性确定了 11 个二级指标，以此展开相关研究和测度。具体指标情况如下表 7-1 所示。

表 7-1　山西中部城市群生态绿色一体化评价指标体系

测度目标	一级指标	二级指标	指标单位	指标属性
生态绿色一体化	节能减排	单位 GDP 能耗	吨标准煤 / 万元	负向
		单位 GDP 工业废水排放量	吨 / 万元	负向
		单位 GDP 二氧化硫排放量	吨 / 万元	负向
	污染治理	城市污水处理率	%	正向
		工业固体废物综合利用量	万吨	正向
		生活垃圾无害化处理率	%	正向
		环境污染治理投资占 GDP 比重	%	正向
	环境质量	空气质量达到及好于二级的天数	天	正向
		建成区绿化覆盖率	%	正向
		公路绿化里程	公里	正向
		当年造林面积	公顷	正向

二、数据来源及说明

从历年《山西统计年鉴》《中国城市统计年鉴》《山西环境发展提要》，以及各地市历年《国民经济和社会发展统计公报》《政府工作报告》中收集整理 5 个地市上述指标体系涉及的 2010—2020 年的数据，并对其中的缺失值使用平均值法和 ARIMA 模型进行推算，形成可用于计算的完整面板数据。

三、测度模型选择

由于各个指标拥有不同的量纲和单位，因此在进行一体化水平测度时不能使用单一模型，需要结合不同的测算方式。由此，本书先使用差异系数法分析生态序列内部差异，再使用改进的熵权法确定生态绿色一体化指标权重，进而得到山西中部城市群生态绿色一体化水平的具体数据。

（一）差异系数法

设数据为 m 年 n 个地市的 p 个指标，则数据（m，n，p）是一个三维数组，X_{tij} 表示第 t 年地市 i 的第 j 个指标值。则有：

$$v_{tj}=\frac{\sqrt{\frac{\sum_{i=1}^{n}\left(X_{tij}-\overline{X}_{tj}\right)^{2}}{n}}}{\overline{X}_{tj}}$$

其中，$\overline{X}_{tj}$ 表示第 t 年 j 指标在山西中部城市群 5 个地市之间的平均值。

（二）改进的熵权法

熵权法是利用信息熵来计算指标权重的客观赋权方法，不受主观因素影响，在实际中应用广泛。本章使用该方法分别计算了山西中部城市群在节能减排、污染治理、环境质量三方面的一体化发展水平，而后又测度了该城市群整体的生态绿色一体化水平。具体计算方式如下。

1. 标准化

该模型采用极差标准化方式对原始数据进行处理，Y_{tj} 表示标准化后的值，则：

$$Y_{tj}=\begin{cases}\dfrac{v_{tij}-\min(v_{tij})}{\max(v_{tj})-\min(v_{tj})} & \text{正向指标}\\ \dfrac{\max(v_{tj})-v_{tj}}{\max(v_{tj})-\min(v_{tj})} & \text{负向指标}\end{cases}$$

2. 非零化

极差标准化后会生成数据 0，这时无法直接计算信息熵，需要模使用平移法进行非零化，即每个标准化的数据平移 0.001。

3. 比重计算

第 t 年第 j 个指标值在第 j 个指标下的比重为：

$$P_{tj}=\frac{Y_{tj}}{\sum_{t=1}^{m}Y_{tj}}$$

4.信息熵计算

第 j 个指标对应的信息熵为：

$$E_j=-\frac{1}{\ln(m)}\sum_{t=1}^{m}P_{tj}\times\ln(P_{tj})$$

5.差异系数计算

第 j 个指标对应的差异系数为：

$$G_j=1-E_j$$

6.权重计算

第 j 个指标对应的权重为：

$$W_j=\frac{G_j}{\sum_{j=1}^{p}G_j}$$

7.综合得分计算

$$U_t=\sum_{j=1}^{p}W_j\times Y_{tj}$$

四、分指标一体化程度测度

本章先使用差异系数法计算每个指标在各年的差异性，以此分析各地市的相对差距；之后使用熵权法分别计算山西中部城市群在 3 个一级指标上的一体化程度，进而分析城市群整体的生态绿色一体化水平。

（一）节能减排

表 7–2 显示，山西中部城市群 5 个地市在单位 GDP 能耗方面的差异性随

时间推移而递增，从 2010 年的 0.154 上升至 2020 年的 0.235，不过总体上相对较小，稳定在（0.150，0.250）这一区间范围内；单位 GDP 工业废水排放量和二氧化硫排放量的差异系数在 2015 年之前拥有相似的变化趋势，2015 年之后单位 GDP 二氧化硫的变化幅度比工业废水排放量的变化幅度更大——前者的差异系数从 2015 年起快速提高，至 2019 年达到顶峰 0.970，之后出现一定程度的回落，到 2020 年为 0.682；后者则表现为“缓慢递增—小幅下降—再次递增”，即山西中部城市群在能源消耗方面的差异性较小，在污染物排放方面差异性较大。

表 7-2　山西中部城市群节能减排指标差异性

年份	单位 GDP 能耗	单位 GDP 工业废水排放量	单位 GDP 二氧化硫排放量
2010	0.154	0.559	0.506
2011	0.154	0.431	0.424
2012	0.156	0.711	0.614
2013	0.148	0.411	0.388
2014	0.148	0.446	0.381
2015	0.155	0.499	0.404
2016	0.214	0.493	0.630
2017	0.222	0.552	0.730
2018	0.212	0.399	0.729
2019	0.219	0.447	0.970
2020	0.235	0.458	0.682

山西中部城市群节能减排的整体情况如图 7-1 所示，在 2010—2020 年间变化较为频繁，总体呈递减之势，从 2010 年的 0.793 降低至 2020 年的 0.312，缩小了 60.66%；此外，一体化数值 2013—2017 年从最高值 0.987 下降至最低值 0.300，降低了将近 70%，之后 3 年虽有所回升，但幅度却很小，至 2020 年仅提

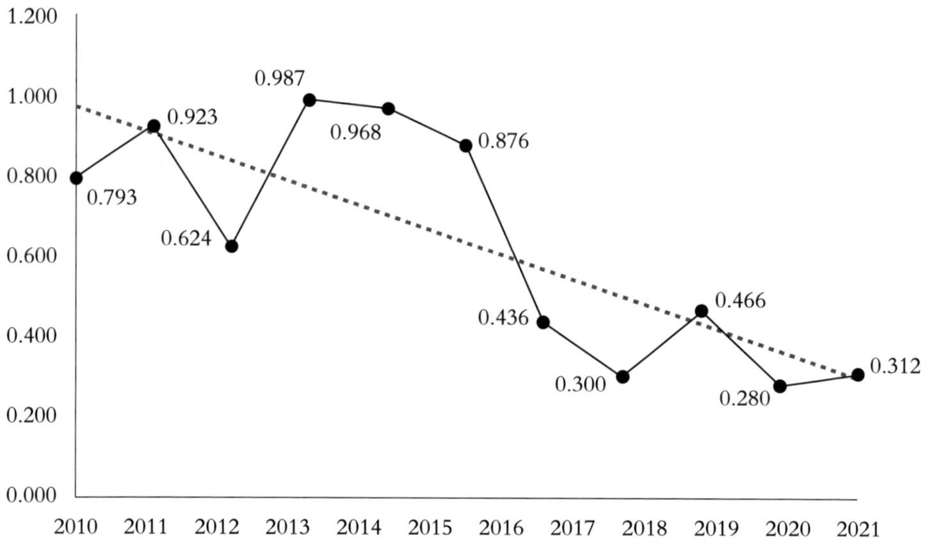

图 7-1　山西中部城市群节能减排一体化情况（2010—2021 年）

升了 0.012。而单位 GDP 能耗、单位 GDP 工业废水排放量和单位 GDP 二氧化硫排放量的权重分别为 0.507、0.219 和 0.274，这表明此项一级指标中能源消耗占主导地位。因此，总体上，山西中部城市群在节能减排方面的一体化程度在不断削减。

（二）污染治理

表 7-3 显示，山西中部城市群在污染治理的 4 个方面差异性较大。其中，城市污水处理率和生活垃圾无害化处理率 2010—2020 年差异性在不断缩小，但后者的缩幅比前者更大，从 2010 年的 0.487 减小至 2020 年的 0.000（基本为 0）；工业固体废物综合利用量五市差异系数变化较大，整体表现为波动式上升，从 2010 年的 0.440 上升至 2020 年的 0.747，增长了 69.77%；而环境污染治理投资占 GDP 的比重这一时期表现为明显的 V 形，2013 年是其差异程度最低的一年，差异系数为 0.225。综合来看，山西中部城市群在工业固体废物综合利用方面的差异最大，环境污染治理投资次之，生活垃圾无害化处理第三，城市污水

处理最小。

表 7-3 山西中部城市群污染治理指标差异性

年份	城市污水处理率	工业固体废物综合利用量	生活垃圾无害化处理率	环境污染治理投资占 GDP 的比重
2010	0.089	0.440	0.487	0.756
2011	0.205	0.370	0.408	0.539
2012	0.107	0.437	0.309	0.391
2013	0.079	0.501	0.253	0.225
2014	0.099	0.559	0.210	0.428
2015	0.059	0.513	0.134	0.356
2016	0.057	0.624	0.117	0.412
2017	0.047	0.522	0.093	0.475
2018	0.020	0.683	0.090	0.536
2019	0.012	0.529	0.000	0.600
2020	0.024	0.747	0.000	0.705

图 7-2 显示，山西中部城市群的污染治理一体化情况在 2010—2020 年间变化较为复杂，总体上表现为显著的下降趋势，从 2010 年的 0.647 下降至 2020 年的 0.365，缩小了 43.59%。其中，2011 年一体化程度最高为 0.684，2019 年最低为 0.198。此外，城市污水处理率、工业固体废物综合利用量、生活垃圾无害化处理率和环境污染治理投资占 GDP 比重的权重分别为 0.321、0.197、0.319 和 0.163，这表明山西中部城市群五地市在这四方面的发展相对均衡，没有太大差距，即该城市群在污染治理 4 个构成方面的发展比较平衡，不过总体水平却在不断降低，至 2020 年仅为 0.365。

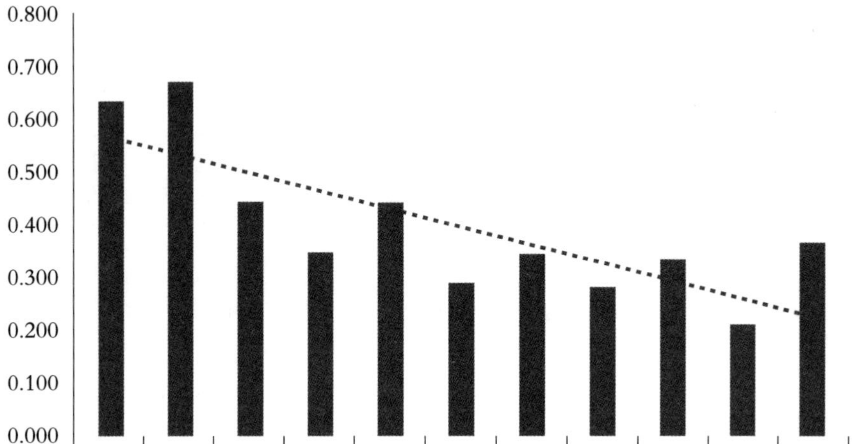

	2010	2011	2012	2013	2014	2015	2016	2017	2018	2019	2020
■污染治理	0.647	0.684	0.445	0.344	0.443	0.280	0.341	0.274	0.331	0.198	0.365

图 7-2　山西中部城市群污染治理一体化情况（2010—2020 年）

（三）环境质量

表 7-4 显示，山西中部城市群在环境质量 4 个构成要素的发展上具有明显的分层特征——当年造林面积的差异系数从 2010 开始增大，至 2018 年达到峰值 0.937，增长了 120.47%，之后两年出现了小幅度下降，至 2020 年为 0.823；公路绿化里程的差异性以 2014 年为分界点，在此之前高于当年造林面积，在此之后二者差距逐渐扩大，同时该指标的差异系数在这 11 年中都远高于空气质量和建成区绿化覆盖的数值，且其变化范围相对较小，除 2020 年为 0.443 外，其他几年都在 0.490—0.570 之间徘徊；空气质量和建成区绿化覆盖的差异性与其他两个指标相比都较小，但它们的变动趋势差距却较大，前者表现为“基本不变—短暂增大—缓慢递减—基本稳定”，后者则从 2011 年开始逐年递减，至 2020 年差异系数值仅为 0.048。总之，山西中部城市群在环境质量 4 个指标方面的差异变化趋势各不相同，需要区别看待。

表 7-4　山西中部城市群环境质量指标差异性

年份	空气质量达到及好于二级的天数	建成区绿化覆盖率	当年造林面积	公路绿化里程
2010	0.061	0.250	0.425	0.499
2011	0.055	0.275	0.472	0.493
2012	0.044	0.147	0.450	0.512
2013	0.229	0.104	0.481	0.552
2014	0.192	0.109	0.565	0.562
2015	0.057	0.051	0.575	0.558
2016	0.126	0.042	0.804	0.555
2017	0.123	0.067	0.907	0.555
2018	0.128	0.068	0.937	0.538
2019	0.119	0.072	0.920	0.545
2020	0.096	0.048	0.823	0.443

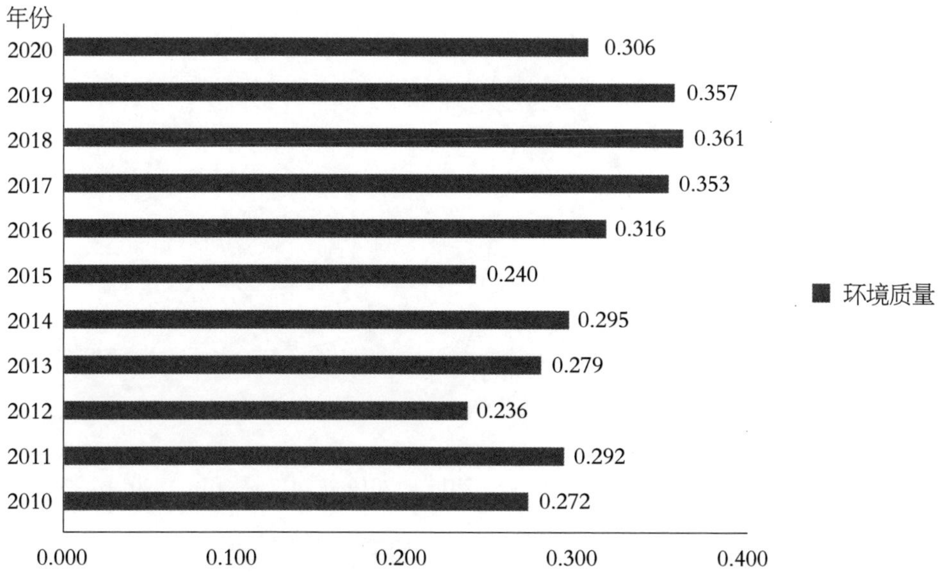

图 7-3　山西中部城市群环境质量一体化情况（2010—2020 年）

总体来看，山西中部城市群在环境质量上的一体化水平呈现波峰式上升趋势。如图 7–3 所示，从 2010 年的 0.272 增长至 2020 年的 0.306，增长了 12.5%。分阶段来看，城市群在此方面的发展以 2012 年和 2015 年为拐点，具有明显的三段式特征，在这 3 个时间段内都表现为一定程度的倒 U 形，峰值分别为 2011 年的 0.292、2014 年的 0.295、2018 年的 0.361。此外，空气质量、建成区绿化覆盖率、当年造林面积、公路绿化里程的权重分别为 0.256、0.383、0.270、0.091，即公路绿化是山西中部城市群在环境质量发展上的重要制约因素。因而，该城市群的环境质量一体化发展要重视公路绿化这一短板，努力弱化其制约性。

（四）生态绿色一体化水平测度

在对山西中部城市群生态绿色的分块一体化情况进行研究后，需要进一步对其整体水平进行测度，结果如图 7–4 所示。

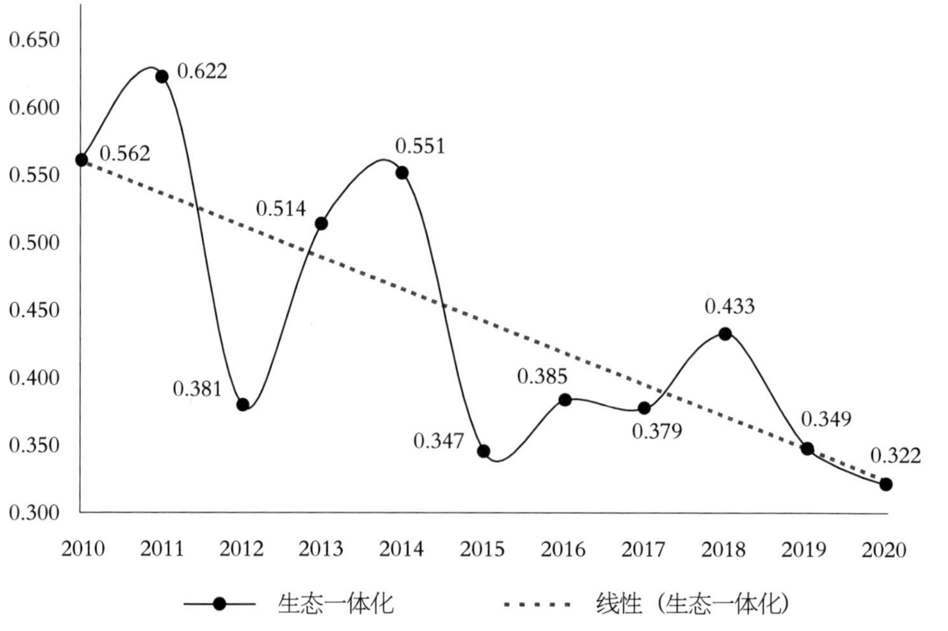

图 7–4　山西中部城市群生态绿色一体化水平测度（2010—2020 年）

总体上，山西中部城市群 2010—2020 年生态绿色一体化水平具有非常明显的高开低走趋势，从 2010 年的 0.563 降低至 2020 年的 0.322，降低了 42.81%。分阶段来看，在“十二五”期间变化幅度较大，从 2011 年的 0.622 急剧下降到 2012 年的 0.381，又快速回升到 2014 年的 0.551，之后一年再次减小至 0.347，起伏趋势非常显著；在“十三五”期间，波动幅度很小，并表现为显著的倒 V 形，在 2018 年达到小峰值 0.433。分指标来看，节能减排、污染治理和环境质量的权重分别为 0.174、0.364、0.462，即城市群的生态绿色一体化发展以环境质量为主要驱动，节能减排为制约因素。

综上所述，山西中部城市群在节能减排和污染治理方面的一体化水平在降低，环境质量的一体化程度在提升，但这种提升并不能在总体上拉高城市群的生态绿色一体化水平，且这种一体化水平的提高以环境质量为主要驱动、以节能减排为制约因素。

第四节　山西中部城市群生态绿色一体化发展对策建议

推进山西中部城市群生态绿色一体化，有利于带动山西走出一条生态文明与经济社会发展相得益彰的新路径。山西中部城市群五市要继续坚持规划引领，不断完善配套体系，牢固树立绿色发展理念，全面加强科技、人才、金融保障，成为全国生态绿色一体化标杆，在更高层次上实现人与自然、环境与经济、人与社会和谐发展。

一、完善政策体系

在政策体系完善方面，应聚焦生态保护、资源管理、生态治理，完善生态绿色一体化发展机制，使制度有效管用，为山西中部城市群全面深化改革、实现高质量一体化发展提供示范。

（一）强化顶层设计

应在山西中部城市群建设领导小组的坚强领导下，完善中部城市群五市制度建设，依法依规联合推进生态环境保护，坚持绿色生产、绿色生活、绿色制度一体推进，使经济发展与生态保护相协调相促进。设立五市生态绿色一体化专项推进机制，按功能组建若干专项小组，定期商讨推动生态绿色一体化发展的重大问题、重大规划、重大项目、重大举措等，积极开展制度合作及跨区域行业联动。加大对重大生态类项目、产业结构调整项目、存量低效用地盘活项目、重大功能性项目的财政支持力度。

（二）完善生态保护制度

应根据山西中部城市群五市实际情况积极开展水源涵养、生物多样性维护、水土保持、防风固沙等功能的重要性评估和水土流失、土地沙化等的生态敏感性评价，加快摸清山、水、林、田、湖、草、动物、气候生态环境现状，在生态功能区内实行最严格的生态保护制度，确保城市群内生态功能区面积不减、功能不降、性质不改。各市应以建设环境友好型社会为基本目标，突出生态环境建设的核心地位，先行探索和实践如何通过政治、经济、文化、社会的全方位配套改革建立起符合生态功能区特点的联动共建机制，进而打通“两山”双向转化的特别通道，成为全省乃至全国生态文明建设可复制、可推广的山西样板。

（三）健全资源管理机制

应兼顾生态保护和经济发展工作，加快推动山西中部城市群各市建立国土空间开发保护制度和生态保护红线管控制度，建立资源环境承载能力监测预警机制。坚持三水统筹，完善水资源总量控制、用水效率控制、水功能区限制纳污等制度，强化汾河水库饮用水水源地生态环境保护，加强滹沱河源头水源涵养。研究制定体现资源环境成本的统一收费政策，完善城市污水、生活垃圾、危险废物、放射性废物集中处置收费制度，适当提高排污费征收标准。健全评价考核体系，提高资源消耗、环境损害、生态效益等指标的权重。自然资源系统要继续对数字规划体系扩容提质，优化完善网上交易系统，赋智赋能“三级联办”平台，持续推动“互联网 + 不动产登记”，优化布局视频监控体系，实现山西中部城市群各市之间的实时数据共享，同时发挥测绘基础性先行性作用，强化地理信息管理和共享，全面推进山西中部城市群自然资源管理数字化转型。

（四）创新生态环境治理机制

应持续推动五市生态环境治理的协同及一体化推进，不断压实五市政府生态环境保护责任，着力完善横向到边、纵向到底的环境保护责任体系，形成党委领导、政府主导，企业主体、社会组织和公众共同参与的“大环保”格局。开展领导干部自然资源资产离任审计，落实生态补偿制度，实行生态环境损害责任终身追究制，建立“三线一单”生态环境分区管控体系，推进生态环境损害赔偿制度改革。建立吸引社会资本投入生态环境保护的统一的市场化机制，发挥好山西中部城市群的平台优势，规范运用政府和社会资本合作模式，制定社会资本投资于环境保护领域的产业指导目录，推行环境污染第三方治理。

（五）完善生态文明考核体系

应探索建立适用于山西中部城市群五市的绿色 GDP 考核体系，充分发挥绿色 GDP 考核体系的良好作用，形成有山西特色的绿色指标体系。在设置政绩考核体系时，五市应做好协调，在指标体系设置上要全面反映社会发展情况，不能使用单一经济指标作为考核依据，应将污染物排放、环境治理、生态保护与修复等相关指标纳入指标体系。同时，科学的考核评价体系也要坚持以人为本的原则，把民众的满意度作为出发点和落脚点，鼓励民众广泛参与其中，增强考核的可靠性。

二、强化要素保障

完善的公共基础设施、优秀的人才队伍以及正常有序的金融体系，是山西中部城市群实现绿色生态一体化高质量发展的关键保障，各市要承担起责任，把工作做好做细做实，为国内其他城市群绿色生态一体化建设提供山西经验。

（一）完善公共基础设施建设

应继续推动山西中部城市群五市国土绿化行动，增加绿化面积，增加植被覆盖率，发挥生态效益作用，提高社会效益，营造优美环境，完善城市绿色建设。各市应协同建设污水、垃圾、固体废物、危险废物、医疗废物处理处置及资源化利用“多位一体”的综合处置基地，实现污泥处置与垃圾焚烧、渗滤液与污水处理、焚烧炉渣与固体废物综合利用、危险废物与医疗废物处置的有效衔接。充分运用大数据、云计算等技术，建立统一的基于地理信息系统数据库的规划管理信息平台，推进山西中部城市群各级各类规划成果统筹衔接、管理信息互通共享。研究制定统一的规划建设导则，以更高标准共同提升一体化示范区规划建设品质。

（二）激发人才要素活力

应建立健全山西中部城市群统一的人才使用激励机制，将五市的教育资源视为一个整体，充分调动和发挥专业人才的积极性、创造性，为生态绿色一体化建设提供强有力的智力支撑。充分利用五市高校资源，加强生态绿色一体化建设专业人才的引进和培养，建设相关领域人才“小高地”，培养一批高水平生态科技专家和生态文明建设领军人才。健全以本土人才培养定位为基础的高等教育分类体系，建立健全高等院校专业动态调整机制，在生态绿色一体化建设领域优化本省院校重点学科设置和学科专业体系，为山西中部城市群高质量发展提供充足的本土人才支撑。

（三）构建绿色金融体系

应完善山西中部城市群各市绿色信贷统计制度，加强绿色信贷实施情况监测评价，探索通过再贷款和建立专业化担保机制等措施支持绿色信贷发展，对于山西中部城市群内绿色信贷支持的项目，可按规定申请财政贴息支持。同时，探索将绿色信贷纳入宏观审慎评估框架，并将绿色信贷实施情况关键指标评价结果、银行绿色评价结果作为重要参考，纳入五市统一的指标体系，形成支持绿色信贷等绿色业务的激励机制和抑制高污染、高能耗和产能过剩行业贷款的约束机制。积极支持山西中部城市群内符合条件的绿色企业上市融资和再融资。在符合发行上市相应法律法规、政策的前提下，积极支持符合条件的绿色企业按照法定程序发行上市，支持已上市绿色企业通过增发等方式进行再融资。

三、构建生态文化体系

健康的绿色文化体系和绿色消费习惯是支撑山西中部城市群实现转型发展、走出一条生态友好型的可持续发展道路的重要体现，需要五市相关部门做好宣传引导工作。

（一）弘扬绿色生态文化

应强化山西中部城市群五市居民的环境意识，把建设美丽中国转化为自觉行动。政府要大力弘扬绿色生态文化，坚持以保护生态为前提，以实现人、社会、自然三者和谐共处为核心，促使经济建设与生态保护完美结合，进而实现经济和社会绿色、健康、可持续发展。把监督体系融入治理体系，营造绿色政治生态文化，积极引导社会各界参与山西中部城市群绿色生态文化建设，成为一支社会力量广泛参与的志愿大军，共同弘扬绿色生态文化，更好地践行绿色发展理念，让绿色生态文化成为山西中部城市群经济社会发展的新风尚。

（二）倡导绿色健康消费

应探索建立山西中部城市群五市统一的绿色税制和绿色金融机制，培育壮大绿色低碳企业，为广大人民群众提供更多可供选择的绿色低碳产品。加大“绿色治理”力度，开展五市联合执法，加大对违背绿色发展理念的污染排放、恶意消费和高耗能生产行为的打击力度，并严格落实相关激励考核制度，引导广大人民群众养成绿色健康的消费习惯。全面加强全省绿色健康产品的供给能力，依托现有生产体系，充分调动五市优势资源，加大对绿色健康产品的研发和创意投入，完善绿色健康产品科学认证体系，从消费源头上满足广大人民群众对绿色健康产品的消费需求。

第八章　山西中部城市群一体化发展机制研究

本书第四、五、六章分别就山西中部城市群空间、产业、市场一体化水平进行了测度和动态演化分析，探析了市场、产业、空间一体化模式的具体选择。但是模式的选择只是一种理论上的可行性建构，如何实现则有赖于机制建设。本章首先简析城市群一体化发展机制的内涵与构成，分析国内外典型城市群一体化机制建设的启示，然后重点阐述山西中部城市群一体化机制构建的策略。

第一节　城市群一体化机制内涵与构成

城市群最重要的特征之一就是城市间形成较为健全的一体化发展体制机制，不断健全和完善成本共担与利益共享机制、科技创新与产业协作机制、公共服务共建共享机制、基础设施互联互通机制、生态环境共保共治机制、政策调控保障机制。

一、城市群一体化机制内涵

机制，泛指一个工作系统组织或部分之间相互作用的过程和方式。它是事物或现象发生、发展变化最本质的推动力，因而具有根本性；其存在过程伴随多种要素及要素的相互作用，具有多元性；且随不同阶段要素之间的相互作用而不断变化，从而产生动态性。城市群一体化机制可表述为：城市群各构成要素之间相互联系、相互作用、相互制约的关系和功能，以及为保证城市群一体化发展所采取的具体管理形式所构成的总体。它是城市群这一空间范围内市场、产业、空间、环境各个要素及其相互作用的各个环节之间建立的内生、统一的有序组织，它源于城市群却又有着自己的运行方式，通过在区域内实现资源配置的帕累托最优这一方式来促进城市群持续健康发展。

二、城市群一体化机制构成

城市群的发展是一个动态变化过程，城市群一体化机制也伴随城市群发展过程逐渐系统化和多样化。通常，较为完整的城市群一体化机制应具备解决如下问题的能力：平衡城市群一体化建设过程中各参与主体的利益，防止利益失衡；实现各城市之间信息的有效分享，最大限度降低信息不对称和不完整；降低资源失当配置概率，提高优化整合能力，实现城市群良性持久发展。除此之外，城市群一体化建设机制还应具备自我判断和自我完善能力，能够确保机制的长久运行。具体而言，一体化机制主要表现为以下内容。

（一）利益机制

利益是指在一定的社会形式中，由人的活动实现的满足主体需要的一定数量的客体对象（薛永应，1982）。它是利益主体在实践的基础上对于可以满足自身需要的客观存在的社会改造。从本质上说，城市群是一个利益共同体，承载着众多参与主体的利益需求以及由于利益分配不均而引致的利益冲突。利益关系是城市群政府间关系中最本质的关系，并持续影响城市群发展。因此，城市群一体化利益机制是指城市群一体化过程中各参与主体在既定的行为准则基础上为维护自身利益而产生的相互制约、相互依存的行为方式。利益机制通常涵盖利益表达、利益分享、利益补偿，以及利益机制运行的组织与管理方式等，并通过正向、负向两种存在状态影响城市群一体化的发展。第一，正向激励。

当城市群利益机制正常运转时，利益主体会积极采取合理的行为，同时也会将与其发生利益关系的另一主体考虑在内，城市群及其利益主体获得正外部性，城市群一体化快速发展。第二，负向阻碍。当利益机制因某种原因未能发挥应有作用时，由于利益主体涉及多方，利益机制的负面影响便会通过连锁效应表现出来，扩散到城市群内部两个甚至多个参与主体，对城市群一体化发展产生阻碍作用。

（二）动力机制

动力机制是指影响某些自然、社会、经济及物质运动形成的基本力量及其在形成过程中的作用程度、方式，决定着系统的生机与活力。顺应事物发展规律和发展方向的动力机制可以有效推动事物的发展，这一论断同样适用于城市群一体化的发展。根据经济增长理论，劳动、资本、土地、企业家才能是促进经济增长的基本要素。城市群一体化动力机制的含义可以从两个方面理解：一是城市群一体化发展的初始动力，包含资源禀赋、区位状况等，是城市群发展以及一体化的物质基础和先天条件；二是一体化发展的支撑手段，在城市群一体化发展过程中，资源禀赋和区位优势等要素只有借助支撑手段才能发挥作用，支撑手段主要包含基础设施建设、创新（人才培养、技术进步）、资金、信息等。

（三）链接机制

城市群是城市的集聚体，单个城市的发展离不开周围城市，社会分工将城市群内部的各个主体以链式相接，形成相互影响的关系。城市群一体化链接机制就是这样一种方式，指城市群中各组成部分之间传导和联系的总和，如产业链接机制、空间链接机制等。

1. 产业链接机制

产业链接是城市群发展过程中对于其内部产业的空间布局及产业分工协作方式的选择，良好的产业链接对于提高城市群产业整体发展水平与竞争优势至关重要，既可以避免产业的盲目重复建设，又可以实现生产过程中资源的节约和效益的最大化。产业链接具有空间属性，其空间扩展过程也是城市的扩张过程。基于产业链接与城市空间的互动关联，城市群内部不同城市之间形成的产业布局和分工协作将会影响城市群的发展。当产业布局及分工协作过度集中于少数城市，集聚效应大于扩散效应时，城市群空间扩展便会从单一点向外发散，内部发展差距便会拉大；如果产业布局与分工协作过于分散，增长点过多，就容易导致“群体弱势”。因此，合理的产业链极为重要，将会直接作用于城市群轴线扩展和网络扩展的最优化。

2. 空间链接机制

空间链接是城市群内各城市之间的空间联系和空间布局方式，它最为明显地展示了一个城市群的时空演化过程。从最初的较少城市相互链接，到后来多个城市的纳入，空间链接显示了一个城市群从小到大的空间扩张和整合过程，全面展示了城市群空间结构的过去、现状和未来。在城市群空间结构演进的过程中，存在着两种效用，即集聚效应和扩散效应。集聚效应使原本孤立、分散的均质性单一城市对外产生双向吸引或是多向吸引，并逐渐产生集聚不平衡的低级有序状态；随着交流的增加，扩散效应使原来处于劣势的城市获得发展，并伴随少数“极核”城市在整个区域的发展过程，最终使城市群空间一体化得以形成。

3. 市场链接机制

完善的市场机制是城市群联动发展的关键，平等合作、互惠互利是城市群联动得以持续下去的重要支撑。在经济发展层面，各个城市群系统均为独立的单元，流、场、链则是城市群联动的域与媒介。如果没有统一的大市场，就会造成区域之间交易费用增加、产业结构同化、无序竞争等畸形。通过城市群联动，可以建立公开、公正的市场竞争机制，打破行政壁垒造成的条块分割，促进各类生产要素顺畅流动和高效配置，形成各具特色、产业互补与关联的城市群有机关联体，在更大的区域范围内实现生产力的合理布局，推进跨城市群统一大市场建设，促进整体城市群核心竞争力的形成。

4. 生态链接机制

完善的生态链接机制是推动生态共建环境共保、绿色低碳转型发展的基础和关键，有利于进一步提高资源环境承载力，为聚集产业腾出环境容量，吸引更多生态功能区人口向城市群集中，可以促使城市群形成优势区域重点发展、生态功能区重点保护的良好空间开发保护新格局，让“生态 + 绿色”成为城市群高质量发展的鲜明底色。

（四）政策保障机制

政策保障机制是推动城市群一体化发展的强化剂，是城市群一体化建设过程中不可或缺的组成部分，具体包括城市群一体化发展战略、发展规划及政策的推进、法律制度的调整等。在推进城市群协同发展过程中，强大政策的作用和效率是显而易见的。因为政府是打破行政区经济、实现城市群经济功能合理化、科学化的不可或缺的政治因素。各种大政方针、战略规划和法律法规的制定能够克服城市群内各城市地方政府各自为政的局面，提升城市群系统的整体功能。

第二节　国内外典型城市群一体化机制分析与启示

目前，国外城市群一体化比较成功的地区主要有，以波士顿、纽约和华盛顿为核心的美国东北部城市群，以芝加哥为核心的北美五大湖城市群，以东京为核心的从东京、横滨到大阪的日本太平洋沿岸城市群，以伦敦为核心的从伦敦到曼彻斯特的英伦城市群，以巴黎、阿姆斯特丹为核心的欧洲西北部城市群。国内城市群一体化比较成熟的地区有，以上海市、江苏省、浙江省组成的长江三角洲城市群，以广州、深圳、珠海等组成的珠江三角洲城市群。国内外成熟城市群在组织与管理方面的经验，对构建和完善山西中部城市群一体化发展机制具有重要的指导意义。

一、国内外典型城市群一体化机制分析

（一）完善利益机制，实现利益分享和补偿

中国长三角城市群包括上海、南京、杭州在内的16个城市，截至2014年，成为国内GDP占比15%的世界级著名城市群。地理位置毗邻，一方面利于自上而下进行宏观调控和政策引导，也利于中央政府直接调控；另一方面，由于行政区的长期存在，当由省级政府主导区域发展时，由于行政等级和“府际经济”观念的存在，又不可避免地会出现利益冲突。为此，长三角城市群在一体化过程中逐渐形成了自己的利益分享与协调方式，即建立“多层级、多主体参与”的网络体系：各级政府、企业以及社会组织的参与符合利益主体的广覆盖要求，多级会议的探讨方式符合利益表达途径的要求，针对不同地区均做出了相应的发展规划符合利益分享与补偿的要求。具体如下：

第一层，建立和实施每两年一次的省级主要领导会商机制，主要决定长三角的利益共享、目标共建与重点规划等核心问题，从源头把握好长三角一体化的正确方向；第二层，副省（市）长主持的一年一次的“沪苏浙经济合作与发展座谈会”机制，会议以落实第一层相关核心问题为主，进一步协调推进长三角城市群发展事项；第三层，市级领导参与的一年一次的“长江三角洲城市经济协调会”机制，主要任务是将前两层级会议部署的合作事项细分成专题，并积极推广施行，包括诸如城市规划、科技信息分享等；第四层，也是前三层的“落地环节”，直接关系到长三角城市群合作及利益分享机制的实施效果，这一环节政府与企业、企业与企业鼎力合作，将“梦想”变为现实。这种“有决策、有执行、分工明确、协调统一”的联动机制，既解决了利益机制中存在的利益冲突问题，又通过宏观调控等直接手段引导和造就了一系列具有可实现性、可操作性的动力机制，最终促进了长三角城市群一体化发展。

（二）强化动力机制，支撑城市群持续发展

交通通信网络、市政工程等基础设施，是经济社会发展的基础，是商品流、人才流、资金流、信息流等不可或缺的物质载体。其中，方便快捷的交通运输网络体系是城市群一体化发展的重要前提和有力支撑。可以说，城市群一体化首先是从交通一体化开始的，特别是以轨道交通、高速公路为标志的现代交通运输决定了城市群一体化发展的速度和规模。

创新是第一动力，对于城市群的发展尤为重要，直接关系到城市群的可持续发展能力。中国长三角城市群近年来在创新能力和创新环境方面取得了显著进步。一方面，多管齐下，强化创新基础。首先，政府层面，R&D 经费支出以及地方财政科技拨款不断提升。其次，企业创新参与度提升，研发资金投入快速增加。以上海为例，2014 年，仅全市 15 家新型工业化产业创新示范基地研发投入就高达 980 亿元，占销售收入的 3.1%；与此同时，企业还积极主动入驻创新园区，通过创新园区的集聚效应和辐射效应，拉动整个城市群的产业升级和经济发展。最后，一方面，加大科研人员培养力度。创新源于人才，长三角城市群人才培育规模不断扩大，科研从业人员不断增加。例如，2014 年，苏州市高技术产业就业人员占全社会就业人员比重高达 17%，远远超过全国其他城市的水平，同年上海知识密集型服务业就业人员占全社会就业人员比重为 9.02%，高居全国第二位。这种创新人才的集聚带来的辐射效应和知识溢出，提升了各城市之间的创新共享程度。另一方面，提升政府服务，优化创新环境。为促进创新发展，长三角地区政府积极创建了众多公共服务平台。例如，围绕战略性新兴产业和先进制造业发展需求，建设公共技术服务平台，为处于产业发展顶端的产业类型提供了良好的“落地”条件；围绕企业发展需求，积极搭建园区公共设施服务平台，为处于创新园区的企业提供高效的政府服务，提高其研发积极性。

（三）优化链接机制，实现城市群协同发展

第二次世界大战后，日本在环太平洋沿岸地区重点发展以石油化工和钢铁等重型化工业为主的临海工业，为经济高速增长奠定了重要基础，同时也带来了大型制造业和城市人口过度集中等问题。为此，1962 年日本政府出台了《工业布局限制法》，限制企业在东京设厂，确定在轨道沿线逐步发展以居住和工业为主的新兴城市，同时在都市圈内加速发展干线及市郊铁路并进一步通勤化。1986 年，日本政府在第四次首都基本计划中进一步提出要培育“业务核都市”，通过对外迁工厂 3 年免征固定资产税、禁止在都心三区大规模建厂等措施，加快发展高附加值、高生产率的服务业。在东京向服务经济全面转型的过程中，制造业快速向周边城市转移，传统商业、房地产业、生产性服务业等第三产业也不断向周边地区扩散，既带动了周边地区的制造业发展，也推动了整个首都圈的服务经济发展，最终形成以东京为高技术产业中心、神奈川县为工业与物流中心、千叶县为商务与货运中心的发展格局。明确的产业分工，虽然导致各城市职能较为单一，但由于产业互补性强、优势突出，因而也出现了错位发展的良好态势。总之，东京城市群内各城市都发展了自己的专业化产业，并在各自专业领域内构建了关联配套产业，实现了区域内的高价值循环，通过专业化分工协作形成了市场反应灵敏、创意不断涌现的知识密集产业集群，拥有了新的活力和竞争力。

美国东北部大西洋沿岸城市群五大核心城市，产业结构相互补充，集聚效应较高，具有超强竞争力。纽约是该城市群的核心，是美国和国际大公司的总部集中地，是全美甚至全世界的金融中心，也是各种专业管理机构和服务机构的聚集地。费城是该城市群的第二大城市，重工业发达，是美国东海岸的炼油中心、钢铁、造船基地，也是该城市群的城市交通枢纽。波士顿是著名的文化中心，闻名世界的哈佛大学、麻省理工学院都在这里，以波士顿为中心的环形科技园区是仅次于硅谷的全美微电子技术中心，是高新技术产业集聚地。华盛

顿是美国首都，是全国的政治中心。巴尔的摩国防工业发达，也是南部卫生服务基地。美国东北部大西洋沿岸城市群拥有多个港口，在一体化方面既各有定位，又相互补充。纽约港是商港，以集装箱运输为主；费城港主要从事近海货运；巴尔的摩港是矿石、煤和谷物的转运港；波士顿港是以转运地方产品为主的商港。

从上可以看出，在城市群一体化发展过程中，各个城市都要有自己的特殊职能，都要有占优势的产业部门，使彼此之间能够相互渗透融合，实现生产要素在城市群中充分流动。

（四）注重保障机制，强化城际对接

无论是城市之间的产业分工协作，还是一体化的基础设施网络建设，都离不开强有力的战略规划指引，以维持整个城市群发展的一致性和协调性。

以巴黎为例，早在 19 世纪初巴黎就已发展成为世界贸易和金融中心，但大规模的工业和人口在城区过度集中也引发了交通拥堵、环境污染、住房短缺等问题。为改变核心城市过度聚集的局面，法国政府展开了积极的规划干预，把城市发展规划调整作为维持巴黎国际城市地位的有效措施之一。1934 年，《巴黎国土开发计划》提出跨行政区域的大巴黎地区规划，目标是限制巴黎都市区恶性膨胀，更好美化城市。1958 年政府在巴黎近郊拉德方斯建设新商务区，分担主城区的娱乐、居住功能。1960 年，《巴黎地区总体布局规划》提出划定 4 个近郊城市，建成“多中心巴黎”，重新整合无序蔓延的城市化空间。1965 年和 1976 年的《巴黎地区城市发展与管理总体规划》主张沿交通干线开发 8 座新城，形成若干发展轴线。1994 年，巴黎大区总体规划以及整治计划出台，指出要划分建成空间、农业空间和自然空间，强调三类空间协调发展。2000 年《大巴黎交通出行规划》提出，通过建设城市副中心、外迁部分机构等措施，分散中心区功能和交通压力。2007 年，《大巴黎计划》提出着重解决交通运输、古建筑保护和高耗能旧工业退化等问题，着力建设“可持续发展、具有国际竞争力、不再有郊区的绿色环保大都市”。

在城市群一体化发展方面，日本也高度重视规划引领，先后进行了五轮首都圈规划。1958 年的第一次规划，提出要限制东京都无度扩张，将首都圈的范围由东京为中心半径的 50 公里扩大到 100 公里。1968 年的第二次规划，提出要强化都心区中枢性商务及管理功能，对周边地区实施积极的引导开发。1976 年的第三次规划，强调要把中心区的部分中枢性职能分散到周边地区的“商务核心城市”。1986 年的第四次规划，提出要建设具有多个核心和圈层的“多中心、多圈层”区域结构及自立都市圈。1999 年的第五次规划，提出要把首都圈建成具有经济活力、充满个性、与环境共生的区域，形成自立、互补、高密度的“分散型网络区域空间结构”。从这五轮次的规划可以看出，其核心目标都在于解决区域经济一体化过程中的空间结构、功能布局，以及因人口、资源和城市功能过度密集所引发的各类区域性问题，提高一体化发展的质量和水平。

再以纽约城市群为例，1921 年，该市颁布了第一部区域规划，提出要加强 CBD（中央商务区）建设，推进城市“再中心化”，着力解决城市无序发展的问题。1968 年，制定了第二部区域规划，提出了抑制城市蔓延、中心再聚集、区域可持续发展的目标，规划建设多中心城市。1996 年，制定了第三部区域规划，主要目标转向重新强化纽约的中心地位，推动区域可持续发展，提高纽约集中全球资本的能力。2002 年，“纽约市战略规划”提出要加强纽约与其他世界级区域之间的联系，将纽约建设成为一个充满机遇的世界城市和可持续发展的城市。2007 年，“纽约市城市总体规划”提出要致力于改善交通拥堵，提高空气质量，推进节能减排，建设一个更绿色、更繁荣的纽约。这些规划的制定和实施，为推进城市群一体化指明了发展方向，有效发挥了积极的引领和调控作用。

二、国内外城市群一体化机制的启示

国内外发达国家城市群一体化的生动实践，对山西省有序推进中部城市群一体化发展有着重要启示。

（一）利益机制建设的启示

1. 注重并优化利益机制建设过程中各主体的参与方式，从源头做好利益表达与利益共享

首先，明确不同等级政府的利益归属和职能管辖。低等级政府要在城市建设过程中不与高层级利益产生冲突的基础上实现自身利益，充分体现“一盘棋”的原则。例如，随着东京核心城市地位的确立，势必要占据更多的生产要素，为避免区域竞争引起利益冲突而造成资源浪费，非核心城市便要主动进行生产、分工的再定位。其次，尊重企业的市场主体地位，强化服务型政府建设。政府要减少对资源配置的直接干预。对于影响城市甚至城市群发展的重大决策，要充分尊重企业这一市场主体，鼓励其自主制定适合自身发展的微观决策，并在吸收各方意见和建议的基础上形成科学合理的利于城市群一体化的决策，充分平抑企业与政府在城市群发展过程中的利益冲突，实现政府和企业的良好互动，如东京都市圈在对外扩张阶段以“市场”为主导的发展选择。最后，强调实施以人为本、关注民生的利益分配方式。人的发展是社会发展的根本落脚点，由于存在个体弱势，在与政府、企业发生利益关系的过程中，个人利益的维护存在困难。为解决这一问题，要注重个人或民间团体在城市建设规划过程中的参与，赋予并保证其话语权，重点解决其利益关注点和利益诉求。例如，纽约城市群在纽约区域规划协会和专门机构设立与运行过程中对于民间团体的重视，以及东京“整备委员会”对于大学教授的吸纳。

2. 构建一体化的组织与管理机构，推进利益机制有效执行

西方经济学认为，“理性人”的存在会造成追求利益的最大化。由于行政

管理界限的存在，城市群内部各城市之间必然面临难以克服的利益矛盾——通过实现跨区域的协调来破解这一矛盾成为关键，而一体化组织与管理机构的建设便适应了这一具体需求。一方面，当利益机制运行不畅时，组织与管理机构致力于将利益冲突带来的损失最小化；另一方面，当利益机制顺利运转时，区域协调机构则注重将利益机制的正向作用最大化。最终有效整合区域内部资源，促进信息共享，降低风险预期，缩减发展成本，优化城市群发展方式，促进城市群一体化发展。

（二）动力机制建设的启示

城市群交通网络系统的发展一方面促进了区域经济社会发展，另一方面对于其空间结构的重构也起到了巨大的推动作用。可见，在城市群一体化建设过程中，我们要不断加大交通网络的建设力度，做到满足“量”的需要；同时，国内外城市群在发展的不同阶段和不同空间距离内对主导交通方式的最优化选择，也具有一定的借鉴意义。由于公路交通在道路拥堵、环境污染等方面具有从根本上难以消除的缺点，这就要求在未来的城市群建设过程中，积极发展轨道交通，而这一发展诉求也与当前我国在城市建设过程中倡导的“绿色环保”“低碳经济”“绿色发展”相吻合。

（三）链接机制建设的启示

1. 优化产业空间分布

在城市群发展过程中，单一城市大包大揽的产业发展模式势必难以持续，并将导致整个城市群功能发展畸形。因此，对产业链进行合理的空间规划十分重要。发达国家城市群在产业布局上十分注重“特色”城市的发展，不同城市形成各具特色的产业，通过错位发展，既避免部分城市与区域因无产业而成为发展洼地，又可以防止因存在相似产业产生恶性竞争而造成资源浪费和地区矛盾。同时，它们十分注重产业园区的建设。如日本首都城市群发展过程中建设了众多工业园区，集聚了大量生产型、技术型中小企业，易于形成良好的生产、研发互动，彼此共享信息，产生集聚效应。这些园区通常位于或者靠近城市群中心城市，在推动中心城市发展的同时，能够更好地产生空间外溢和辐射效应，从而带动整个城市群发展。

2. 完善空间结构

通过分析国内外城市群的空间链接演化过程可以看出，其空间链接的阶段特征基本相似，可以概括为：明确中心城市—打造发展核心—周围层级渗透—多重城市连接—跨区域融合形成。这种具有鲜明阶段性特征的空间发育过程表明：站在全局的战略高度，统筹整个城市群，明确各城市的职能定位，合理规划城市群的空间布局、延伸方向，借以形成合理的城市群空间结构至关重要。

需要注意的是，城市群空间结构的优化不能一蹴而就，对于空间扩展方向的选择，以及某一或者某类城市是否应该纳入城市群有一个筛选过程。同时，城市群空间布局的优化调整要与城市群发展的现实对接，做到规划由事实而来、规划为事实服务，用事实发展来修正规划，防止以个人意志为转移。

（四）保障机制建设的启示

法律法规的强制性特征保障了其在运行过程中的有效性，国内外城市群尤其是日本太平洋沿岸城市群的一体化发展过程凸显了法律法规的重要性。这就要求我们在城市群建设过程中要加大立法力度，使城市群发展做到有法可依，既可以有效减轻决策主体和利益相关者之间的矛盾，又可以减少由于行政利益存在而造成的“区域倾向性”，从而能够在顾全整个城市群利益的基础上提高城市个体的积极性，最终促使城市群一体化发展。此外，还要重视政策制定，使其与法律相衔接，共同服务于城市群一体化发展。

第三节　山西中部城市群一体化机制问题解析

山西中部城市群一体化建设尚处于初始阶段，在一体化机制方面存在的问题主要为：因利益机制缺失造成城市群利益共享和分配不完善，因动力机制缺失造成各种运输方式无缝连接的立体交通运输网络尚不完善以及城市群之间协同创新体系尚未形成，因产业链接机制缺失造成产业结构趋同、错位发展不足、跨区域优化重组困难重重，因空间链接机制缺失造成公共服务供给不均衡，城市群协同发展后继乏力，以及因规划起步较晚、政策细节模糊、执行与考核力度不够而造成的保障机制缺失。

一、利益机制缺失

（一）山西中部城市群利益机制建设滞后

与单个城市或独立行政单元相比，城市群治理难度较大。一是涉及跨区域治理，治理主体多元，涉及多个行政区所属的各级政府主体，治理主体和行动决策主体多元，尤其是在财政分权、GDP 政绩观下，各地政府竞争意识强、合作意愿低；二是治理对象复杂，跨行政区域的城市群涉及区域公共物品供给问题，不仅包括交通、通信等硬件基础设施，还涉及公共服务、产业配套和政策法规衔接等软性方面的公共物品，还涉及跨区域的水资源、自然资源的保护和开发利用，如何解决跨区域公共物品的投入、建设、运营也是重要难题；三是要素资源配置复杂，由于土地、劳动、技术、产业、数据等要素分属不同的行政区域，受到行政分割和制度性壁垒制约，容易造成跨区域流动受限、资源优化配置受阻。为解决以上治理难题，国内外成熟城市群发展的典型经验和主要做法就是建立城市群利益协调机制，各个决策主体必须在共同利益驱使下达到目标一致、行动一致，才能真正实现区域内帕累托最优。然而，截至目前，山西中部城市群治理基本停留在自组织阶段，尚未建立起真正的区域利益协调机制，尤其是促进城市群协同发展的利益分享机制、利益补偿机制、激励约束机制等均属空白。

（二）市场和社会组织利益表达渠道较少

目前，山西省出台了《关于推动山西中部城市群高质量发展的指导意见》

《山西中部城市群高质量发展规划（2022—2035年）》，规划中提到，未来几年，中部城市群五市之间的行政协议广泛涉及能源、农业、贸易、投资、交通、科技创新、环境保护等多个领域。此类规划有两个特点，一是规划设计通常在政府行政系统内部完成，社会公众较少知情且缺少参与渠道，因此，参与主体和主要决策者仍然是相关协议签订方地方政府，忽略了企业、个人等其他主体的参与，使得市场力量和非政府组织难以在利益协调中发挥作用。地方政府主导的政策设计必然受到自身利益的约束，导致协调机制常常无法达到预期效果，反而更多显示出形式化和空洞化。二是如前所述，我国现行的地方政府考核体系仍然以 GDP、财政收入、招商引资等指标为主。政府主导下的区际利益协调常常首先考量自身利益，对能够给辖区带来利益的相关事项更为积极主动，而对未能给辖区带来利益甚至带来不利影响的相关事项则较为被动，有时甚至采取拖延或是抵触等行为，从而阻碍了生产要素在区际范围内的合理流动和配置，使得行政协议下的区际利益协调缺乏科学性、有效性和持续性。

二、创新动力机制缺失

山西中部城市群的动力机制主要涉及交通网络建设和创新发展两方面。在交通网络建设方面，有强有力的省级层面统一规划建设是山西中部城市群发展最大的优势，目前，山西省已经启动了《山西中部城市群综合立体交通网规划》和太忻经济区交通运输高质量发展行动方案编制工作。加快构建山西中部城市群综合交通枢纽集群，抓住雄忻高铁建设历史机遇，同步规划建设与雄忻高铁有效接驳的客货运枢纽，建设太忻陆港型（生产服务型）国家物流枢纽，增强太忻一体化经济区辐射带动能力。到 2025 年，形成太原连接雄安新区并辐射省内设区市 2 小时城际交通圈，基本形成“123 快货物流圈”。相信在省级政府强有力的支持和推进下，五市之间的交通网络建设将会有很大改善。但是，在创新发展方面，五市科技创新能力不足且严重失衡，需要政府、企业、科研机关通过体制机制共同作用予以改善。一方面，传统增长路径依赖严重。除太原之外，吕梁、忻州、阳泉、晋中过去几十年来一直严重依赖能源产业和传统重化工产业，科技型产业几乎没有，技术进步一直依靠引进，缺乏技术创新的动力。大多数企业追求以最小成本实现最大收益，缺少技术创新的危机感和紧迫感。另一方面，创新资源不均。受历史因素影响，长期以来，各种科技创新人才、科技资金投入、国家级省级实验室、科技型企业等科技创新资源越来越集中在省会太原和转型综改示范区，导致阳泉、晋中、忻州、吕梁相邻地级市出现“灯下黑”，甚至这些地区的科技企业和科技人才也越来越被省会太原“虹吸”。五市之间的创新能力差距逐渐拉大——创新能力薄弱的城市很可能陷入“创新陷阱”，城市群内部出现“马太效应”。

三、产业链接机制缺失

城市群发展的核心在于推进区域经济发展一体化，关键在于形成合理的区域分工体系，尤其是要形成合理的区域产业分工。由于受行政区划分割、自然资源禀赋等多重因素的影响，山西中部城市群职能定位同化、产业同构及同质化现象比较突出，直接影响和制约着城市群错位协调发展。比如在主导产业选择和重点产业发展方面，太原、晋中、吕梁均把高端装备制造业、信息技术产业、新材料、新能源作为重点发展产业，太原和晋中均把新能源汽车作为重点发展产业，太原和忻州均把半导体材料作为重点发展产业。这些相似的产业发展重点极易引发城市间的资源争夺、恶性竞争，进而导致区域间的重复建设和资源浪费，破坏城市间的和谐发展和区域一体化进程。比如在新一轮招商引资过程中，各城市为了获取相同的发展项目，往往竞相压低地价，甚至以零成本或负成本来出让土地，既不利于企业集群发展，也有损城市群发展的整体效益。

可见，当前山西中部城市群内部的产业分工协作和错位发展关系还没有形成，如何结合各市的现实情况、区位特征、产业优势等确定重点发展产业并转移其他产业，也缺乏相应的制度安排。

四、空间链接机制缺失

核心城市是城市群快速发展的关键和保证。核心城市发展速度的快慢、规模的大小以及实力的强弱对于城市群发展的速度、质量和效益具有举足轻重的影响。与长三角、珠三角等发展相对成熟城市群的核心城市相比，山西中部城市群核心城市——太原市，无论是经济总量、发展规模还是经济实力、竞争能力等都还存在很大不足，对周边城市的辐射带动能力较弱，相反，对周边城市的虹吸效应较强。2022 年 9 月山西中部城市群五市住房公积金实施异地同策，打响了中部城市群公积金一体化的第一炮，但是，城市群内部的医疗、教育、养老等公共服务一体化仍存在较大障碍，城乡或不同城市或地区之间的户籍壁垒依旧存在，公共服务供给依旧不均等，仍难以适应一体化对各类要素自由流动的要求。此外，城市群内部各地方政府大多从自身利益出发，造成市场、环境等方面的监管规则不统一，执法标准不一致，阻碍了城市群整体市场规则和秩序的统一化。可以说，由于缺乏明确的空间链接机制，山西中部城市群空间区域各种要素的流动受阻，一体化还没有形成。

五、保障机制缺失

自 2022 年 2 月 17 日山西中部城市群建设领导小组成立以来，山西省委、省政府相继出台了《关于推动山西中部城市群高质量发展的指导意见》《山西中部城市群高质量发展规划（2022—2035 年）》，制定了山西中部城市群高质量发展市际联席会议制度，建立了“中部城市群应急救援协作区”等，城市群一体化发展推进取得了一定成果，但因起步较晚，与一体化发展相适应的保障机制还有待完善。

（一）组织协调机构缺乏一定的权威性和约束力

城市学家 L.芒福德指出，“如果经济发展想做得更好，就必须设立有法定资格的、有规划和投资权利的区域性权威机构”，并在权利、职责、资金等方面给予其保障，使之高效运作。为此，进行城市群协调必须建立行之有效的区域协调机构。虽然国外城市群的区域协调机构大都为松散的由企业和民众参与组成的非官方或半官方性质的机构，但它们依旧具有两方面的权利，即对地方规划进行审查的权利和对具有区域影响力的重大基础设施项目进行审查的权利，从而对下级规划保持较强的指导或指令性。我国大多数城市群的协调机构具有官方性质，主要形式有建立政府间协调组织、建立城市群领导机构、建立政府高层论坛和各种贸易展会平台等，但往往由于不具权威性而收效不大。因此，亟须建立由各城市上一级政府组织成立的具有协调权威的区域协调机构以及行业协调组织，推动包括组织协调能力、调控管治能力、综合治理能力、防灾减灾能力、应急指挥能力等在内的城市群综合运转能力建设。

山西中部城市群已于 2022 年成立了山西中部城市群建设领导小组，制定了领导小组工作规则、领导小组办公室工作规则、市际联席会议制度，太原、晋中、阳泉、吕梁、忻州五市也成立了市级中部城市群建设领导小组。但是，目前领导小组的主要作用集中在统筹协调跨地区跨部门重要事项，督促重大事项、重大政策和重大项目落实落地，协调解决问题，加强会商沟通、信息共享、监测评估等目的。这种联席会议制度依旧缺乏一定的权威性和约束力，一旦涉及地方核心的经济利益、社会公共服务供给、生态利益补偿等问题，就举步维艰，协调解决难度极大，同时也容易造成对市场经济的过度干预，形成“行政区经济”。

（二）公共财政保障机制缺失

公共财政是解决城市群空间治理中资源配备与空间布局的重要保障，它在城市群规划实施中的作用主要体现在：一是直接投资城市群地区建设，如跨区域的道路交通设施、供排水设施等基础设施和公用设施，特别是区域重大基础工程设施和大型公共建筑设施；二是募集城市群建设发展资金；三是调控城市群地区建设活动和投资，通过税收杠杆来促进或限制某些投资和建设活动。但是，当前国内城市群除长三角以外，都未设立专门的合作与发展基金，区域协商会议由各地轮流举办，具体合作项目资金也由各地自行筹集。这种筹资方式主要存在以下问题：一是正外部性公共产品筹资困难，推进缓慢。例如，珠三角地区 2009 立项建设的"珠江大桥放射线接广佛新干线"项目，计划将珠江桥与广佛新干线之间 2.4 公里的"断头路"以高架桥的方式进行接驳，以实现广佛核心城区之间半小时内互通。两地分别立项，按统一标准各自负责所属辖区的地段建设。但是项目搁置了十数年之久，仍未启动，直到 2022 年 6 月才再度重启。二是资金来源单一，规模有限。例如，国内已设立的首个"长三角合作与发展共同促进基金"，由三省一市各出资 1000 万元设立，仅用于支持跨区域重大课题的研究，与促进区域一体化发展事项的目标相去甚远。山西省在《山西中部城市群高质量发展规划（2022—2035）》中明确提出要设立"山西中部城市群共同基金"，由省级财政和五市财政出资，吸引社会资本参与，支持跨区域基础设施建设、产业承接转移、生态环境治理、科技创新、公共服务共享等项目，但是对各级政府的出资比例和出资金额、资金使用分配方式、资金监管等未做具体规定，因而该项基金到目前为止还未正式发起和设立。

（三）立法机制缺失

目前，我国城市群规划的法律法规制度建设整体相对落后，城市群规划的编制与实施至今仍然没有一部专门的国家法律给予保障，严重影响了城市群规划的权威性，在空间规划体系中没有获得应有的主体地位与指导作用。纵观我国各类城市群，普遍存在的问题就是政策法规非常薄弱，随意性较大，目前仅有个别省份开始尝试以地方立法的形式赋予城市群规划法定地位，如湖南省人大常委会于 2007 年 9 月 29 通过了《湖南省长株潭城市群区域规划条例》。虽然目前山西省委、省政府已经批复《关于推动山西中部城市群高质量发展的指导意见》《山西中部城市群高质量发展规划（2022—2035 年）》，提出太原、阳泉、晋中、忻州、吕梁人民政府应切实加强组织领导，密切协调配合，落实工作责任，完善定期会商机制和工作推进机制，抓紧制定实施方案和专项规划，依法落实规划明确的主要目标和重点任务。但由于没有从法律上确定城市群规划的地位，其对城市群一体化发展的作用主要还是引导和规劝，各城市仍旧主要从各自的利益与要求出发签订一些制度性协议，严重依赖政府领导的承诺，缺乏明确的法律效力，因而很容易落空，无法获得有效实施。

（四）政绩评价指标体系与评估机制缺失

一方面，权威性的城市群一体化评价指标体系缺失。当前，对于如何综合评价山西中部城市群一体化发展水平还没有建立明确的评价指标体系，《山西中部城市群高质量发展规划（2022—2035 年）》中也没有提出评判一体化程度的具体标准，导致对一体化发展程度的判断基本上只能从定性的角度进行比较分散的评价，或者是利用学界的考核标准，缺乏权威性，这就在一定程度上使一体化机制建设的政策缺乏现实的数据支撑。只有在对山西中部城市群一体化发展程度进行定量评价之后，将定性与定量相结合，才能制定出更具针对性和操作性的政策建议。另一方面，城市群建设过程中政府绩效评估机制不完善。山西中部城市群尚未将“合作绩效”纳入政府绩效考核范围，各地政府对于一体化合作的绩效还未形成明确的目标观念，在一体化合作意识上存在较大不足与缺失，同时，针对发展过程中存在的短期政绩观等不可持续现象仍然缺乏相应的评估手段加以约束。

第四节　山西中部城市群一体化机制构建的思路与策略

国内外各大城市群发展历程表明，拥有一个制定和执行规则的具有权威性的机构，以及一套统一、协调、有效的竞争规则，是城市群形成经济协调一体化发展格局的根本原因之一和必然要求。不断建立健全山西中部城市群一体化缺失的机制体制，是解决好城市群发展过程中存在的问题，进一步推动城市群高质量发展的重大任务。

一、山西中部城市群一体化机制构建的思路

一是强化城市群治理顶层设计。构建与当前山西中部城市群经济发展和城市化发展阶段相适应的城市群治理体系，成立统一的城市群协调组织，完善城市群治理结构。

二是构建要素自由流动合作治理机制。完善产权保护、市场准入、公平竞争、社会信用等市场经济基本制度，充分发挥市场在资源配置中的决定性作用，更好地发挥政府作用，补齐商品要素市场短板，提高监管现代化水平，加快建设统一开放、竞争有序、制度完备、治理完善的市场机制。

三是共建产业协同发展体系。根据不同等级城市的特征和功能定位，发挥其在资源、土地、科技、人才方面的资源优势，推进产业合理化布局，实现城市群产业协调和错位发展，探索建立城市群产业协同发展利益共享、成本共担体系。

四是构建区域公共品供给机制。建立城市群公共品供给制度保障，通过公私合作、地方政府合作等多渠道、多供给方式推动城市群在公共品方面的建设合作，积极探索构建公共领域财税分享、规划衔接、生态环境管理、公共服务配置、数据共享等新体制新机制。

五是发挥太原核心城市引领带动作用。通过打造太原都市圈，强化核心城市的集聚效应和资源配置的统筹能力，在不调整行政区划的前提下，突破行政区划壁垒，以核心城市带动周边地区共赢发展。积极发展等级城市，完善城市群布局和形态，破解城市体系结构失衡，促进大中小城市和小城镇协调发展。

二、完善山西中部城市群一体化发展机制

（一）完善利益机制

在城市群经济一体化发展过程中，利益协调主要存在 3 个方面的需求。一是明确利益相关方，包括省级政府、市级政府、县级政府，包括交通、环境、国土、工信、发改等多个职能部门，包括开发区、产业园区等多个产业载体，包括企业、群众、中介服务机构。二是明确需要共同承担的成本，包括在交通基础设施建设、产业优化布局、关键技术创新研发、公共服务改善、生态环境保护方面的投入。三是明确 GDP、税费收入等资金来源和分配方式，在不同城市间形成共享机制。真正调动各城市的积极性，深度参与和融入城市群经济一体化。

1. 构建多元利益共同体

一是协调区域公共利益。建议在《山西中部城市群高质量发展规划（2022—2035 年）》框架下，科学制订《山西中部城市群一体化发展的实施方案》和《山西中部城市群一体化发展三年行动计划》，加强太原、晋中、阳泉、吕梁、忻州五市发展战略、经济社会发展规划、城乡规划等重大战略和规划的衔接协调。中部五市人民政府要树立新型的区域观与“区域联动、共同发展”的整体战略意识，打破地方保护主义，强化利益共同体意识，厚植一体化发展理念，深化务实合作，增强一体化发展的协调性和整体性。省建设厅、省发改委、省自然资源厅等有关部门应当按照职责分工，密切与五市沟通协调，组织编制《山西中部城市群主体功能区规划》《山西中部城市群资源综合利用规划》《山西中部城市群综合交通规划》《山西中部城市群重大支撑项目行动计划》《山西中部城市群环境保护与建设规划》《山西中部城市群公共服务发展规划》等相关专项规划，建立城市群共同市场，推进城市群形成平等互利互律互动的治理结构和协调新机制。

二是建立开发区和企业等主体的利益表达机制。建议各级政府在制定相关发展规划时，应当增加开发区、产业链核心企业、大型企业、中小企业代表作为发展规划的制定主体，广泛征求各类主体的意见与建议，协调和保障各利益相关方的合理诉求。同时，要求开发区、产业链核心企业、大型企业等制定各自发展规划，包含发展方向、发展目标、重点任务、发展方式、具体措施和保障措施等内容，将开发区和企业发展规划同省级与本行政区域发展规划相衔接，最大化发挥主观能动性，循序渐进地实现开发区和企业经济发展模式的蜕变，加快自身融入山西中部城市群发展的步伐。

2. 建立成本共担机制

推进跨城市的综合交通网络、能源、水利和新一代信息基础设施建设，提供均等化义务教育、医疗卫生、社会保障等基本公共服务，推进生态修复与保护以及大气、水等的环境治理，建立重点项目成本分担机制。根据每个项目的具体情况，由城市群经济一体化管理机构协调各方商议确定分担比例。其基本原则是，交通基础设施按各城市境内里程分担，能源和水利及信息基础设施按各城市境内里程与城市用户数量分担，公共服务按各城市实际享用人数分担，生态环境保护项目按其对生态造成的破坏程度分担。此外，综合考虑各城市的经济发展水平、财政实力等情况，体现协调与共享理念，经济发展好与等级高的城市相对分担更多的建设成本。

3. 加快形成利益共享机制

重点是探索建设项目税收分配办法。一是建立统一的跨区域资源开发利益分享机制，选取前期投入、后续投入、贡献程度等因素，计算分配跨区域资源税收，将利益分享范围拓展到资源开发、加工、运输、销售等各个环节；规范区域利益分配，确保资源输出地合理分享资源开发带来的经济效益，促进资源输出地全面协调可持续发展。二是构建跨区域产业发展税收分享机制，共享城市群经济一体化“红利”，根据跨区域产业不同发展模式与组织方式，分别制定不同地区、不同级次政府间合理的财税利益分配办法，支持产业链不同环节在空间上适度分离与优化布局，促进城市间优质资源相互利用、优势产业相互渗透、产业布局持续优化，培育城际产业链和城市群优势产业集群，实现城市群经济协调可持续发展。

4. 设立山西中部城市群共同基金

借鉴欧盟结构基金的模式和经验，成立山西中部城市群共同基金。资金主要来源包括中央对城市群发展给予的拨款、补贴、专项和其他转移支付资金，各城市按照每年财政收入的一定比例上缴资金以及社会资本。坚持市场化运作，充分发挥管理机构的专业投资管理能力和社会募资能力，有效放大省、市国有资本功能，引导和带动社会资本。基金主要用于支持山西中部城市群基础设施建设、产业转移、生态治理、科技创新、公共服务共享等领域的重大项目建设，助力中部城市群高质量发展。

（二）完善创新动力机制

完善创新动力机制的核心是构建互利共赢协作机制，根本是要充分激发各类人才创新创业的积极性，关键点是要将充分发挥市场对科技资源配置的决定性作用和政府规划统筹的宏观调控作用相结合，以体制机制改革为突破口，以资源对接、分工协同、构建创业生态系统为重点，积极推动规划一体化、政策制度的趋同化、要素流动的市场化、创新资源布局的梯度化及产业发展的差异化，合力推进山西中部城市群成为山西省创新驱动发展的新高地。

1. 建立山西中部城市群跨区域科技协同创新的组织机制

建立城市群政府科技合作联席会议制度，由各地分管领导轮流担任科技联席会议召集人，成员包括各市级政府科技管理部门及各开发区、产业园区负责人和企业家代表、高校与科研机构代表等，就区域科技协同创新有关事宜进行协商。重点包括：联合编制山西中部城市群科技协同发展规划，制定区域科技合作政策，明确区域科技发展思路、目标、政策措施及太原、晋中、阳泉、忻州、吕梁五市的具体任务；建立政府科技合作协商机制、基础性科技资源共建共享机制及利益补偿机制，合理界定各方投入合作创新活动的知识产权权属和收益，建立各地区、各园区财税共享机制，不断深化科技的实质性合作。如太原企业落户忻州、吕梁等地科技园区之后，实现一定比例的财政税收返还。

2. 建立和完善省级人力资源服务园区

人力资源是全面建设社会主义现代化国家的第一资源。近年来，很多省市争相布局各类人力资源服务产业园。其中，长江经济带有 11 个国家级人力资源服务产业园，京津冀城市群有 3 个国家级人力资源服务产业园，成渝双城经济圈有 2 个国家级人力资源服务产业园，中原城市群有 1 个国家级人力资源服务产业园，这些极大地推动了人才引进与区域经济主战场、企业重大需求、科技创新需求同频共振。另外，江苏省、浙江省、安徽省、上海市还签订了《三省一市人才服务战略合作框架协议》《人才服务项目合作协议》等合作协议。相比之下，山西中部城市群国家级和省级人力资源服务产业园建设尚属空白，五市在人才“引用留”方面各自为政，没有形成有序、高效的人才资源配置局面，不能与产业需求、创新需求、开放需求合拍共鸣。建议率先建设省级人力资源服务产业园，高效助力山西中部城市群发展。一是将太原市人力资源服务产业园从“市级”提质升级为“省级”，坚持“政府主导、市场化运作”和“省市共建、属地管理”原则，立足太原，深融中部，辐射全国，打造国际化、高端化、现代化、产业化人力资源服务产业集聚区。二是采取“一园多区、五市互联”模式，在阳泉、晋中、忻州、吕梁四市，建设各具产业特色的分园，聚焦当地重点产业、战略性新兴产业、特色产业和人才队伍建设需要，通过发展共谋、政策共享、资金共投、平台共建、资源共用、人才共育“六共联建”方式，开展高端人才引进、本土人才提升、省校合作深化、人才生态优化行动，提供人才资源配置、成长、开发、评价、管理等全人才产业链服务。三是坚持“智慧园区 + 高素质服务人才 + 高质量服务能力”路径，推动实现“一园多区”

信息互联，五市产业园共享园区人才库、职位库、企业库，真正实现“数据互联、一屏共享”。

3. 整合财税、金融等手段，合力推进区域协同创新

共同投资设立区域性科技合作引导基金或科技合作风险基金，采取贷款贴息、投资入股等有偿方式，支持五市企业、高校和科研院所联合开展关键技术研究和技术标准创制；积极推动科技产业界与金融机构合作，引导银行围绕科技创新建立科技支行；建立五市一体的科技信用体系和科技担保公司，加快推进山西中部城市群一体化的科技投融资体系建设。

（三）完善产业链接机制

建立和完善优势集成、差异布局、错位发展、开放协作的产业链接机制，实现产业政策创设联动、资源和产业协同配置、产业全链条协同互补。

1. 优化城市群产业布局

促进不同层次的产业在“核心—外围”城市的有效分工，以太忻一体化经济区、山西转型综改示范区为核心，强化南北两大增长极引领作用，发展现代服务业及部分现代制造业，在吕梁、阳泉、忻州等城市发展现代制造业及部分现代服务业，形成产业结构、布局与城市等级相适应的态势。太原重点发展高端装备制造、新材料、信创和清洁能源等，培育总部经济和平台经济，打造中部城市群的金融中心、科创中心、品质消费中心。晋中重点发展新能源汽车、光伏装备、现代医药和现代农业等，发挥晋商文化影响力，打造全国知名的文化旅游目的地。忻州重点发展半导体材料、法兰锻造、煤机装备、文旅康养、现代农产品加工等，建设融入京津冀和雄安新区重要走廊。吕梁重点发展铝镁精深加工、大数据、非常规天然气、新能源、白酒、文旅康养等产业，打造黄河流域生态保护和高质量发展先行区。阳泉重点发展新型耐火材料、新能源电池材料、数字经济、煤机装备、节能环保等产业，打造石太经济走廊重要枢纽。

2. 健全产业政策协同推进机制

建立重点产业领域制度规则和重大政策沟通协调机制，在产业发展、企业登记、土地管理、投融资等政策领域建立协商机制，统一制定环境容量、项目投资、综合配套政策落实制度。建立跨地区多部门信息沟通共享和协同推进机制，在市场准入、法规制定等方面加强统筹协调和综合配套，率先打破行政壁垒。探索实行区域重大决策联合听证、专家咨询和公众参与制度，推进政策协同执行，加强质量控制、知识产权保护等方面的跨区域执法联动。

3. 建立标准化协作机制

加强城市群标准领域合作，建立太忻一体化经济区标准化协作机制，开展区域内通用基础市级地方标准的互认、采信。支持地方政府和企业标准制定合作，健全标准研制与科技创新、产业融合发展机制，推进检验检测结果互认。鼓励城市群具备相应能力的社会组织和有关单位积极参与国家、行业和地方标准的制（修）订。

（四）完善空间链接机制

促进山西中部城市群空间一体化发展的关键环节和重要内容是加快推进五市基本公共服务一体化，应坚持从“区域组合”转变为“区域融合”，建设覆盖城乡、功能完善、分布合理、治理有效的城市群一体化基本公共服务体系。

1. 顶层一体设计，形成四级网络服务体系

一是统筹山西中部城市群五市公共服务区域布局，以太原市为龙头、其他四市为枢纽、各县（市、各重点镇和专业镇）为支撑，构建中心—次中心—县域中心—镇级中心四级公共服务网络体系。二是统筹公共服务行业领域布局，构建教育、医疗等重要公共服务领域共同体，形成集团化、集群化发展态势，推进公共服务跨地域、跨人群均衡分布。三是统筹公共服务设施社区布局。按照“15 分钟服务圈”的建设要求，加快山西中部城市群优质公共服务下沉和延伸，提升社区公共服务的便利性与可及性，将公共服务落实到“最后一百米”。

2. 医教合作共享，推行教育联合医疗共建

教育方面，借鉴长三角城市群经验，统筹城市群中小学教职工编制配置和跨市县调整，推行城乡教育联合体模式。创新学生联合培养途径，探索开展高校间跨校选课。借鉴哈长城市群做法，紧密对接城市群产业发展需求，推动与产业链相配套的中高职学校紧缺专业贯通招生，培育一批共建共享实训基地和“双师型”培训基地。创建国家产教融合城市试点，组建省级职业教学联盟，促进联盟成员深度合作，协同发展。鼓励群内五市联合开展就业洽谈会和专场招聘会，多渠道支持重点群体灵活就业。医疗方面，通过医联体、远程医疗等方式，推动形成城市群与京津冀等地区双向转诊医疗服务体系，推广应用异地就医备案“承诺制”和“容缺后补制”。在城市群选择一批医疗机构作为山西省电子健康（一码通）创新应用平台项目试点单位，优先推广应用电子健康卡，逐步实现电子社保卡、医保电子凭证、电子健康卡“多码合一”。

3. 跨区协同养老，推动群内社保接轨衔接

建议建立跨区域养老合作机制，推进建设标准、服务标准、需求评估标准互认衔接，逐步建立养老服务补贴异地结算机制。在生态环境良好、交通便捷的区域共建一批养老服务基地。组建旅居基地联盟，推动跨市域养老服务发展。建议构建山西中部城市群跨部门、跨区域社会救助体系，完善社会福利、社会救助、慈善事业衔接互补。完善简化医保关系转接转移接续程序，推动工伤、孤儿等认证“跨市通办”，加强社会治理统筹联动。

4. 讲好晋风晋韵，实现公共文化服务“一网通”

借鉴长三角、成渝城市群在文化服务一体化方面的经验，在山西中部城市群分等级、分类型布局公共文化设施，推进公共文化设施管理一体化、服务标准化。推动博物馆、美术馆、公共图书馆、文化馆（站）等公共文化设施同城化服务跨市域共享，免费错时开放、延时开放，实现公共文化联展“一站通”、城市阅读“一卡通”、公共文化服务“一网通”。五市联合开展考古研究和文化

遗产保护，加强跨区域文化事业交流，鼓励优秀文艺作品联合创作演出。支持文化产业跨行业、跨地域联合开发晋风晋韵特色文创产品。

（五）完善政策调控保障机制

政策调控保障机制包括组织协调保障机制、公共财政保障机制、法律法规政策保障机制和政绩评价评估机制，使组织保障、资金使用和法律效力形成强大合力，协同推动山西中部城市群一体化发展。

1. 加强组织协调保障机制

建议在山西中部城市群建设领导小组下增设规划委员会、公共财政委员会、监察委员会、仲裁委员会等部门，承担区域合作引导者、调解员、审查员、监督员和仲裁者的职责，目的是解决地方区域合作组织权威性和约束力不足的现实问题；二是山西中部城市群建设领导小组应享有对区域性环境整治或重大基础设施建设等的认可权及相应的资金分配权，对区域性金融贷款拥有倡议权，使其具有一定的经济调控能力与投资管理能力，以实现区域整体利益的优先发展。

2. 建立公共财政保障机制

一是成立公共财政委员会。建议在城市群地方政府自愿合作的基础上，在山西中部城市群领导小组下设类似于欧盟理事会性质的城市群地区公共财政专业委员会，充分发挥公共财政在城市群规划实施中的重要作用，募集城市群建设发展资金，共同行使区域财政一体化的权利，调控城市群地区建设活动和投资。二是建立城市群公共财政储备制度。借鉴欧盟经验对区域公共物品进行共建共享，资金来源可以通过建立区域共同财政来解决，避免出现争抢国家财源的重复建设行为。对区域公共物品建设资金进行比例分担，如区域公共交通建设中，省级政府给一点，交通线经过的地方政府出一点，区域信息网建设及信息分析、传播等方面的费用则应由区域共同财政负担。至于城市群地区的共同财政来源，也可以借鉴欧盟的经验，对增值税收入进行适当提成或按本地 GDP

的一定比例上缴至省中部城市群建设领导小组的专门账户上。三是建立城市群公共财政支出监督机制。城市群各地方政府按比例上缴的共同财政运用情况应确保有相对独立的监督机构进行监督，可由前述的领导小组下设的监察委员会承担该项功能。一般而言，独立的财政监督机构主要强调3个方面的内容，即财政监督机构独立于财政部门及其他资金使用单位之外、财政监督机构只服从法律不接受外部行政指令、财政监督机构人员拥有独立行使职责的权利。

3. 完善法律法规政策保障机制

赋予《山西中部城市群高质量发展规划（2022—2035年）》法定地位。建议山西省及早对山西中部城市群规划进行立法，并与现行的《中华人民共和国城乡规划法》和《中华人民共和国土地管理法》等各种规划法规相互衔接，形成比较完整的规划法规体系，从法律上明确不同空间规划体系的分工关系、编制与实施行政主体，使城市群规划真正成为一种新的“制度”，为城市群政府合作提供政策法规和规划保障。有了法律保障，可大幅度消除政策障碍和行政壁垒，推动城市群各项政策真正得到贯彻实施，真正实现中部五市资源共享、相互开放市场、科技人才流动、产业密切合作以及跨区域基础设施共建。

4. 加快构建政绩评价指标体系与评估机制

一方面，建立一体化建设评价体系。借鉴珠三角城市群一体化评价指标体系，从基础设施一体化（如区域内轨道交通、公路网建设和连接程度，港口资源整合程度，电网、天然气管道建设和连接程度，通信及信息服务等方面）、产业布局一体化（如区域内产业布局一体化协作发展程度、先进制造业增加值、劳动生产率等方面）、基本公共服务一体化（如区域内基本公共服务财政支出增加率，住房、就业、医疗保障一体化指数等方面）、环境保护一体化（如区域内环境信息共享程度、环境监测一体化程度、环境执法合作联动程度等方面）层面，建立跟踪评估制度，对各种一体化发展要素进行针对性的监测、检查、统计、分析、评价，提出进一步修改、发展和完善的建议。另一方面，创新政府绩效评估方式。行政区经济的存在以及现有的政绩考核方式往往会带来“政治经济周期”，不利于城市群的持续健康发展。因此，要积极探索新的绩效评估方式。首先，显性化隐性指标，注重城市群的综合发展。将人文进步、民生质量、社会管理、生态文明、城市群建设、公民满意度等与 GDP 相比较为隐性化的指标纳入绩效评估。其次，短期绩效与长远绩效综合评估。既要考核当期的发展状况，又要评估当期建设是否有利于长远发展，同时又要坚决更正“一届一个规划”的非科学政绩观念，保障规划决策的延续性。

参考文献

[1] BRIFFAULT R. The local government boundary problem in metropolitan areas[J]. Stan. L. Rev., 1995, 48:1115..

[2] SULLIVAN H, SKELCHER C. Working across boundaries:Collaboration in public services [M]. Bloomsbury Publishing, 2017.

[3] SLOCUM N, LANGENHOVE L. The meaning of regional integration: introducing positioning theory in regional integration studies [J]. Journal of European Integration, 2004, 26(3):227—252.

[4] 李兰冰,高雪莲,黄玖立. "十四五"时期中国新型城镇化发展重大问题展望 [J]. 管理世界,2020,36(11):7—22.

[5] 庞效民. 区域一体化的理论概念及其发展 [J]. 地理科学进展,1997(2):41—49.

[6] 孙大斌. 由产业发展趋势探讨我国区域经济一体化动力机制 [J]. 国际经贸探索,2003(6):71—74.

[7] 刘澄,王东峰. 区域经济一体化的新制度经济学分析 [J]. 亚太经济,2007(2):26—28.

[8] 王珏,陈雯. 全球化视角的区域主义与区域一体化理论阐释 [J]. 地理科学进展,2013,32(7):1082—1091.

[9] 刘志彪. 长三角更高质量一体化发展的三个基本策略问题分析 [J]. 江苏

行政学院学报,2019(5):38—44.

[10] 张学良,林永然,孟美侠. 长三角区域一体化发展机制演进:经验总结与发展趋向 [J]. 安徽大学学报(哲学社会科学版),2019,43(1):138—147.

[11] 邹卫星,周立群. 区域经济一体化进程剖析:长三角、珠三角与环渤海 [J]. 改革,2010(10):86—93.

[12] 马仁锋. 长江三角洲区域一体化政策供给及反思 [J]. 学术论坛,2019,42(5):114—123.

[13] 韦伟. 长三角高质量一体化发展若干议题的理论思考 [J]. 区域经济评论,2019(6):18—22.

[14] 刘志彪,孔令池. 长三角区域一体化发展特征、问题及基本策略 [J]. 安徽大学学报(哲学社会科学版),2019,43(3):137—147.

[15] 张学良. 中国区域经济转变与城市群经济发展 [J]. 学术月刊,2013,45(7):107—112.

[16] 赵勇,白永秀. 区域一体化视角的城市群内涵及其形成机理 [J]. 重庆社会科学,2008(9):34—38.

[17] 开流刚. 北接泛珠 南迎东盟 联手共建环北部湾城市群一体化 [J]. 广西社会科学,2005(4):1—4.

[18] 林森. 多层次区域发展视角下城市群一体化的思考 [J]. 财经问题研究,2010(6):28—31.

[19] 李琳. 长江中游城市群一体化模式选择与机制研究:基于市场、产业、空间三维视角 [M]. 北京:社会科学文献出版社,2019.

[20] ABDEL-RAHMAN, Hesham M. The City Network Paradigm: New Frontiers[A]. University of New Orleans Working Paper, 2003: 11.

[21] HENDERSON J V. The Sizes and Types of Cities [J]. American Economics Review, 1974(64): 640—656.

[22] HENDERSON J V. Economic Theory and the Cities.[M] New York: Academic Press,1985:1—3.

[23] HENDERSON J V. Urban Development:Theory,Fact and Illusion [M]. Oxford:Oxford University Press,1988:31—53.

[24] FUJITA M,MORI T. Structure Stability and Evolution of Urban Systems [J]. Regional Science and Urban Economics,1997(27):399—442.

[25] FUJITA M,KRUGMAN P,MORI T. On the Evolution of Hierarchical Urban Systems [J]. European Economic Review,1999(43):209—251.

[26] BREZIS E S,KRUGMAN P. Technology and the Life Cycle of Cities [J]. Jourmal of Economic Growth,1997(2):369—383.

[27] BLACK D,HENDERSON V J. A Theory of Urban Growth[J]. Journal of Political Economy,1999(107):252—284.

[28] ALONSO Villar. Urban Agglomeration: Knowledge Spillovers and Product Diversity [J]. Annals of Regional Science,2002(36):551—573.

[29] BERLIANT M,REED R R,WANG P. Knowledge Exchange,Matching and Agglomeration [J]. Journal of Urban Economics,2006(60):69—95.

[30] 埃比尼泽,霍华德. 明日的田园城市 [M]. 北京:商务印书馆,2002:80—130.

[31] GOTTMANN J. Megalopolis:or the urbani zation of Northeastern Seaboard [J]. Economic Geography,1957,33(7):189—200.

[32] 王翼龙，李仁贵. 弗朗索瓦·佩鲁国际经济理论评介 [J]. 经济学动态，1995(9):65—68.

[33] 弗里德曼. 资木主义和自由 [M]. 北京:商务印书馆,2009:30—40.

[34] MCGEE T G. Urbanisasi or kotadesasi Evolving urban patterns of urbanization in Asia [C]. Urbanization in Asia,1989:93—108.

[35] MCGEE T G. The Emergence of Desakota Regions in Asia: Expanding a Hypothesis [C]. In The Extended Metropolis: Settlement Transition in Asia, 1991: 3—25.

[36] FRIEDMANN J. The World City Hypothesis [J]. Development and Change, 1986, 17(1): 69—84.

[37] SASSEN S. The Global City [M]. Princeton: Princeton University Press, 1991.

[38] 丁洪俊,宁越敏. 城市地理概论 [M]. 合肥:安徽科学出版社,1983:38.

[39] 许学强,周一星,宁越敏. 城市地理学 [M]. 北京:高等教育出版社,1997.

[40] 姚士谋,等. 关于城市群基本概念的新认识 [J]. 城市研究,1998(6):15—17.

[41] 张京祥. 城镇群体空间组合 [M]. 南京:东南大学出版社,2000.

[42] 叶玉瑶,张虹鸥,陈绍愿. 珠江三角洲城市群空间集聚与扩散特征及其量化研究[C] // 中国城市规划学会. 规划 50 年:2006 中国城市规划年会论文集:上. 北京:中国建筑工业出版社,2006:186—191.

[43] 郁鸿胜. 崛起之路:城市群发展与制度创新 [M]. 长沙:湖南人民出版社,2004.

[44] 郑元凯. 海峡西岸城市群城市体系规模结构特征与优化 [J]. 金融经济,2008(6):25—27.

[45] 苏雪串. 城市化进程中的要素集聚、产业集群和城市群发展 [J]. 中央财经大学学报,2004(1):49—52.

[46] 范红忠. 多中心城市的形成与地区经济差距 [D]. 西安:西安交通大学,2005.

[47] 庞晶. 企业、产业和工业化在城市群形成与发展中的作用机理 [J]. 山东财政学院学报,2008(1):57—60.

[48] 熊世伟. 经济全球化、跨国公司及其对上海城市发展的影响 [J]. 城市规划汇刊,1999(2):21—24.

[49] 徐永健,许学强,阎小培. 中国典型都市连绵区形成机制初探:以珠江三角洲和长江三角洲为例 [J]. 人文地理,2000(2):19—23.

[50] 许学强,周春山. 论珠江三角洲大都会区的形成 [J]. 城市问题,1994(3):3—6.

[51] 顾朝林, 张敏. 长江三角洲城市连绵区发展战略研究 [J]. 现代城市研究,2000(1):7—11.

[52] 薛东前,姚士谋,张红. 城市群形成演化的背景条件分析:以关中城市群为例 [J]. 地域研究与开发,2000(4):50—53.

[53] 阎小培,郭建国,胡宇冰. 穗港澳都市连绵区的形成机制研究 [J]. 地理研究,1997(2):22—29.

[54] 耿慧, 焦华富, 叶雷. 都市圈一体化研究进展与展望 [J]. 人文地理,2022,37(4):1—9+86.

[55] 黄玉兴,陈忠暖,陈婷. 地理学视角下中国城市群研究综述 [J]. 城市观察,2016(1):155—164.

[56] 姚士谋,王书国,陈爽,等. 区域发展中"城市群现象"的空间系统探索 [J]. 经济地理,2006(5):726—730.

[57] 方创琳,蔺雪芹. 武汉城市群的空间整合与产业合理化组织 [J]. 地理研究,2008,27(2):397—408.

[58] 王发曾, 刘静玉. 我国城市群整合发展的基础与实践 [J]. 地理科学进展,2007,26(5):88—89.

[59] 戴维丽,潘竟虎. 城市群空间研究述评与展望 [J]. 商丘师范学院学报,2015(3):70—77.

[60] 黄玉兴,陈忠暖,陈婷. 地理学视角下中国城市群研究综述 [J]. 城市观

察,2016(1):155—164.

[61] HENNING B D. The growth and decline of urban agglomerations in Germany [J]. Environment and Planning A: Economy and Space, 2019, 51(6): 1209—1212.

[62] 朱政,朱翔,李霜霜,长江中游城市群空间结构演变历程与特征 [J]. 地理学报. 2021,76(4):799—817.

[63] 王林枝,王盼盼,郭林豪,等. 基于引力和场强模型的山东半岛城市群空间范围界定 [J]. 城市建设理论研究,2017(18):40—42.

[64] 黄征学. 城市群界定的标准研究 [J]. 经济问题探索,2014(8):156—164.

[65] 黄剑锋,陈明星,陆林. 区域一体化的空间涌现逻辑及其范式探新:兼论长三角一体化的复杂性空间治理 [J]. 自然资源学报,2022,37(6):1425—1439.

[66] 王芳,夏丽华,张太煜. 基于 GIS 的珠江三角洲城市群结构与空间关联研究 [J]. 广州大学学报(自然科学版),2010,9(1):47—53.

[67] 陈梦筱, 国家级城市群经济空间联系及演化趋向: 以哈长城市群为例 [J]. 经济地理,2020,40(5):99—105.

[68] 钟业喜,吴思雨,冯兴华. 多元流空间视角下长江中游城市群网络结构特征 [J]. 江西师范大学学报(哲学社会科学版),2020,53(2):47—55.

[69] 汤放华,汤慧,孙倩,等. 长江中游城市集群经济网络结构分析 [J]. 地理学报,2013,68(10):1357—1366.

[70] 陆军,毛文峰. 城市网络外部性的崛起:区域经济高质量一体化发展的新机制 [J]. 经济学家,2020(12):62—70.

[71] GOTTMAN J. Megalopolis: the Urbanization of the Northeastern Seaboard of the United States [M]. Cambridge: The M. I. T Press, 1961.

[72] HAGERSTRAND T. The Propagation of Innovation Waves [M]. Lund: Lund Studies in Geography, 1952.

[73] HAGGETT P, Cliff A D. Locational Models[M]. London: Edward Amold Ltd. , 1977: 37—69.

[74] 方创琳,宋吉涛,张蔷,等. 中国城市群结构体系的组成与空间分异格局[J]. 地理学报,2005,6(5):827—840.

[75] SCOTT A J. Global City-Regions: Trends, Theory, Policy [M]. New York: Oxford University Press, 2002.

[76] CAPELLO R. The city network paradigm: measuring urban network externalities [J]. Urban Studies, 2000, 37(11): 1925—1945.

[77] 陆玉麒. 中国区域空间结构研究的回顾与展望 [J]. 地理科学进展, 2002, 21(4): 468—476.

[78] 魏后凯. 区域开发理论研究 [J]. 地域研究与开发, 1988(1): 16—19.

[79] 魏后凯. 现代区域经济学 [M]. 北京:经济管理出版社, 2011.

[80] 张京祥, 崔功豪. 城市空间结构增长原理 [J]. 人文地理, 2000, 15 (2): 15—18.

[81] 顾朝林. 城市群研究进展与展望 [J]. 地理研究, 2011, 30(5): 771—784.

[82] 薛凤旋, 郑艳婷, 许志桦. 国外城市群发展及其对中国城市群的启示 [J]. 区域经济评论, 2014(4): 147—152.

[83] 李兰冰. 中国区域协调发展的逻辑框架与理论解释 [J]. 经济学动态, 2020(1): 69—82.

[84] 熊鹰,李亮,孙维筠,等. 环长株潭城市群城际空间联系演化分析 [J]. 经济地理, 2022, 42(7): 78—83.

[85] 张荣天. 长三角城市群网络结构时空演变分析 [J]. 经济地理, 2017(2): 46—52.

[86] 程遥,张艺帅,赵民. 长三角城市群的空间组织特征与规划取向探讨:基于企业联系的实证研究 [J]. 城市规划学刊, 2016(4): 22—29.

[87] SOO K T. Zipf 's Law for cities: a cross-country investigation [J]. Regional science and urban Economics, 2005, 35(3):239—263.

[88] MEIJERS E J,BURGE M J. Spatial structure and productivity in US metropolitan area [J]. Environment and Planning A,2010,42(6):1383—1402.

[89] LEE B, GORDON P. Urban spatial structure and economic growth in US metropolitan areas [C] // 46th annual meetings of the western regional science association, at Newport Beach, CA. 2007: 141.

[90] MANDELBORT B. The fractal geometry of nature [M]. San Francisco: Freeman,1982.

[91] 史雅娟,朱永彬,冯德显,等. 中原城市群多中心网络式空间发展模式研究 [J]. 地理科学,2012,32(12):1430—1438.

[92] 肖泽平,钟业喜,冯兴华,等. 长江中游城市群空间结构演变及效应分析 [J]. 长江流域资源与环境,2021,30(11):2607—2617.

[93] GREEN N. Functional Polycentricity:A Formal Definition in Terms of Social Network Analysis [J]. Urban Studies,2007,44(11):2077—2103.

[94] 朱政,郑伯红,贺清云. 珠三角城市群空间结构及影响研究 [J]. 经济地理,2011,31(3):404—408.

[95] GAITANI N,SANTAMOURIS M,CARTALIS C,et al. Microclimatic analysis as a prerequisite for sustainable urbanisation:Application for an urban regeneration project for a medium size city in the greater urban agglomeration of Athens,Greece[J]. Sustainable Cities and Society,2014(13)230—236.

[96] KALNAY E,Cai M. Impact of urbanization and land use change on climate [J].Nature,2003423(6939):258—531.

[97] IMHOFF M L,LAWRENCE W T,STUTZER D C,et al. A technique for using composite DMSP/OLS'City Lights'satellite data to map urban area [J].

Remote Sensing of Environment,1997,61(3):361—370.

[98] LEE S Y,DUNN R J K,YOUNG R A,et al. Impact of urbanization on coastal wetland structure and function[J]. Austral Ecology,2006,31(2)149—163.

[99] 崔功豪. 长三角:从区域合作到一体化发展[J]. 上海城市规划,2018(6):7—8.

[100] CHEN Y. Urban gravity model based on cross-correlation function and Fourier analyses of spatio-temporal process [J]. Chaos,Solitons and Fractals,2009,41(2):603—614.

[101] BUNNELL P A,BARTER S. Morshidi. Kuala Lumpur metropolitan area:a globalizing city-region [J]. Cities,2002,19(5):357—370.

[102] HAGGETT P,CLIFF A D. Locational analysis in human geography[J]. Tijdschrift Voor Economische En Sociale Geografie,1978,68(7)311—326.

[103] MEIJER S E,ROMEIN A. Realizing potential:building regional organizing capacity in polycentric urban regions [J]. European Urban and Regional Studies,2003,10(2):173—186.

[104] 蒋勇,黄鹄. 广西北部湾经济区城市群空间一体化机制及策略探讨 [J]. 热带地理,2009,29(1):43—47.

[105] 卢飞. 我国区域空间特征及一体化研究 [J]. 上海商学院学报,2015,16(3):59—69.

[106] 陈雯,王珏. 长江三角洲空间一体化发展格局的初步测度 [J]. 地理科学,2013,33(8):902—908.

[107] 赵峥,王炳文,杨健. 基于卫星遥感大数据的长三角空间一体化发展态势、演变特征与治理对策 [J]. 发展研究,2020(1):13—19.

[108] 李培鑫,张学良. 长三角空间结构特征及空间一体化发展研究 [J]. 安徽大学学报(哲学社会科学版),2019,43(2):148—156.

[109] 肖泽平，钟业喜，冯兴华，等. 长江中游城市群空间结构演变历程与特征 [J]. 长江流域资源与环境，2021，30(11)：799—817.

[110] 曾鹏，黄图毅，阙菲菲. 中国十大城市群空间结构特征比较研究 [J]. 经济地理，2011，31(4)：603—608.

[111] 方创琳，王振波，马海涛. 中国城市群形成发育规律的理论认知与地理学贡献 [J]. 地理学报，2018，73(4)：651—665.

[112] 叶玉瑶. 城市群空间演化动力机制初探：以珠江三角洲城市群为例 [J]. 城市规划，2006(1)：61—66+87.

[113] 金世斌. 国外城市群一体化发展的实践成效与经验启示 [J]. 上海城市管理，2017，26(2)：38—43.

[114] 刀秋坤，吴映梅. 滇中城市群空间结构演变的动力机制 [J]. 对外经贸，2013(1)：85—87.

[115] 姚士谋. 中国城市群新论 [M]. 北京：科学出版社，2016.

[116] 李琳. 长江中游城市群一体化模式选择与机制研究 [M]. 北京：社会科学文献出版社，2019.

[117] 吕韬，姚士谋，曹有挥，等. 中国城市群区域城际轨道交通布局模式 [J]. 地理科学，2010，29(2)：249—256.

[118] 何悠，施国庆，段新. 区域一体化背景下长三角城市群经济空间格局演化研究 [J]. 江西社会科学，2022，42(8)：41—52.

[119] 关晓光，刘柳. 基于修正引力模型的京津冀城市群空间联系分析 [J]. 城市问题，2014(11)：21—26.

[120] 姜博，赵映慧. 辽中城市群空间联系理论与实践 [M]. 哈尔滨：黑龙江科学技术出版社，2011.

[121] ZIPF G K. The P1P2/D hypothesis: on the intercity movement of persons [J]. American sociological review，1946，11(6)：677—686.

[122] TAAFFE E J. The Urban Hierarchy:An Air Passenger Definition [J]. Economic Geography,1962,38(1):1—14.

[123] KRISTIAN B,HANSEN H K,LARS W. Spatial restructuring and uneven intra-urban employment growth in metro and non-metro-served areas in Copenhagen [J]. Journal of Transport Geography,2018(70):21—30.

[124] MARIA B,GUNNAR I,MATTS A,et al. Agglomeration,productivity and the role of transport system improvements [J]. Economics of Transportation,2019(18):27—39.

[125] 逯笑微，原毅军. 辽宁沿海经济带城市群的经济空间联系及政策协调 [J]. 辽宁大学学报(哲学社会科学版),2014,42(2):81—88.

[126] 许露元,邬丽萍. 北部湾城市群各城市的经济联系与地缘经济关系 [J]. 城市问题,2016(10):59—64.

[127] 吴净. 新发展格局下城市群空间经济联系研究：以山东半岛城市群为例 [J]. 陕西行政学院学报,2022,36(3):96—101.

[128] 万庆,曾菊新. 基于空间相互作用视角的城市群产业结构优化:以武汉城市群为例 [J]. 经济地理,2013,33(7):102—108.

[129] 殷章馨,夏赞才,唐月亮,等. 城市群地区乡村旅游点空间格局演变与优化调控:以长株潭城市群为例 [J]. 经济地理,2021,41(9):214—224.

[130] 朱媛媛,周笑琦,顾江,等. 长江中游城市群“文—旅”产业融合发展的空间效应及驱动机制研究 [J]. 地理科学进展,2022,41(5):785—796.

[131] 薛领,杨开忠. 基于空间相互作用模型的商业布局:以北京市海淀区为例 [J]. 地理研究,2005(2):265—273.

[132] 钟业喜，陆玉麒. 基于空间联系的城市腹地范围划分：以江苏省为例 [J]. 地理科学,2012,32(5):536—543.

[133] 吴爱芝,李国平,孙铁山,等. 北京世界城市区域的空间范围划分研究

[J]. 城市发展研究,2012,19(11):64—69.

[134] 崔俊辉，龙丽民，赵彤瑶. 河北省域都市圈发展格局与空间范围研究[J]. 河北省科学院学报,2023,40(1):58—66.

[135] 梅志雄,徐颂军,欧阳军. 珠三角城市群城市空间吸引范围界定及其变化 [J]. 经济地理,2012,32(12):47—52.

[136] 刘静玉,杨虎乐,宋琼,等. 中原经济区城市间相互作用时空格局演变研究 [J]. 地理科学,2014,34(9):1060—1068.

[137] 赵东霞，韩增林，赵彪. 东北地区城市经济联系的空间格局及其演化[J]. 地理科学,2016,36(6):846—854.

[138] 郑陈,柔雨,马延吉. 吉林中部城市群空间经济联系与网络结构 [J]. 中国科学院大学学报,2021,38(3):323—332.

[139] 郭源园,胡守庚,金贵. 基于改进城市引力模型的湖南省经济区空间格局演变研究 [J]. 经济地理,2012,32(12):67—72.

[140] 方俊智,文淑惠. 大湄公河次区域城市群空间经济联系分析 [J]. 地域研究与开发,2017,36(6):50—53.

[141] 彭芳梅. 粤港澳大湾区及周边城市经济空间联系与空间结构：基于改进引力模型与社会网络分析的实证分析 [J]. 经济地理,2017,37(12):57—64.

[142] 郑文升,熊亚骏,王晓芳,等. 中国城市群高铁通达格局与空间交叠特征 [J]. 地理学报,2023:1—16.

[143] 张建营,毛艳华. 珠三角城市群经济空间联系实证分析 [J]. 城市问题,2012(10):2—8.

[144] 张凤超,黎欣. 产业集聚、城市人口规模与区域经济协调发展:基于我国 12 个城市群的比较研究 [J]. 华南师范大学学报(社会科学版),2021(2):156—166.

[145] 方敏,杨胜刚,周建军,等. 高质量发展背景下长江经济带产业集聚创

新发展路径研究 [J]. 中国软科学,2019(5):137—150.

[146] 张建营,毛艳华. 珠三角城市群经济空间联系实证分析 [J]. 城市问题,2012(10):2—8.

[147] 耿海清,陈帆,詹存卫,等. 基于全局主成分分析的我国省级行政区城市化水平综合评价 [J]. 人文地理,2009,24(5):47—51.

[148] 陈梦筱. 国家级城市群经济空间联系及演化趋向:以哈长城市群为例 [J]. 经济地理,2020,40(5):99—105.

[149] 虞文宝,宋晓谕,简富缋. 基于引力模型的丝绸之路经济带甘肃段节点城市空间发展战略 [J]. 干旱区研究,2017,34(4):921—930.

[150] 邓晰隆. 城市群形成的本源性逻辑探究及其协同发展的政府行为建议 [J]. 青海社会科学,2021(6):110—118.

[151] 甘文婷. 长江中游城市群产业一体化研究 [D]. 长沙:湖南农业大学,2016.

[152] 高月媚. 东北地区产业集群与经济空间耦合机理研究 [D]. 长春:吉林大学,2019.

[153] 胡荣涛. 新时代推进我国城市群发展的理论逻辑与实践进路 [J]. 新疆社会科学,2019,222(5):23—34+152—153.

[154] 况人瑞. 成渝城市群发展演化特征及其影响因素研究 [D]. 重庆:西南大学,2020.

[155] 雷霞. 我国城市群发展中的政府作用研究 [D]. 成都:四川大学,2021.

[156] 李晓欣. 京津冀区域产业一体化发展的统计研究 [D]. 天津:天津财经大学,2015.

[157] 连倩倩,安乾. 城市空间布局演变与我国欠发达城市发展阶段研究 [J]. 经济师,2020(8):221—223.

[158] 刘梅. 长江经济带区域市场一体化与产业结构升级研究 [D]. 成都:西

南财经大学,2021.

[159] 刘荣增. 我国城镇密集区发展演化阶段的划分与判定 [J]. 城市规划,2003(9):78—81.

[160] 刘月. 空间经济学视角下的产业协同集聚与区域经济协调发展 [D]. 杭州:浙江大学,2016.

[161] 马骏, 沈坤荣. 马克思主义政治经济学视角下的城市高质量发展 [J]. 当代经济研究,2022(4):62—71.

[162] 孟祥林. 城市群发展过程中的极化效应与扩散效应: 基于城市群的分布与协同发展的视角 [J]. 上海城市管理,2018,27(2):12—19.

[163] 齐昕. 产业集群、城市集群耦合及其区域经济协调效应研究:以中国十大城市群的实证数据为例 [J]. 北方金融,2020(9):8—15.

[164] 沈磊,唐菡悄,孙业国. 产业结构视角下长三角经济一体化的测度与分析 [J]. 淮南师范学院学报,2022,24(2):49—55.

[165] 石琳琳. 中部城市群空间结构、经济联系及其增长效应研究 [D]. 郑州:河南大学,2019.

[166] 汤放华,吴平,周亮. 长株潭城市群一体化程度测度与评价 [J]. 经济地理,2018,38(2):59—65.

[167] 王开茹. 北部湾城市群跨省域府际协作:基础、困境与路径选择 [J]. 广东开放大学学报,2019,28(2):91—98.

[168] 徐维祥. 产业集群与城镇化互动发展机制及运作模式研究 [D]. 杭州:浙江大学,2005.

[169] 许渤胤. 多中心空间结构影响区域经济协调发展的机制与路径研究 [D]. 成都:西南财经大学,2022.

[170] 严亚磊,于涛,陈浩. 国家级城市群发展阶段、空间扩张特征及动力机制 [J]. 地域研究与开发,2021,40(5):51—57.

[171] 邹珊. 产业一体化与城市土地利用效率耦合协调的动态演进及其作用机理 [D]. 南昌:江西师范大学,2022.

[172] 温旭新,杨怀佳,张波. 生态功能区经济发展的现实约束与优化路径:以山西沿黄地区为例 [J]. 经济问题,2022(12):106—111.

[173] 张亚明, 刘海鸥. 京津冀晋蒙生态绿色一体化互动发展模式研究 [J]. 北京行政学院学报,2013(3):69—72.

[174] 朱丽. 中国特色生态文明建设的路径选择 [J]. 环境工程,2021,39(12):304.

[175] 张媛媛,宋进斗. 改革开放以来我国生态文明建设的发展脉络、主要特征和经验启示 [J]. 决策与信息,2022(6):12—21.

[176] 刘靖. 长江三角洲城市群一体化的机制与现实路径研究 [D]. 上海:上海社会科学院,2013.

[177] 李琳. 长江中游城市群一体化模式选择与机制研究:基于市场、产业、空间三维视角 [M]. 北京:社会科学文献出版社,2019.

[178] 林木西,耿蕊. 区域产业一体化减排机制研究 [J]. 辽宁大学学报(哲学社会科学版),2020,48(2):31—40.

[179] 汪彬. 提高治理效能 加快推进城市群一体化建设 [N]. 经济日报,2020-8-2.

[180] 刘波. 成渝城市群经济一体化发展研究 [M]. 北京:经济科学出版社,2022.

[181] 陈诗波,王书华,等. 京津冀城市群科技协同创新研究 [J]. 中国科技论坛,2015(7):63—68.

[182] 荆立新. 区域产业一体化发展的现实需求分析 [J]. 学习与探索,2013,221(12):122—124.

[183] 小岛清. 对外贸易论 [M]. 天津:南开大学出版社,1988:345—351.

[184] 宋兰旗,李秋萍. 论发展区域产业一体化的理论基础 [J]. 长春金融高等专科学校学报,2012,110(4):19—21.

[185] 王安平. 产业一体化的内涵与途径：以南昌九江地区工业一体化为实证 [J]. 经济地理,2014,34(9):93—98.

[186] 卢新海,陈丹玲,匡兵. 产业一体化与城市土地利用效率的时空耦合效应:以长江中游城市群为例 [J]. 中国土地科学,2018,32(9):66—73.

后记

山西中部城市群发展，承载着以习近平同志为核心的党中央对山西发展的关心关怀和殷切期望，是国家“十四五”规划纲要赋予我省的重大任务，是全省“一群两区三圈”城乡区域发展新布局的核心组成部分。山西中部地区五个市是全省发展态势较好的地区，也是极具发展潜力的区域。近年来，山西中部城市群充分发挥比较优势、不断强化跨区域协作，联动机制化、协作常态化水平不断提高，在合力打造高水平区域协作样板、引领带动全省高质量发展方面取得了显著成效。

山西省社会科学院（山西省人民政府发展研究中心）长期关注山西全省的城镇化发展情况，特别是对山西中部城市群的经济社会发展进行了较为系统的研究，并于 2022 年形成山西省政府重大决策咨询课题《山西中部城市群联动发展研究》研究报告。在研究过程中发现，以往将山西省中部五市作为一个整体，从城市群发展的角度出发进行系统研究的专著较少，这与其作为我国华北地区的重要城市群、潜在新增长极的地位和经济社会快速发展所取得的重大成就极不相称。鉴于此，为了充实和丰富这一领域的研究成果，进一步推进山西中部城市群聚势成极、共谋发展，我们在已有研究的基础上经过拓展和深化，群策群力，集集体之力，推出了这部专著。

本书由山西省社会科学院（山西省人民政府发展研究中心）党组书记、院长张峻进行总体框架设计，拟订编写提纲，之后由课题组成员分工撰稿，最后由张峻、孙秀玲统纂成书。全书共八章，其中第一章由崔亚妮、何静、栗挺负责，第二章由杨亚琳、李沁峰负责，第三章由张峻、孙秀玲、李新刚负责，第四章由张文霞、王娜负责，第五章由栗挺、张舒媛负责，第六章由刘晓明、王丽丽（山西财经大学）负责，第七章由韩芸、高宇轩负责，第八章由何静、李艳负责。

本书的编纂出版得到了山西省委、省政府有关领导的高度关注，得到了山西省委政策研究室、省委宣传部、省发展和改革委员会等有关单位和部门的大力支持，值此出版之际，谨向上述单位深致谢意！衷心感谢山西经济出版社总编室主任申卓敏、编辑宁姝峰对本书的编校，两位老师为本书的出版付出了大量心血。

由于时间仓促，水平所限，书中难免出现纰漏，敬请广大读者批评指正。

著者

2024 年 4 月